讲不完的宿迁事

（三）

中共宿迁市委党史工作办公室
宿迁市地方志编纂委员会办公室　编著

南京出版传媒集团
南京出版社

图书在版编目（CIP）数据

讲不完的宿迁事. 三 / 中共宿迁市委党史工作办公室宿迁市地方志编纂委员会办公室编著. -- 南京 ：南京出版社，2024. 12. -- ISBN 978-7-5533-5006-6

Ⅰ. K295.33

中国国家版本馆 CIP 数据核字第 2024JG0913 号

书　　名　讲不完的宿迁事（三）
编　　著　中共宿迁市委党史工作办公室
　　　　　　宿迁市地方志编纂委员会办公室
出版发行　南京出版传媒集团
　　　　　　南 京 出 版 社
社　　址　南京市太平门街53号
邮　　编　210016
联系电话　025-83283893、83283864（营销）　025-83112257（编务）

责任编辑　程　瑶
责任印制　杨福彬

排　　版　南京凯德印刷有限公司
印　　刷　南京凯德印刷有限公司
开　　本　787毫米 × 1092毫米　1/16
印　　张　24.75
字　　数　262千字
版　　次　2024年12月第1版
印　　次　2024年12月第1次印刷
书　　号　ISBN 978-7-5533-5006-6
定　　价　68.00元

编　委　会

前言

一年一度，一场邂逅，一卷墨香，叙说宿迁岁月深情。《讲不完的宿迁事（三）》，如约款款而来。

“宿迁史志”公众号，让史志走向公众。秉承接地气、聚人气，持续推进公众号创新，推动史志文化立起来、活起来、火起来。仅2023年就发布史志文章430余篇，阅读量超100万人次，“清博指数”跻身全国地方志榜单前六，史志文化实现了从“小众”研读走向大众传播。

《讲不完的宿迁事（三）》是“宿迁史志”公众号2023年至2024年部分作品的精选文集，时间节点与《讲不完的宿迁事（二）》相衔接。全书分为“城市名片”“地名溯源”“老街旧巷”“城镇档案”“红色印记”“民风民俗”“人物长廊”“文萃拾遗”八个部分。选编时，力求题材新颖亲切，思想有高度、内容有温度，能引发读者的共情与共鸣。

文集兼具深沉的历史感、鲜明的时代感，从史志视角解读宿迁人文历史，传播宿迁优秀传统文化，传承红色基因，展现地方文化的特色和价值。

因为这本书，爱上这座城。宿迁历史很久，文化很厚，街巷很美，美食很香，故事很多……

酒

目 录

第三章 老街旧巷

第四章 城镇档案

城市记忆

镇村往事

第七章 人物长廊

第八章 文萃拾遗

第一章

城市名片

“项羽故里”之争的前前后后

刘云鹤

西汉司马迁《史记·项羽本纪》载：“项籍者，下相人也，字羽。”秦代设置的下相县城，因在相水下游而得名。在谭其骧等当代地理历史学家研究大量历史典籍，去伪存真，采用古今对照的表示方法而绘制的《中国历史地图集》（1974年中华地图学社版）秦代地图上，下相县城位置正是在今江苏宿迁市宿城区古城街道办辖区。秦时下相县为四川郡所辖，与东海郡所辖的“司吾”居民聚落点，并无隶属关系，在汉代才设置司吾县，与下相县是邻县关系。南北朝时期，司吾县与下相县并到宿豫县（唐中后期更名为宿迁县）。原下相县的地理坐标，与北向的百里之外的“峒峿村”（今属新沂）和“炮车镇”（今属邳州），均无关系。

1994年5月初，我突然接到《新沂市报》社发给我的一封信，内寄一张是年4月16日的《新沂市报》，该报刊登署名为“新沂博物馆闻荃堂”的文章，题为《霸王项羽故里就在当今新沂》。该报社在给我的信中说，如有不同意见，可以“争论”。我作为原县级宿迁市地方志办公室的主任、总纂，对于找上门的“挑战”，责无旁贷地予以“应战”。

5月7日，原县级《宿迁市报》发表我的文章《“项羽故里新沂说”不能成立》，并附上述《新沂市报》闻荃堂先生的原发稿，以便读者比较、明鉴。同时，我将该稿投寄于《新沂市报》社。

5月21日，《新沂市报》发表闻先生的第二篇文章，题为《“项羽故里新沂说”有案可稽》。同时发表了我上述反驳文章。该报在编者注中说：“因篇幅有限，闻先生的答辩文章先刊发第一部分。”接着，《新沂市报》于6月4日发表了闻先生的第三篇文章，题为《“项羽故里新沂说”有案可稽（二）》。是日，《宿迁市报》发表我的第二篇反驳文章，题为

《秦代下相县与司吾无隶属关系——再谈“项羽故里新沂说”不能成立》。该反驳文章于 6 月 11 日在《新沂市报》发表。

6 月 18 日，《新沂市报》发表了闻先生的第四篇文章，题为《“项羽故里新沂说”有案可稽（三）》。6 月 25 日，《新沂市报》又发表了闻先生的第五篇文章，题为《“项羽故里新沂说”有案可稽（四）——梧桐巷小考》。对于闻先生的连篇累牍的“有案可稽”文章，我只有待其“可稽”完一并反驳。

其间，原县级宿迁市教师进修学校赵裕桐先生向《新沂市报》投稿，于 7 月 4 日发表反驳闻先生的文章，题为《项羽故里在今宿迁——评〈霸王项羽故里就在当今新沂〉》。7 月 9 日，《新沂市报》发表闻先生第六篇文章，题为《“项羽故里新沂说”有案可稽（五）——从项梁墓说起》。7 月 16 日，《新沂市报》发表了赵裕桐先生的反驳文章，题为《梁王墓即项梁墓吗？——评〈霸王项羽故里就在当今新沂〉》。

7 月 23 日，《新沂市报》发表了闻先生的第七篇文章，题为《“项羽故里新沂说”有案可稽（六）》。该报于同日发表了我的第三篇反驳文章，题为《项羽故里在今宿迁无可置疑》，并发表了编后语：“西楚霸王项羽的故里，在宿迁还是当今的新沂？本版娱乐世界栏从今年六月十六日起至今，共编发十三篇争鸣文章论说其归属问题。新沂和宿迁两市的作者，纷纷来稿，阐述其观点。双方各执己见，据理力争。争鸣文章在社会上引起热烈反响，一时间街谈巷议争说项羽。公理婆理谁有理，鉴于《徐州日报》等上级有关报刊也展开了讨论，本版因此暂告一段落，热心读者可静候专家和学者的论证结果。”

《宿迁市报》于当月转载了我发表在《新沂市报》的第三篇反驳文章《项羽故里在今宿迁无可置疑》。此“论战”期间，原县级宿迁市图书馆馆长申佩坤学长转给我一张当时的《徐州日报》。原来闻先生在《徐州日报》5 月 21 日发表了题为《项羽故里在新沂峒峿村》一文，以在地级徐州市各区县扩大其影响。原县级宿迁市隶属于地级淮阴市辖，对此极少人知情。于是我随即投稿至《徐州日报》社，一个多月后的 7 月 2 日，发表了我的反驳文章，题为《项羽故里真在新沂吗？》。争论可谓激烈。

《江苏地名》杂志1994年第三期发表该杂志主编何勇的《项王故里》文章，同期发表我的《“项羽故里新沂说”不能成立》文章，用心良苦。

8月27日，《新沂市报》发表了《解放军报》记者、《中国国防报》编辑宋云达的《我看〈新沂市报·周末版〉》文章，其中提及“项羽故里新沂说”的争鸣等“一系列高品位的文稿”，“都可算上乘之作，不可多得”。上述我和“备考”的闻先生计十多篇论争文章，悉数收入《刘云鹤学术文集》，2007年由西泠印社出版社出版。

“项羽故里”论争结束不久，我去新沂公办。该市同道征得我的认可，邀请该市博物馆馆长闻荃堂先生与我把酒言欢。闻先生在酒酣之余对我耳语：“项羽故里之争，我是奉命行事。”原来如此！

以上就是县级新沂市与原县级宿迁市关于“项羽故里”之争的前前后后。

（作者简介：刘云鹤，江苏省原县级宿迁市地方志办公室主任，副编审职称，县级《宿迁市志》总纂。）

项羽故里下相城在今宿迁无可置疑

王晓风

2024 年 5 月 13 日，网络有一条短视频《项羽是宿迁人还是徐州人》，对学界早已成为定论的项羽故里下相城的归属进行质疑。该视频博主徐州语文刘老师认为，项羽的故里下相城，并不在宿迁境内，而是在邳州的炮车镇。博主在视频中分别提到宿迁学者刘云鹤、“王晓凡”以及邳州一位高姓作者的文章。刘云鹤《项羽故里在今宿迁市》一文的结论，自古以来的史志记载都作如是说；“王晓凡”的文章观点，不过是项羽故里在宿迁境内的具体位置，与刘云鹤先生的说法略有不同而已。而博主则更多地赞同邳州高先生的观点，认为项羽的故里下相城在邳州的炮车镇。

实际上，邳州高先生的这篇文章我在两年前就看到了，文中大篇幅引用了本人十年前发表在宿迁本地论坛的文章《宿迁秘境追踪·下相城到底在哪里》。本人这个系列论坛文章先后发表两季，每一季十篇史地论题，全文二十万字左右。系列文章在当时的宿迁两大论坛点击量超过百万，跟帖过千，甚至引起官方媒体关注，本地晚报记者也予以报道，算是网络论坛时代宿迁著名的网帖之一。本地大多数关注文史研究动向的老网友，都知道这是我的作品。因而可以肯定，高先生和博主提到的宿迁学者“王晓凡”便是本人王晓风，但不知何种原因，高先生却将本人名字弄错，同时，高先生此文在大篇幅地引用了我的原文两千余字，文中对本人多处使用了“旁征博引，鞭辟入里”“坚持真理，秉承实事求是之精神”等溢美之词，但其文最终却是得出了一个和我原文完全相反的结论，这真是令人啼笑皆非。

有关项羽故里下相城，最早的记载当然是《史记》和《汉书》。但这两部史书中只是记载下相县的地名，证明秦汉时期就有了下相县的行政设置。中国古代的郡县划分变化频繁，因而仅凭借行政区划上的归属是很难搞清楚其具体方位的。但如果换个角度，从舆地学（历史地理学）的方面加以论述，也许会更好地搞清楚这个论题。

南北朝时期郦道元的《水经注》载：“睢水又东南流，径下相故城南，高祖十二年，封庄侯冷耳为侯国。应劭云：下相，水出沛国相县，故此加下也，然则下相又是睢水之别名也，东南流之于泗，谓之睢口。”

这段文字的意思就是：下相境内的相水源自沛国的相县，因为处于相县的下游，故而加个“下”字，其下游与睢水合流，在东南方向流入泗水，其水口称之为“睢口”。

至唐代初年，唐太宗之子魏王李泰主修的中国第一部地理学专著《括地志》中，在泗州宿迁县条目下载：“宿迁县，下相故城在泗州宿豫县西北七十里。”这是有关下相城具体方位和里程的文献资料第一次出现。

而后中唐时期宰相李吉甫编纂的地理巨著《元和郡县图志》记载得更为详细，其卷九“河南道泗州”条目下记载：

泗州管县五：临淮，宿迁，徐城，涟水，下邳。

宿迁县，春秋时宋人迁宿之地，至汉为厹犹县，属临淮郡。晋立宿预县，隋开皇三年属泗州，宝应元年以犯代宗庙讳，改为宿迁县。

淮水，入县境南，与楚州山阳县分中流为界。

旧州城，梁将张惠绍北伐军所次，凭固斯城，堑其罗城，引水环之，今城在泗水之中。

下相故城，在县西北七十里。秦故县也，项羽即下相人也。应劭曰：“相水出沛国，故曰下相。”

在这两部唐代官方地理著述中，不仅确认了《水经注》中对于下相城与相水、睢水的关系，并且将下相城到宿迁县城的方位距离也都记载得清楚明白。

至宋代，官方修纂《舆地广记》第六卷“宿迁县”条目下记载：“宿迁县，秦下相县地，城在西北，项羽即此县人也。”

通过对早期的有关历史记录的梳理，我们可以得出两点结论。

第一点，下相城所在区域并非如邳州高先生所说，因为唐宋时期宿迁、下邳合并，故而史料记载位于宿迁就等于位于邳州。实际上，唐宋时期的大部分历史档案中，宿迁是宿迁，下邳是下邳，历代地理专著都明确把下相城划归到宿迁县范围内，而与下邳、邳州无关。

第二点，项羽的出生地下相城，与相水的关系密不可分，其县名唯一的得名缘由便是因其处于相水的下游。故而名曰“下相”。

与历史上很多诸如上蔡、下蔡、上邳、下邳等地名的由来一样，既然有下相，就必有上相。不过，由于上相得名比下相城太早，其可查的建城史可追溯到五千年前，因而直接被命名为相城。史载，相城是三皇五帝的少昊、颛顼相天之所（观测天象），因其所在的相山孤峰独耸，四周皆为平原，故而视野开阔，地平线极为辽远，可以准确地观测到天上星辰日月升降出没的时间点。因此，颛顼大帝在此修筑相天台，其山因而被命名为相山，发源于相山的水流则被命名为相水，因相天台而兴起的城池自然也就被命名为相城（今安徽省淮北市相城区）。

相水流出相山以后东南而流，汇入古睢水，二水合为一流。因而《水经注》记载曰：“然则下相又是睢水之别名也”。

因为处在同一条河流的首尾岸边，其上游有了一座这么有名的相城，那在下游的城池就只好被称为下相城了。

从以上列举的历史资料可以看出，下相城在汉代还是官方设立的县，而到了南北朝时期，郦道元便称之为“下相故城”了。这座城池之所以会被惜字如金的史家记载在案，被此后历代史家铭记，纯粹是因为千古英雄项羽故里的殊荣，而非其他。

因而，千古以来，凡是涉及项羽故里下相城的具体位置，人们所信赖的历史，一定是汉代以来唐宋官方的地理和历史专著中的记载。这些历史记载中的要件，便是“相水下游”和“古宿豫城西北七十里”。任何声称是下相城的所在地，如果不符合这两个要件，那便是杜撰和造假。

有人也许会质疑这一结论的准确性，因为现代地名中也还存在一些名不副实的现象，比如泗阳县城并不在泗水之阳，清代泗州州治（泗县）也并不在泗水岸边等。这些现象大都是城池迁徙或行政区划调整造成的。限于篇幅这里不展开论述。但下相城自从秦代设置以后便再未迁址，汉末废除下相县后，仅有遗址尚存。因而，从南北朝时期的《水经注》，到唐宋各代的记载，都是指秦汉时期的下相城原址，历代史志资料中，下相城不曾出现过任何迁址的记录。

汉代睢水、相水合流河段及相城、下相城的历史地图局部（谭其骧《中国历史地图集·西汉时期》，第 19–20 页，红圈及相县、下相之间的睢水流域亮白部分为本文作者所加）

根据上述两个必备要件，邳州高先生文章所声称的“邳州炮车镇是秦汉下相城”，则完全与之不符。因为整个邳州的辖区完全属于沂水、沭水、泗水的流域，与相水、睢水根本毫无关系。

根据《水经注》有关淮泗流域诸水的记载，完全可以得出结论：从古至今，无论是相水还是睢水，都没有流经过邳州境内。睢水和相水的河床都处于泗水（即后来的黄河及黄河故道）之南，这两条河流在相山附近合流以后，流经之地只有古灵璧、古睢陵（睢宁因睢水而得名）和古下相。但由于相水本身只是一条区域性河流，流程并不长，因而相山到古灵璧（在今灵璧县城东南）基本可以算是相水上游，从古灵璧到古睢陵算是相水中游，只有进入宿迁境内的此段河流方才称得上是相水下游，这也就是自古以来的地理史书上都公认宿迁是下相城的所在地的根本原因。

古相水与睢水的合流当地又称小河。清同治《宿迁县志》记载："睢水在县南十里，俗名小河，自睢宁县流入境，至此合于黄河，谓之小河口。"而这合于黄河（泗水）的小河口，在官方则被称为滩清口（今宿迁经开区三棵树街道张庙自然村处）。在睢水全流域范围内，除了小河口以外，睢水或曰相水再无任何与黄河（泗水）相交之处。故而，位于黄河（泗水、黄河故道）以北数十里之外的炮车镇，无论如何也不可能与相水扯上关系。更别提会成为相水下游的"下相城"了！

相水以及下相城的地理位置记载，不仅是汉代和唐宋时期如此记载，就是在清代以后仍然如此记载。明清时期地理研究大家顾祖禹的地理专著《读史方舆纪要》"淮安府宿迁县"条目中记载："下相城在县西北七十里。秦置下相县，项羽下相人也。汉亦为下相县，属临淮郡。应劭曰：相水出沛国，流至此，故曰下相。后汉属下邳国。曹操攻徐州，屠男女四十余万口于下相，泗水为之不流，即此。晋属临淮郡。后魏亦曰下相县。孝昌三年，置盱眙郡。东魏武定八年，改临清郡治此，寻废。"

这个记载沿袭了前人的说法，仍然严守"相水下游"和"县西北七十里"的两个要件，同时，在这部《读史方舆纪要》的"邳州"条目下同样没有出现任何有关下相城的记录文字。

但是，这两个要件中的"县西北七十里"这一说法却给后人带来很多困惑。首先，由于在明代以前的宿迁县城迁徙不定，县治坐标无法确定，故在"县西北七十里"的具体坐标便也无法确认。其次，历史上第一次明确下相城在县西北七十里的说法是在唐代，而唐代的距离计量单位"里"和明清至今的"华里"并不相等。根据专家测算，唐宋时期的里数比后世短少，七十里只是相当于明清的五十华里。因而，在清代末年刊印的《宿迁县志》就认为："下相城，在宿迁城西北五十里"，而这个方位正好是湖滨新区皂河镇以西或以北的十里之处。其坐标终端或在皂河镇八井村，或在皂河镇滨河街道，或在骆马湖中。

由此，我在十年前发表的论坛文章曾推测，下相城有可能在皂河附近。

但随着笔者对史料研究逐渐透彻，发现此处虽然与有关史料中的里程近似，但相水和睢水从来没有到达过泗水的北岸，因而下相城不可能出现在位于黄河故道北岸的皂河。于是便修正了自己的看法。有关下相城的具体方位，笔者在2022年江苏省项羽文化论坛研讨会上的论文《从舆地研究的角度看宿迁地区项羽文化资源》中有详细论述。

因此位于泗水南岸的下相城，更不可能越过运河、骆马湖，跑到百里以外的邳州城东炮车镇去。如果将唐宋时期宿迁城具体坐标的因素加上，古宿豫城更在今天新城东南数十里以外，这炮车镇与古宿豫城的距离足可达到二百古里开外了！

明代徐淮一带地方志将下相城记载在邳州城西南一里，是由于宋金战争后，至元明时期，历经天灾兵燹，岁月动荡，华夏版图出现一些混乱。尤其是江淮一带，省府州县的辖区都与唐宋时发生较大变化。邳州东南一里之处早已隶属于睢宁辖区，而宋代宿迁的辖区也被大部分划归睢宁，元代重置的睢宁县城实际上是借用了宿迁的大古城，并一直使用至今。所以顾祖禹在《读史方舆纪要》中记述道："睢宁县，州南六十里。西北至徐州二百里，西至宿州二百四十里，东南至泗州二百里。本宿迁县地。金兴定三年，以宿迁县之古城置睢宁县，属泗州。元改属邳州。"正是因为元明之际的行政区划与地域划分的混乱，导致了宿迁、邳州、睢宁三地长期区划界址不清。光绪《睢宁县志》卷七《古迹志》中也同样记载："据《金史·地理志》言：睢宁于兴定二年（宋宁宗嘉定十一年，即1218年，笔者注），四月以宿迁县之古城置"，"《后汉书注》《寰宇记》谓在下邳东南，恰合通志言，即县治亦必，由此推之，通志说是"。

可见，历经元明时期动荡年代以后，很多古代的城池和名胜古迹都发生了巨大的变动和更易，在其后的地方志修纂中，出现一些紊乱的信息记载不足为奇。而在经过长期的较为安定的承平年代，在那些皓首穷经的文人和学者们认真研究下，历史方才恢复本来面目。因而，在明代以后的各地地方志中，对下相县城的记载逐渐恢复了历史本来面目，曾在明代声称下相城所在地为邳州的本地地方志，在乾隆年间的《邳州志》中郑重其事地修正原先说法："下相城，旧志载下相城在旧城（指睢宁县古邳镇）西南一里，一名项城。按：下相城在宿迁县西北，秦置下相县，项籍生于此。郡志已经改正。”这个记载，不仅明确否定原有的错误说法，而且还证明了这一时期的《淮安府志》及《徐州府志》都对原有错误进行了改正。

历史地理或曰地方历史的研究和探讨，首要在于古文献研究，其次在于田野调查。尽管在如今的网络时代人人皆可发表意见，但倘若对前人记载的档案资料毫不尊重，又完全不懂得田野调查的原则和方法，仅以一人一时的只言片语作为论据，显然不是真正做学问的态度。这样，只能得出与历史真相相去甚远的结论。

（作者简介：王晓风，宿迁市历史文化研究会理事，中国大运河文化建设研究院宿迁分院研究员，湖滨新区历史研究会副会长、作协副主席。）

项羽乌江自刎后，其头颅最终葬于何处？

周庆明

公元前202年，项羽兵败乌江自刎以后，汉将争夺项王尸骸，或有自相残杀者死数十人。王翳势强，得项羽头颅，吕马童与杨喜、吕胜、杨武等四将各得一体，持向汉王前报功。汉王命将五体凑合，果然相符，遂即分封五人，命吕马童为中水侯，王翳为杜衍侯，杨喜为赤泉侯，杨武为吴防侯，吕胜为涅阳侯。

一代“战神”身首异处，真是可惜可叹。那么，项羽头颅最终被埋在了哪里呢？

这一点司马迁在《史记·项羽本纪》中明确写道：“项王已死，楚地皆降汉，独鲁不下。汉乃引天下兵欲屠之。为守礼义，为主死节，乃持项王头视鲁。鲁父兄乃降。始楚怀王初封项籍为鲁公，及其死，鲁最后下，故以鲁公礼葬项之谷城，汉王为发哀，泣之而去。”

项王战败自刎乌江，楚地全都投降了汉王刘邦，只有鲁县不降服。汉王率领天下之兵想要屠戮鲁城。考虑到他们恪守礼义，为君主守节不惜一死，便取项王头颅给鲁人看，鲁地父老于是投降。因为当初楚怀王封项羽为鲁公，他死后鲁国又最后投降，所以，按照鲁公这一封号的礼仪把项王安葬在谷城附近。汉王亲自发丧，恸哭离去。

谷城在哪里？

《辞海》记：“春秋时齐国谷邑，秦代称为谷城，也称小谷，明洪武八年后设东阿县。”汉时置谷城县，与东阿并立两县，北齐时谷城入东阿县（今东平县旧县乡北东阿镇），也就是今天的东平县旧县乡旧县三村。

关于项羽墓，《史记》《资治通鉴》《水经注》《括地志》《皇览》等史书均认为其所葬地谷城，即今旧县乡旧县三村。

据《史记》记述，项羽在秦二世元年（前 209 年）反秦，并率兵北上征战于苏北、鲁南一带，后项羽曾败章邯于古阿。此后，东阿一带便成了项羽的根据地，项梁死后，其余部都归项羽所领，楚怀王封其为长安侯，号为“鲁公”，其封地即今鲁西南一带。旧县乡地处泰安、济南、聊城三市交会处，1996 年 1 月，经山东省人民政府批准，将济南市平阴县旧县乡划归泰安市东平县，而在历史上此地属古东阿。

《东阿县志》中记载，楚霸王墓在县城南（古东阿县），即现在旧县三村。墓地三面环山，西临东平湖。

2022 年 7 月 28 日，东平县项羽研讨会召开，来自山东党史、文史、文物研究系统及高校的历史文化研究专家对项羽陵寝的具体处所和保护形成了专家组意见。一致认为《史记·项羽本纪》所载项羽死后“葬于谷城”和裴骃《史记集解》引《皇览》所载“项羽冢在东郡谷城东去县十五里”，其具体处所就是现东平县旧县乡旧县三村的“霸王坟”。

东平“霸王墓”

山东省东平县旧县乡旧县村，三面青山环抱，一面紧依风光秀丽的东平湖。旧县村西邻 220 国道（古为九省御道，历史上是通往周边州、府、县的必经之路，各朝在旧县均设有驿站），四通八达，村庄环境优美、景色宜人。220 国道东侧路肩上原有一座路碑，高约两米，面向大路，上书四个楷体大字“楚霸王墓”。这座碑是哪个朝代所立，因没有原物，不得而知。碑曾矗立了千百年，但在 20 世纪六七十年代被毁。

旧县三村东侧的高平台上，现有项羽陵寝，占地面积约 8000 平方米。西楚霸王项羽墓（头葬地）就建于此。当地群众习惯称项羽墓为“霸王墓”或“霸王坟”。现在，旧县霸王墓和霸王碑，已成为县级文物保护单位。

楚霸王项羽是历史上著名的反秦领袖，被历代人民所敬仰。千百年来，当地群众逢年过节，都会自发地到霸王墓前祭扫，以祈福免灾，而且还演绎出很多广为流传的神话传说。后代多有文人名士前来凭吊楚霸王，并留下许多不朽诗文。如清代进士、德清人俞樾在《项王墓》诗中有“已置头颅生赠客，还留魂魄战死神”之句；清乾隆年间武英殿书签官、著名诗人黄仲则的《东阿项羽墓》诗，更抒发了人们对于项羽的怀念之情。附录于下：

将军之身分五体，将军之头走千里。
掷将赠友欢平生，汉王得之下鲁城。
可怜即以鲁公瘗，相间重瞳炯难闭。
至今嶙火光青荧，犹是将军不平气。
昔奠絮酒乌江头，知君毅魄羞江流。
怀古复过彭城陌，知君英灵愁故国。
两地招魂不见君，却从此处吊孤坟。
美人骏马应同恨，多少英雄末路人！

西楚霸王墓

墓区原占地面积60余亩，土冢高十余米，直径300余米，冢旁有高大汉柏树和杨树等，并有名人凭吊项羽碑记数方。后人习惯把临近他墓葬的山称为大王山，山峪称作大王峪。

据本村老人回忆，20世纪五六十年代在项羽墓旁取土时，发现古代使用过的灶坑数十个。墓前方的土，面积约2亩左右均为黑色，似燃烧后的灰和土的混合体。墓北为苹果园，当地人们浇灌时地面漏出一孔穴，水尽流其中，不知大小。

墓在墓区偏北处，原存封土直径100余米，高十米左右。前为神道，神道前碑刻四方，汉柏数十株，20世纪六七十年代大部分被毁掉，辟为学校、果园和民房。

今墓前有清代宋思仁所刊残碑一方，其碑文已模糊不清，依稀可辨"楚霸王（据当地老年人回忆是'楚霸王墓'四个字）。一剑亡秦力拔山，重瞳千载孰能攀。秋风蕉鹿行人憾，汉寝于今草一斑"等，字体为行楷阴刻，颇有宋代瘦金体风韵。

在霸王墓东约20米处，为李将军墓。此墓现无封土，并被部分民房占压。原墓前有碑，现皆无。李将军可能即"鲁父兄"中的主要代表，因为当地人自古就有关于李将军父子的传说：李将军父子当年守在铧山之阳，刘邦来征讨，李父子不降，不相信项王已死，刘邦便命人把项羽头拿来看，李父子无奈便降，但要求刘邦以金缕玉衣及王礼厚葬项王，刘邦答应。厚葬了项羽后，李将军便自杀在项王墓旁，其子与当地人便把李将军葬在项羽墓旁。对此《东阿县志》上曾有记载，碑文曰："李将军从王死，实附葬焉。"

"霸王墓"的修缮和保护

唐朝、明朝、清朝，都曾对霸王墓进行过修缮。

唐朝程咬金修霸王墓：程咬金，大唐开国功臣。据明代万历十八年（1590年）编修而成的第一部县志《东阿县志》记载：唐代开国功臣程咬金，东平县斑鸠店镇人，距旧县仅有八里之路，大唐三代元老，身居高位，却素有怀念项羽之情。程咬金晚年拿出自己两年的俸禄，于唐高宗永徽六年（655 年）由其次子程处亮（后位居东阿县开国公）监工，耗时半年，在霸王墓北面，修筑项羽庙一座，里面供奉项羽手举巨鼎铜像，彰显项羽“力拔山兮气盖世”之勇。

明朝于慎行、孟一脉重修霸王墓：于慎行是东阿镇人（距旧县三村约 2.5 公里），官居东阁大学士。孟一脉为旧县三村人，官居中堂、左都御史。二人同朝为官，加之又是同乡，仕途和谋略相同，有些观点不谋而合。二人在一次会面时，便有了重修霸王墓的想法。孟一脉作为东道主，首先把想法告诉了于阁老，于阁老听后，非常符合他的心愿。于是，在明万历四十一年（1613 年），于阁老卖掉家中五亩地，孟一脉拿出自己三年的俸禄，雇用了 30 多名能工巧匠，把霸王庙修葺一新。于阁老还亲自为霸王庙题写了楹联：“力挽狂澜破釜沉舟枕天下之安危；霸王别姬楚河汉界失江山亦英豪。”横批是“叱咤风云”。

清同治期间官修霸王墓：据史料记载，同治七年（1868 年），清帝批准了内务府呈报的奏折，由内务府拨付白银 5000 两，重修位于旧县的霸王墓，由内务大臣负责监工。历时半年，终于完工，一代枭雄项羽的形象又重新展现在人们的面前。

项羽（绘画）

旧县乡政府修缮保护霸王墓：1998 年，旧县乡政府为了保护和扩大霸王墓的影响，在原墓的基础上，增高了封土堆，将残碑树立在墓前。2021年旧县乡政府又加大投资，把楚霸王墓四周用石块砌垒并安装雕刻了石栏，栽了松柏树等，墓园初具雏形，以彰显楚霸王项羽在历史上的功绩，也吸引八方游客前来。根据东平县项羽研讨会专家组建议，“霸王坟”项羽墓的名称将改成“西楚霸王陵”，“项羽文化公园”墓地改为“项羽陵寝”。

两千多年来，无数仁人志士都对项羽给予很高赞誉，江苏、山东、河北、陕西、河南等地至今保留着许多与项羽有关的故居、古战场遗址、景区等。项羽文化以其丰富的精神内涵和广泛的传播途径，保持着长久的活力，激励着一代一代仁人志士奋发图强。

［作者简介：周庆明，现为中国金融作家协会会员、东平县中共党史（历史）学会会长，编辑出版《东平文史研究》《东平红色文化》等。］

也说“西楚”

马志春

2024年5月10日，“宿迁史志”微信公众号发表了苏州大学臧知非教授的文章《项羽为何自称“西楚”霸王？楚国不是在湖北一带吗？》，文章提出，“三楚”并非同时用语，而是次第形成的，先有项羽使用“西楚霸王”称号以后产生“西楚”，再由“西楚”之名扩展出“南楚”“东楚”，其地理坐标是项羽的出生地——下相。

笔者赞同该文把“西楚”作为政治性概念，而非地域性概念进行解读的观点。但不认同其关于项羽创立西楚政权称号由来的推断。笔者认为“西楚”经历了一个从地域性概念到政治性概念，再到文化概念的演变历程。下面，根据对传世文献考证和出土文物研究，试析何以西楚。

作为地域概念的西楚

青铜簠上的“西楚”铭文

臧知非教授认为：“西楚”之称为项羽首用，因为彭城位于“下相”之西，项羽为了表达自己对故乡感情、同时表示项羽氏族之楚和熊氏之楚的区别，而名为“西楚”霸王。可是，通过对当代考古出土文物的研究发现，“西楚”之名，至少在春秋战国之际就有，并非项羽首创。1958年冬，在江苏邳县刘林遗址战国墓葬出土了一批青铜器，其中簠两件，一件有铭文两行，每行四字，共八字铭文：“西𠼝乍其妹（尊）钴（簠）”。著名考古专家尹焕章辨认西𠼝为西楚。

由此可以推断，作为地域性概念的西楚，应当是秦王政六年、楚考烈王二十二年（前 241 年），楚国“东徙都寿春，命曰郢”，也就是楚国都城从今天的湖北迁到安徽寿县以后才出现的。其划分依据应当是以寿春（今安徽寿县）为坐标，寿春以西为西楚，以东为东楚。邳县即今天的邳州市，《考古》杂志 1960 年第 6 期刊登《邳县刘林遗址出土西𠼝簠铭释文》，认为这组铜器与之前在安徽寿县出土的楚国铜器风格相近，应当是楚国贵族的陪葬品。这位贵族的封地很可能属于西楚。

但是，自项羽自封为“西楚霸王”起，“西楚”的概念则发生了变化，即由普通的地域概念演变为政权的代名词。也就是说，从项羽时代开始，“西楚”成为政治性概念，而非地域性概念。不过，作为与地域概念西楚相对应的“东楚”，还偶有使用。如淮安市金湖文联编印的《东楚杂字汇编》等书籍。按照《史记·货殖列传》关于“三楚”的地域划分，今天的淮安市属于“东楚”。

有意思的是，今天的湖北黄石市也自称为“东楚”。黄石市级晚报名称为《东楚晚报》，黄石市非物质文化遗产名录图文集叫《东楚遗粹》，黄石市美食汇编叫《舌尖上的东楚》等。黄石市在湖北省的东部，与江西九江比邻，如果按照《史记》中“三楚”的地域划分，应属“南楚”。他们所称的“东楚”应当是以楚国旧都郢都，即今天的湖北省荆州市荆州区为坐标划分的。

作为政治概念的西楚

作为政治概念的西楚直接来源于项羽创立的西楚政权。

由于地域概念的“西楚”与项羽西楚政权的地理范围并不匹配。于是，历代关于西楚政权的解读层出不穷、莫衷一是。针对臧知非教授文章中“项羽以下相为楚的核心，以彭城为王都，彭城在下相以西，故名西楚霸王”

的观点，宿迁学者王晓风提出异议，认为项羽之所以将自己定都的彭城政权称为“西楚”，那就是相对于东楚而言，而东楚就是楚怀王熊心所在的首都盱眙（当时名为盱台）；实际上，历史上所有以方位命名的政权，都是看其首都在哪里，东汉和西汉的领土疆域完全重合，只是首都一个在东，一个在西，所以就名为东西两汉，东晋和西晋同样如此。

这种观点也是从“西楚”的政治性概念出发，肯定项羽西楚政权的首创精神。但是，后世所称的东西两汉、东晋和西晋，他们建政时的国号都是汉或晋，之所以被叫作东汉、东晋，因为其首都洛阳（东汉）和建康（今南京）都在原汉朝首都长安（今西安）、晋朝首都洛阳（西晋）的东面。这只是后代史学家对两个国号相同政权的人为区分，并非当时的政权名称。后世还有称东汉为中汉、东晋为中晋，寓以汉室中兴、晋室中兴之意。而作为主命天下的项羽直接定国号为西楚，这在后世正统王朝中是绝无仅有的。

西楚都城方位图

有“西楚”必有“东楚”，而“东楚”应当是项氏建立的第一个政权。清代著名史学家刘文淇写过一本《项羽都江都考》，很具体地考证、认定项羽曾以江都为王都这一史实。公元前209年，项羽随叔父项梁在会稽举事，率领“江东八千子弟”，渡江北伐击秦，在东阳接收陈婴义军后，传来陈胜、吴广“张楚”政权失败的消息，为推翻强大的秦王朝，号令统领各路诸侯，项梁项羽叔侄遂在江都重新树起楚国政权大旗。这就是先于“西楚”的项氏“东楚”政权。当然，这个政权当时的国号应当是“楚”。

既然项羽创建的西楚政权摒弃秦始皇的封建大一统制，而不惜“复古”采用周王朝的分封制，那么，借鉴“西周”“东周”的国号，将自己的政权称为“西楚”，以区别于之前叔父项梁主导的“东楚”政权，便顺理成章了。

众所周知，中国历史上有两个周朝，这就是后世所称的“西周”和“东周”。但鲜为人知的是，还有“西周”和“东周”两个王国。

周考王元年（前440年），周考王姬嵬封其弟姬揭于河南，是为西周桓公，建立西周国。周显王二年（前367年），因周威公死后，周王室内乱，周威公的少子根在赵、韩二国的唆使下独立出来，在巩国旧地建立东周国。东周国都在今河南巩义市孝义镇西一带。

东周、西周两国以伊洛河交会处为界，西属西周都王城，东属东周都巩。于是，在原先周王室的都城洛阳附近，出现了三个政权：周朝、西周国、东周国。到了战国末期，周朝的最后一任天子周赧王干脆把自己的朝堂搬到了西周国，和西周国国王一起办公。

秦国强大后，东方六国屡次合纵攻秦。东方六国合纵攻秦时，都喜欢让周天子牵头，或者西周国国君、东周国国君牵头。秦昭襄王于公元前256年破周王城洛阳，攻灭西周国，同时也逼死了在西周国办公的周天子周赧王。公元前249年，吕不韦又灭了东周国。

因为历史上西周国国君、东周国国君都当过合纵攻秦的诸侯盟军盟主。所以，作为诸侯联军统帅指挥灭秦的项羽，主持分封后，将自己的政权仿“西周”例自封为“西楚霸王”就很好理解了。

作为文化概念的西楚

项羽创立的西楚政权介于秦末汉初之间，虽然在历史上只有短暂的五年时间，但它在文化上呈现出的开放性、多元化的特征，在楚文化的基础上，又受北方重儒学、敦礼教的齐鲁文化风气熏染，同时吴楚尚武精神对其又有着深刻影响。直到今天，徐州、宿迁等市自称为“西楚大地”，虽然有沿用源自项羽的政治性概念涵义，但更多的则是文化概念范畴，而非地域概念。如徐州市、宿迁市创办的期刊《西楚》《西楚艺丛》《西楚吟丛》《西楚画风》等。

如果从地域概念解释，则出现了西楚在东（徐州、宿迁），东楚在西（湖北黄石）的笑话。

发人深思的是，与湖北黄石同处一省的湖北黄冈，历史上也曾自称西楚。如流传至今的古籍善本明代崇祯年间白棉纸刊本《罗经秘窍》《罗经发源》，作者署名西楚黄冈甘霖时望、秣陵上元唐锦池鲤甫校。其中西楚黄冈即今天的湖北黄冈市。这里的西楚无疑是文化概念上的，体现了西楚文化的辐射力与影响力。

西楚文化在诸多地域文化中独树一帜，其主要内涵可以凝结为五个字——信、勇、智、仁、忠，这是西楚文化的主要特征。其主要精髓是“仁”，是“行仁义”。西楚文化与墨家的侠义文化、儒家的礼乐文化、法家的刑罚文化具有错综复杂的关系，并将墨家、法家和儒家的内在价值有机统一起来，形成了一种疾恶如仇、坦荡如砥、勇于担责的担当精神。项羽出身于楚国项氏望族，上层的贵族文化培养了他诚信守义、知恩图报、光明磊落的品质。楚文化中的艰苦创业、尚武爱国、诚信尚义、敢为人先、开放包容等精神特质对项羽产生重要影响。“西楚”是项羽留下的又一笔难能可贵的精神文化象征，不仅符合东方文化的信用规则，也符合西方文化的契约精神。灭秦后，他试图恢复被秦王朝破坏的周朝讲礼修睦、多元共存的天下共主政治格局，选择了“霸业”而非“帝业”，与参加灭秦的六国旧贵族和起义军统帅“讲礼修睦”，试图通过礼义消弭纷争，激发人的内在道德意识，从而忍让、去欲、止争。同时，以诸侯盟主的担当和责任，化解诸侯彼此间的矛盾，强调和谐共生，而不是弱肉强食、有你无我。

项羽的人格魅力及其所创西楚政权的文化影响力不会随着项羽的自杀而消亡。不仅司马迁在《史记》中将项羽列入“本纪”，而且从地域范围看，西楚文化辐射至鲁西南、皖西北、豫东南、苏北甚至湖北等地区。并与荆楚大地的创业文化、齐鲁大地的礼乐文化，以及黄河文明的中心意识、淮河文明的交融意识有机结合起来，体现出强大的文化整合能力和文化厚重性，在西楚大地上镌刻出许多可歌可泣的动人画面。西楚文化的辐射力直接影响相关区域的民风，并对外展示开放姿态。因此，许多受其影响的地区及社会贤达均以“西楚”自居。

自古及今，西楚大地英才云集、英雄辈出便是西楚文化软实力的明证。从抗秦英雄项羽到宋代抗金英雄魏胜、刘世勋，从明代抗倭英雄刘江到清代抗英抗法英雄吴凤标、尹耕云和抗日英雄杨泗洪，以及中国人民解放军炮兵创始人朱瑞等，他们身上所体现的优秀品质正是西楚文化中的创新精神、斗争精神、诚信精神等在不同时代的传承和发展。

（作者简介：马志春，宿迁市文旅局研究员。在《人民日报》《新华日报》等主流媒体发表作品800多篇，共计100多万字，出版专著12部。）

来到酒都宿迁，喝酒有啥讲究？

“酒里乾坤大，壶中日月长。”历史悠久的酒文化孕育出了宿迁的传世酒香，走进宿迁的街头巷尾，空气中仿佛也弥散着淡淡的酒香，凉凉的、净净的，让人只想静静感受这座承载着厚重酒文化的酒都风情。宿迁有声名远播的两大名酒——洋河酒、双沟酒。2012 年，宿迁被中国轻工业联合会和中国酒业协会授予“中国白酒之都”称号；2019 年成功通过复评，同时获评“世界十大烈酒产区”和“世界三大湿地名酒产区”。作为两大名酒的产地，酒都宿迁不仅生态美景宜人，悠久历史也赋予了当地独特的酒文化。

宿迁是南北交通的重要节点，南北方不同的生活习俗在宿迁地区交融。宿迁的饮酒风俗既有南方商贾带来的影子，更有北方饮酒豪爽的风骨。随着社会的发展进步，宿迁饮酒习俗也随着时代的发展而演变。

敬神、祭祖　古时，宿迁的饮酒有一套约定俗成的规矩。逢年过节、婚丧嫁娶都要用酒敬神、祭祖。官方一般有专用的成套祭祀酒器，民间则是平常待客饮酒用的酒壶、酒杯。不论是何种酒器，祭祀时都要斟满酒，双手举起酒杯向神灵祷告，然后从左到右把酒一条线洒在地上，寓意已经敬给神灵饮用。平时晚辈给长辈敬酒，一定要倒满酒杯，晚辈站起来“一口闷”，长辈只需酒沾唇示意即可，晚辈酒干后才能吃菜。

座次　自古以来，“无酒不成席”在宿迁城乡形成了牢不可破的规矩，饭桌上没有酒就称不上宴席。宿迁酒席桌旧时为方形的八仙桌，每桌坐八人，按辈分、年龄、身份和与主人的亲属关系排定主次贵宾。主贵宾坐正面上席，次贵宾坐对面副席，其他人分坐两边。

“酒司令”　席上设“酒司令”（斟酒者）一至二人，坐于侧席位。“酒司令”由主人任命或自荐，一般为主人的至交、晚辈，以年轻、善饮、机灵能言者胜任。“酒司令”须熟知或通过察言观色，对各人酒量有了解，以便做到公平有度，不偏不倚。

席上还有“酒无二斟”之说，“酒司令”给人斟酒，不存心照顾，也不能补斟。

赏罚 酒席上赏罚也有许多名目，罚酒有“入席三杯”“滴酒三杯”“摸壶三杯”等，对不按时入席者、应干杯而故意留有残酒者、未得到酒司令同意而擅摸酒壶者，均要罚酒三杯。此外，说错话的、破坏“协议”的，也都是罚酒的由头。另外，一壶斟至某人恰好斟尽，则谓之“有喜”，或曰“巧酒”，某人需喝了此杯，再开新酒斟满再喝一杯，叫作“壶头壶尾”，这便是赏的“喜酒”了。

敬酒 第一杯酒斟齐后，首先要举杯同饮，谓之“门盅”。“门盅”一般为两杯或四杯，除特殊情况外，来客都必须同饮此酒。“门盅”喝完之后，对陪要分别敬两位上席主宾酒，最少是敬两杯酒，有好事成双之说，也有敬四杯酒和六杯酒。敬酒必须全桌都敬到方为有礼，有“宁冒一庄，不冒一家”之说。敬酒人为了表示诚意，要“先干为敬”，一口把酒杯中酒喝完，还要把酒杯倒过来给大家看一下，不会滴下一滴酒，显示出真情、爽快。被敬酒的主宾碍于情面，也会“一口闷”。出于礼节，先被敬酒的人还要回敬，回敬喝的酒杯数一般和受敬的相同，不然也会被视为失礼。

敬酒还须有由头，如同乡、同学、战友、同事、同行、同龄、同姓、长辈、年尊乃至初次见面、初次同桌、同一条板凳、兄弟的朋友、爱人的同事……都是敬酒的由头。所谓“酒桌之上无真理，条条大路通酒杯”，无非是巧立名目，要陪对方喝足喝好，而且使酒席上增添许多欢快的气氛。

猜拳行令 酒喝到高兴的时候，所有由头都用完了，如果还没尽兴，就玩“杠子老虎鸡”和猜拳游戏，输家喝酒，赢家欢呼。猜拳（也称划拳）形式多种多样，主要有“口手拳”，即由两人各伸一只手，猜中两人所出手指相加数者为胜，输者喝酒。划拳可以直接喊：一、二、三、四……一直到十，但往往猜拳者会将 1 至 10 的数字修饰为“一点高升、两相好、三星照你、四喜来财、五魁首、六六大顺、七巧、八匹骏马、九九长寿、十全十美。”捣杠子，虎、鸡、虫、棒，虎吃鸡、鸡吃虫、虫蛀棒子、棒子打虎，如一方喊“虫”，对方喊“鸡”，喊“鸡”方获胜，以此类推。还有螃蟹拳、蛤蟆拳、哑巴拳、猜火柴杆、猜扑克牌等。

打通关 筵席上一个人跟在座的人顺次划拳喝酒，赢则通过，输则再划，每输一次，饮酒一杯，直到全体通过为止，故称“打通关”。打通关通常是按照逆时针方向进行，打一圈后，要交班值巡，可以“下打上交”，就是从左边一位开始的，往右边一位交，也可以“下打下交”顺势进行。

挖地拐子　“地拐子”即田地的地边拐角，酒桌上的挖地拐子是指在酒桌上别人相互敬酒或划拳行令时轮空落单的人没事干，由“酒司令”或尊长者指令此人喝一杯或数杯，一是免得冷场尴尬，二是使喝酒平衡。

酒场新风尚　改革开放以来，随着宿迁酒业的快速发展和人民生活水平的迅速提升，几千年一脉相承的酒文化达到了迸发期，酒场上推杯换盏，你敬我让，热情强劝，真诚豪饮，“一口闷”形成愈演愈烈的风气。

为了倡导健康、文明、节俭的酒文化，戒掉过分劝酒的陋俗，2015 年，宿迁市组织开展《宿迁文明 20 条》文明公约征集与推广活动，其中第 10 条“不过分劝酒”倡导、引领了宿迁人的酒场文明风尚。不派酒成为当下宿迁人的饮酒常态，客人是否饮酒，饮多少酒“主随客便”。当然，主人“礼多人不怪”的敬酒礼节还在延续。

2020 年 1 月 10 日，市委宣传部、市文明办牵头制定的《人情新风“宿 9 条”》正式发布，一至三条分别为“婚事新办，丧事简办，小事不办”“随礼往来一二百，不把人情变成债”“请客要适度，宴席不铺张”。从单一的酒桌文明，走向规范、引导、创新饮酒风俗。

《人情新风“宿 9 条”》

（本文选自《宿城古黄河》和《史说泗洪食住行》，有改动）

谁人还识“宿晓红”

王斯亮

“揉碎含霜黑水晶，春波滟滟煖霞生。甘浆细挹红泉溜，浅沫轻浮绛雪明”。这是唐代诗人王翰的一首诗《葡萄酒》。当然，关于葡萄酒的诗句还有很多，比如：宋代梅尧臣的“菡萏花迎金板舫，葡萄酒泻玉壶浆”以及明代林子羽的“兹晨饮客青山墅，新压葡萄酒如乳”。每每读到这些赞美葡萄酒的优美的诗句，沉浸在古人所描绘意境的同时，总是很自然地想到我们家乡曾一度辉煌并引以为傲的“马陵山”牌葡萄酒，并自然想起一个富有诗意的葡萄名字——“宿晓红”。

“宿晓红”的来历

作为厹犹古国的宿迁大地，从来就是人杰地灵、物产丰饶。在宿迁北部晓店镇境内的马陵山麓，生长着一种葡萄——人们称它为“小黑葡萄”。葡萄，大抵可分两类，一种是个大的鲜食葡萄，一种是个小但含糖量达18.7%甚至以上的酿造葡萄。而生长在马陵山麓的这种小黑葡萄，就是非常适合酿酒的酿造葡萄。

这种小黑葡萄，在宿迁的晓店、井头均有栽培，以晓店最为繁盛，栽培历史逾400年之久。得益于独特的地理环境及适宜的气候，该葡萄肉厚多汁、含糖量高，其他各种营养成分亦优于国内其他地区的酿造葡萄。在20世纪五六十年代，经中国科学院植物研究所等单位十数名专家的考察鉴定，认为这种小黑葡萄是宿迁独有的古老优良品种，确定为国内新发掘的优良酿造葡萄酒新种类，是作为酿造高级葡萄酒的优质原料。于是，在1974年12月召开的第一届全国葡萄栽培和葡萄酒酿酒技术会议上，正式为这种小黑葡萄取了一个很有诗意的名字——“宿晓红”。

“宿晓红”的辉煌

酒都宿迁，确实名不虚传，且不说名扬海内的洋河、双沟，即便是各种规模的大小酒厂，也是异彩纷呈、各具特色。1964 年，轻工业部定点建设宿迁葡萄酒厂。1965 年建成投产，便以当地产出的小黑葡萄为原料，生产出具有“色红美丽，澄清透明，果香、酒香协调、醇厚适口、余香绵延”的马陵山牌红葡萄酒。次年，即生产葡萄酒 458 吨，产值近 120 万元。

宿迁葡萄酒厂在 1967 年至 1970 年间，共生产马陵山牌葡萄酒 4220 余吨，平均年产 1055 吨，为酒都宿迁添上浓墨重彩的一笔。1971 年在江苏省评酒会上，“马陵山”红葡萄酒不负众望，获八大地方名酒称号。1973 年，“马陵山”葡萄酒销往英国、日本等国家和中国香港地区。1974 年，在中国第一届葡萄栽培和葡萄酿酒技术会议上，“马陵山”葡萄酒被评定为前四名。

马陵山牌红葡萄酒被授予江苏省著名商标证书

1975 年，农业部将“宿晓红”葡萄种苗与意大利、西班牙等国进行品种交换。1983 年又与美国加州大学交换良种。同时，“宿晓红”还被列为国家第六个五年计划科技攻关项目。1985 年，确定“宿晓红”葡萄为国家黄淮海开发项目。1986 年，“马陵山”红葡萄酒获江苏省科技进步一等奖，同时，获国家银质奖。1984 年至 1986 年，宿迁葡萄酒厂共生产葡萄酒 7700 余吨。1994 年，“宿晓红”葡萄通过江苏农作物品种审定委员会的审定，确定“宿晓红”葡萄为宿迁市地方优良品种。为了满足宿迁葡萄酒厂达到“年产超万吨，利税过百万”的目标，“宿晓红”葡萄在全市（指县级宿迁市，主要还是晓店镇）种植面积一度超过万亩。

“宿晓红”的式微

20世纪八九十年代，由于企业缺乏对市场前瞻性的洞察力，没有进行生产技术的更新换代，再加上市场波动的影响，“马陵山”葡萄酒逐渐走向衰落。

宿迁葡萄酒厂的衰落形成了一个恶性循环：葡萄酒厂的生产停滞造成果农的葡萄大量积压，果农没有收益，于是将葡萄树悉数砍伐。最终，随着葡萄酒厂的关停，到2006年，晓店“宿晓红”葡萄仅存百余株，砍伐殆尽。

如今，在湖滨新区，原宿迁晓店葡萄酒厂厂长彭家文在企业改制后买下了原厂设备，承包了40亩土地，专门种植葡萄，用来酿造葡萄酒，传承着“马陵山”葡萄酒的制作工艺。也还有其他人士种植“宿晓红”葡萄100余亩，栽培面积有所扩大，但总体形成不了规模，加上生产和储存技术陈旧，无法形成良好的经济效益。

作为宿迁后花园的湖滨新区，正在打造“湖光山色、风景如画”的滨湖特色旅游城区，而生态观光农业的优势已经凸显。如果能将经过风雨洗礼的“宿晓红”以及用其加工生产的葡萄酒注入新的文化元素，在保留传统工艺的基础上，进行与时俱进的技术更新，有朝一日或许可以使之涅槃重生。这样，不仅可以打造一项很好的旅游项目，而且，对于农耕文化的发扬光大及非物质文化遗产的保护和传承，都有一定意义。

试想，闾阎相望，桑麻翳野，我们可以在这里劳作，在这里休闲，在这里采摘。届时，宿迁新八景之一的“葡山醉月”也就名副其实了。那时，无论是劳累了一天的人们，还是休闲娱乐、前来旅游的客人，大家相聚一起，杯觥交错之间，再吟诵起宿迁诗人罗毅堂的《葡山醉月》——“共说葡萄酒最香，更宜对月共飞觞。满山栽就萄千架，万斛晶珠万亩庄”就更有一番风味了。

（作者简介：王斯亮，湖滨新区作协副主席、历史研究会理事，宿豫区非物质文化遗产代表性传承人。）

宿迁，为什么是中国鱼米之乡的“C位”？

朱伯俭

宿迁是水乡，湖、河、库、塘、沟、渠的水域总面积达2367平方千米，约占市域总面积的25%，比全省平均水平高8个百分点。

宿迁是稻乡，全市粮食播种面积900多万亩，耕作制度主要是一麦一稻，一年两熟。水稻平均亩产500多千克，总产近200万吨，占粮食总产的一半以上。

之所以说宿迁是中国鱼米之乡的“C位”，主要原因在于：宿迁是中国最早的鱼米之乡（有考古实证）；宿迁是持续时间最长的鱼米之乡（从上古至北宋）；宿迁是失而复建的鱼米之乡（晚明至民国的400多年间，鱼米之乡消失，中华人民共和国成立后再建鱼米之乡）；如今，宿迁正在全力打造新时代鱼米之乡。

最早的稻作水田遗迹表明，8000多年前，宿迁就是鱼米之乡

宿迁地处黄淮平原东南端的苏北平原腹地。上古时期，这里河川纵横交错，湖泊星罗棋布，黄淮平原南下的泗水、沂水、沭水等众多河流，东去的淮水、汴水、睢水等众多河流，都交会于此，先入泗，再入淮，畅流入海。

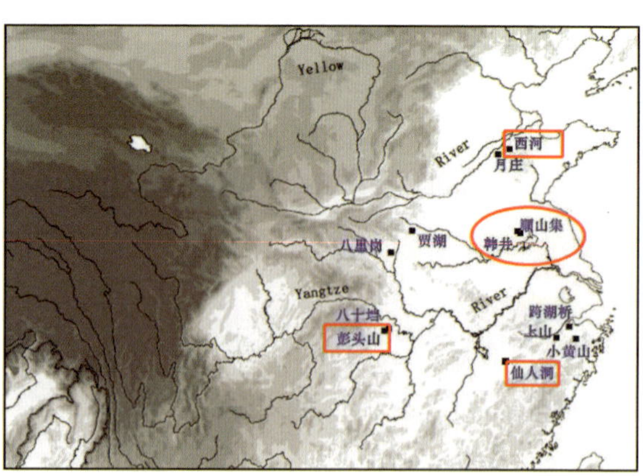

新石器时代早期稻作遗存分布图

距今一万年左右，从采集、狩猎到种植、养殖的农业革命开始了。这场人类历史上第一次伟大革命，是从刀耕火种发端的。种植的基本条件，一是水，二是肥。原始农业的水与肥，主要靠大自然，自然灌溉庄稼，自然恢复肥力。最优越的自然条件，是有漫水而无洪水，有淤积而无潴积；林莽繁茂而易于垦殖，垦殖间隙又生林莽。

这是大自然赋予人类的恩惠。苏北平原的原始农业，受此恩惠，得天独厚。

2012 年中国考古“六大发现”之一的泗洪县顺山集新石器文化遗址，是距今 8100—8300 年的环壕聚落。环壕在淮河下游流域时代最早、规模最大，被考古专家誉为“天下第一壕”；聚落在江苏省境内时代最早、规模最大，被专家们誉为“天下第一聚落”。

聚落大，居民多，是农业发达的结果，其主要表现是水稻的大面积种植。在遗址三个时期地层中，均发现距今约 8500 年的碳化稻米和稻壳，其中的碳化小穗轴说明，这里的水稻已经是经过人工驯化、不会自然脱粒的栽培稻。

韩井遗址发现的水稻田

在距顺山集遗址四千米的韩井遗址，不仅发现距今约 8500 年的稻谷和与稻粒连在一起的小穗轴，还发现了当时的水稻田及灌溉工程遗迹。已发掘的三块高低不同的水稻田，被若干条沟渠串联在一起，将水流周转着从高处引入低处，最后汇入洼地。这显然是先民们有意识利用水源浇灌各处田块的田间水利设施。参与考证的 70 多位权威考古专家认为，韩井人工稻作遗迹距今已有 8000 多年，是迄今为止在中国、在世界发现最早的稻作水田遗迹。

顺山集遗址还出土了大量陶器，最引人注目的是陶灶，其模样与宿迁地区 20 世纪 80 年代之前农家常见的陶灶相似，被专家们誉为“天下第一灶”。

灶上煮的，当是米饭。从那时起，宿迁就是鱼米之乡。

上古至北宋的鱼米之乡

“古之徐国，即淮夷也”。淮夷是东夷的中坚，徐国是淮夷的砥柱。

著名历史学家李学勤指出：“徐在西周时已是大国，其中心在今江苏泗洪一带。”著名考古学家邹厚本认为：“徐国在西周时期是一个可以与宗周抗衡的大国，其疆域南至洪泽湖周围，西至安徽东北部，北至山东南部。”今泗洪一带，是徐国的中心活动区，周边广大区域内，还有附属于徐国的众多小国，有研究者称之为徐国的“政治疆域”。

徐国的强盛，源于农业繁盛，而农业繁盛又源于自然条件的得天独厚。如果说淮南虽河湖众多却沼泽漫漶，徐国所在的沂、沭、泗下游地区，河湖众多却河是河，湖是湖，陆是陆，雨多了排泄畅通，雨少了灌溉亦易，是水畅河清、物产丰饶的宝地。

农业的繁盛，带来手工业和商业的繁盛。徐国的商船满载稻米、丝麻、绢帛、皮革等农业、手工业产品，以泗口（淮泗交会处，今泗阳县李口镇境内）为转轴，沿着淮、泗的诸多航道，长途运销到中原众多商代方国、周代诸侯国的国都。

战国时期，铁制农具全面普及，农业垦殖能力大为提高，栽培技术也有重大进步，关中、淮北两地，农业最为发达。

到了汉代，淮北以稻作为大宗的农业发展水平超越关中，领先全国。汉成帝时期（前 33—前 7），淮北的农学家氾胜之，曾被朝廷召至关中指导水稻种植。《氾胜之书》记载的各项栽培管理技术，代表了当时稻作种植的最高技术水平。

史载，经过汉末以后连续不断的长期战乱，到南朝刘宋时期（420—479），沂沭泗中下游地区仍是“左沭右沂，良田沃野”。平均每户人家至少有一头耕牛，两户人家就有一辆牛车。

隋唐时期，淮北进一步成为全国最重要的经济区。《通典·食货典》载，唐玄宗天宝八年（749 年），河南道（今河南、山东、苏北、皖北）196 县，正仓储“皇粮”县均 2.97 万石；义仓储地方备荒赈灾粮县均 7.86 万石；合计县均 10.8 万石。今宿迁境内，当时有泗州所辖的徐城县、虹县东部、宿预县，海州所辖的沭阳县，生产水平比河南道西部、北部的许多山区要高得多，储粮量要远远超出全道的县均量。即使按照 10.8 万石的县均量，也高于淮南（江淮地区）道、河东道（今山西、河北西部）的县均 10.4 万石和 9.9 万石，是关内道（今陕西、宁夏、内蒙古一带）县均、江南道（江南地区）县均的两倍多和三倍多。

北宋时期，淮河流域几乎所有的土地都被垦殖，且复种指数大幅提高，原始生态所剩无几。尤其是京东路、京西路、淮南路，是全国经济最发达的地区。当时的名相王曾在《王文正公笔录》中说：“京师粮仓廪仰给，唯京西、京东数路而已。”今宿迁地区当时分属京东东路淮阳军、淮南东路泗州、海州。熙宁年间（1068—1077）秘书省著作郎孔平仲笔下的“万户康宁五谷丰，江淮相接至山东”，是今苏北地区当时丰收景象的写照；临淮县主簿张耒笔下的“红稻白鱼饱儿女”，是今宿迁地区当时鱼米之乡景象的写照。

然而，黄土高原生态遭受千年破坏导致的黄河下游洪水泛滥，尤其是明代中期至晚清的 400 年间，不惜“逆河之性”，强使“全河尽出徐、邳，夺泗入淮”，让鱼米之乡的景象荡然无存。

晚明至民国，鱼米之乡消失

黄河本被称作“河”或“大河”，从《诗经》名句“河水清且涟漪”，可见周代“河”之清澈、平静。

春秋战国时期，伴随着铁制农具普及这一划时代进步的，是黄土高原生态的严重破坏。“河”已常被称作“浑河”，其间的周定王五年（前602年）发生了有记录以来第一次大改道。

随着黄土高原生态破坏的不断加剧，尤其是秦汉时期向黄土高原大规模移民、屯垦，致使水土流失愈演愈烈，黄河越来越浑浊、越来越高悬，决溢频率越来越快：两汉426年，平均28年一次。隋唐五代379年，平均近十年一次。北宋167年，平均两年半一次。

北宋灭亡次年（1128年）十月，东京（开封）留守杜充掘黄河以阻金兵，从此，黄河“夺泗入淮”，这是第四次大改道。

改道后的黄河，由于南北多股分流，纵贯宿迁地区的黄河（泗水）水患在一般年份并不严重，所以经济社会在宋金、蒙金、宋元的长期战乱后，皆能较快恢复。从元代王恽《次宿迁望紫山不至》诗中“浊浪随时变，香粳为客炊”，可知当时宿迁的黄河浊浪时急时缓，洪水灾患尚轻，仍可种植水稻，故旅店以粳米饭食招待客人。

明代前期宿迁地区的农业，是金、元、明、清至民国800多年间最好的时期。明万历五年（1577年），宿迁水患肆虐已久，水稻大幅减少；其时《宿迁县志》对境内粮食作物的排序，将“稻”列为第二种作物，有历史惯性的原因，也说明，直至明代中期，稻作仍是粮食作物之大宗。明初被大量强制迁移到淮泗地区的江南移民，带来了水稻栽培技术的空前提高、品种的空前增加，“有粳、糯二种，有早、晚二熟，有红、黄、紫、赤、斑数色，名品甚多，不能悉载”（万历《淮安府志》）。稻作面积可能并不少于汉唐、北宋等前朝。

明代伊始，朱元璋称帝南京，粮饷悉仰江南，对江北运河并不重视。燕王朱棣迁都北京，经济重心仍在南方，故立即重建大运河，转输南方财赋；又禁绝海运，自此，京杭大运河成为明、清两代王朝经济命脉之所系。

明代中期以后，漕运危机不断加深，为了治河保漕，苏北平原成为“被牺牲的局部”，其腹地宿迁地区，自然生态急剧衰变，农业经济持续衰落，数千年鱼米之乡沦为“极冲极疲之地方”，老百姓长年煎熬“极灾极困之时日”（清代《桃源县志》）。

保漕运是明、清治河的最高目标。为了不让黄河北决冲毁山东运河，不让淮北“黄运合一”的“河漕”因缺水而浅阻，从明景泰年间（1450—1456）开始，朝廷实施“北堤南分”的治河方策，屡兴大工，在黄河北岸筑长堤，断北流；在黄河之南浚河道，分黄水，曾一度以濉河为黄河主流，从今宿城区项里街道双河社区入泗（黄）。弘治八年（1495 年），筑起两座分别长 360 里、160 里的“太行堤”，北流完全断绝，山东运河暂无水患。

太行堤彻底断绝了北流，主河道多股南流入涡、颍、泗（夺泗黄河）、濉等河入淮入海。如此全流入淮的局面，即黄河第五次大改道。

以太行堤为代表的“北堤南分”，不仅使苏北平原灾荒连连，而且随着黄河南流河道的严重淤垫，黄河洪水滞留于鲁西南、苏西北，横冲直撞，“河漕”屡屡被毁，漕运难以为继。

“北堤南分”破产了。为了挽救帝国漕运的经济命脉，“避黄行运”和“蓄清刷黄”的治河方策先后被提出并付诸实施。一系列治河保漕举措，让黄河洪水涌泄于夺泗入淮一线，并将之淤垫为地上悬河，致使沂沭泗水系完全失去了南下通道。而除了人为形成的骆马湖被用于中河济运，人为构筑的洪泽湖被用于“蓄清刷黄”，所有古已有之的自然湖泊皆淤为平陆，古已有之的自然河流皆漕垫堤毁，沂蒙洪水、黄河洪水、减泄于民田的中河洪水，在苏北平原交错混乱，使这里成为淮河流域灾患最严重的地区，成为江苏省最破败、最贫困的地区。

这种状况，与江南形成强烈的反差。

自上古至汉唐，苏北平原乃至淮北，一直是中国的富庶之区。到汉代，已取代因生态恶化、战乱破坏而衰落的关中，成为中国经济最发达的地区。而当时的淮南、江南的稻作还相当粗放。直到唐代，江南的经济发展水平仍无法与淮北相比，清代治河名臣靳辅甚至说：“江南之苏、松、常、镇，浙江之杭、嘉、湖等府，在唐汉以前，不过一泽国耳。”

由于经济开发较晚，江南地区自然生态相对优越。直到清代，山区仍有大量原始森林。优越的生态承载力，是江南“后发快进”，成为中国经济最发达地区的最大优势。尤其是，江南自有水利工程以来，皆为顺应自然、顺其水性的水利，是名副其实的农业“水利”、民生“水利”。

而在苏北平原上，明清两代耗尽民力屡兴大工，却是有治河而无水利，越治河越水害。对此，靳辅承认：“臣自受任总河以来，……深知江南凤、徐、淮、扬四府……不但不能得水之益，而反受水之害。即臣奉命大修河道，亦止仅仅求于避害，而未议所以兴利。”

生态恶化加因漕害民，使原本水畅河清的鱼米之乡，变成了灾患频仍的多难之邦。“沂运溢”“沭河溢”“骆马湖溢”“旱蝗”“大疫”“大饥”“人死相望”之类记载，不绝于各地的明、清志书。

咸丰五年（1855年）六月十九日，夺泗入淮727年的黄河第六次大改道，山东运河被毁断航，朝廷漕运改用海船。明清王朝400多年治河保漕成为历史。

黄河走了，留下的故道沙丘高积，河身高悬，成为洪水不可逾越的屏障。而沂、沭、泗诸水，皆为上承鲁南及苏豫皖相邻地区山区洪涝水的暴急性河道。上游山岭起伏，高程一般三四百米，最高千米以上。而宿、桃、沭等地，一般高程只有10米左右，每逢山洪暴发，势如山倾，涌入骆马湖，再汹涌狂泄，横扫黄河故道以北的广袤平原。

数百年黄泛，改变了宿迁地区的地形地貌。古已有之的湖泊淤垫殆尽，山峦也消失殆尽。原本的黑土沃野，大部分淤积在泥沙之下。黄泛土受地下水影响和长期旱耕熟化，形成黄潮土，有水板结，无水飞沙。一望无际的沙卤赤地，阳光之下，惨白刺目，庄稼难立苗，刮土可滤碱。在这有机质几乎为零的恶土瘠壤上，水稻渐至绝迹。

如此恶劣的农业生产条件，直到20世纪50年代以后才得以根本改变。

中华人民共和国成立后治水改土，再建鱼米之乡

从 1949 年起，宿迁人民在中国共产党的领导下，开展波澜壮阔的治水改土斗争。中华人民共和国成立之初的“导沂”工程和 50 年代后期的宿迁大控制工程，是从根治洪水入手，再建鱼米之乡的奠基礼。

1945 年至 1948 年，沂沭泗流域连续洪灾。1949 年 7 月、8 月，又遭遇特大洪灾，苏北平原受灾群众数百万人。

党中央立即给苏北区委、行署（当时尚未建立江苏省）发出紧急指示：“这个地区历史上经常遭受洪涝旱灾害，群众生活苦。现在解放了，如果不认真治水，根治水害，政权就无法巩固。应抓紧当前战争刚刚结束的有利时机，采取以工代赈的办法，积极着手治水。”

由此，拉开了“导沂整沭”工程（“整沭”工程主要在山东省）的序幕。

导沂方案主要是：开挖新沂河，将沂河洪水直接泄入黄海，把南、北六塘河等几条干河腾出来，让给内部排水。新沂河全长 186 千米，其中，嶂山以下长 144 千米，平地筑起南北两道大堤形成排洪专道，河床滩地实行汛期行洪、冬春种麦的“一水一麦”耕作制。

当年冬，宿迁、沭阳、泗阳、睢宁、邳睢（1953 年撤销）、新安（后改称新沂县）、灌云、淮阴、涟水、淮宝（1950 年撤销）10 个县（泗洪县当时隶属安徽省宿州专区），共出动民工 22.86 万人，其中宿迁、沭阳、泗阳三县出动近 12 万人，超过民工总数的一半；家庭断炊的民工占 80% 以上。他们怀着“扒河治水害，过上好日子”的迫切愿望，拼命苦干，英雄模范层出不穷。

1950 年 5 月 22 日，新沂河全线完工。骆马湖南堤（也是中运河北堤）同时完工。6 月 22 日，皂河束水坝（1952 年 6 月建成皂河节制闸，坝体拆除）竣工。自此，骆马湖开始作为临时蓄洪水库，发挥防洪功能；新沂河将是沂沭泗洪水入海的主河道。自晚明以来数百年间，宿迁地区每有洪水就数百里庐舍为墟的悲惨历史，从此一去不返。

1957 年 7 月 6 日至 25 日，沂沭泗流域发生 50 年一遇特大洪水，上

游的微山湖水位，竟比骆马湖临时水库设计防洪水位高出近 14 米！为了保护涉及区域数百万人民的生命财产，省委、省人委作出以黄墩湖区为滞洪区的决定，下达命令向湖区分洪。

这场特大洪水教训沉重：导沂工程的标准太低了，骆马湖单纯地、低标准地作为拦洪水库，只是临时性地发挥拦洪作用，已经远远不够了。

按照省委确定的徐淮地区“必须结合除涝治碱、改旱作物为水稻”，把淮北建成“新粮仓”的战略决策，省水利厅制定了建设骆马湖常年水库的规划，即建设宿迁大控制工程，将骆马湖防洪水位提高到 25 米，六塘河改为地区排涝河道。当骆马湖水位达到 24.5 米时，考虑从皂河控制退守宿迁大控制；如遭遇特大洪水，再启用黄墩湖滞洪。

这个规划是淮北地区治水思想的一个飞跃，奠定了骆马湖在沂沭泗流域水利格局中的中枢地位，不仅是沂、沭、泗下游的防洪咽喉，而且是调蓄枢纽。

宿迁大控制的主要工程，包括中运河宿迁节制闸，宿迁船闸，六塘河节制闸，中运河、六塘河拦河坝，废黄河左堤加固等，项目之多，投资之大，标准之高，在宿迁水利史上前所未有。

1957 年 10 月初，工程开工。1958 年 7 月全部竣工（嶂山闸也是宿迁大控制的重要工程，于 1959 年开工，1961 年竣工）。自此，骆马湖临时蓄洪水库正式成为常年蓄水水库。

“临时”变“常年”，“蓄洪”变“蓄水”，骆马湖的功能之变，标志着肆虐苏北数百年的洪水，基本得以根治；标志着消失了数百年的苏北鱼米之乡，终于可以开始重建。

在那时宿迁人的心目中，“鱼米之乡”就是江南。宿迁是数千年“粳稻丰积”的鱼米之乡，早已湮没在漫长厚重的历史中。但宿迁人对鱼米之乡的愿景从未消失。随着洪水的根治，生产条件的改善，这种愿景的萌生滋长越来越强烈。

导沂工程基本解决了沂、沭、泗洪水出路问题，避免了数百年来洪水灾难，但宿迁地区农业耕作方式和生产水平，与明清时期并没有什么不同，全部是旱谷，多为三年四熟，平均亩产 100 斤左右。

为了改变面貌，摆脱贫困，当时宿迁县委提出“三改”，即“碱改良、稀改密，旱改水”，其中，前“两改”基本失败，唯有“旱改水”，1955 年至 1957 年试种，终于获得成功，有的田块亩产超过了 500 斤。

时任县委书记的李柏后来回忆说：“经过三年试点，水稻在本县栽植，不仅土质、气候完全相宜，而且比较旱作物显著增产。从此，也就奠定了改种水稻的思想基础。……但先决条件是要彻底解决‘水’的问题。”

骆马湖常年蓄水水库正在兴建，“水”的问题解决在望。1957 年年底，宿迁县提出“建设水稻县”的口号。1958 年，又进一步充实为“玻璃城，水稻县，苹果黄河、葡萄山”的规划蓝图，成为全县上下的热切憧憬。

宿迁人最热切的，是建成“水稻县”。男女老少都明白：只有大搞“旱改水”，才能高产又稳产；只有建成“水稻县”，才能宿迁变江南，才能吃上大米饭；要想建成“水稻县”，必须大搞“河网化”，必须苦干再苦干！

从 1959 年开始的三年经济困难，宿迁人连山芋、山芋干和糠菜都吃

新沂河工地劳动场景

不饱，仍连续两个冬春大干“河网化”，开挖排涝河，建设桥、涵、闸等工程。1960 年全县水稻面积扩大到 24 万多亩。由于急于求成，步子太大，许多田间水利不配套，虽然出现了一些亩产四五百斤的高产田，但平均单产只有 130 多斤，而且造成许多旱作物渍害严重。

随着饥荒的不断加重（1961 年，粮食总产下降到 2.1 亿斤，农村人均口粮只有 197 斤），劳动力体质下降、数量减少，且耕牛数量锐减，不能再大搞农田水利工程、水田作业了。

在这种情况下，宿迁县于 1960 年年底决定适当收缩水稻。口子一开，一下子陡降为 1961 年的 9.4 万亩，1962 年的 5.2 万亩；平均亩产只有 103 斤、51 斤。1963 年更降到不足 1 万亩，平均亩产只有 46 斤。

1963 年，江苏淮北地区遭受特大涝灾，加之“河网化”半途而废、农田水利设施破坏严重，宿迁县粮食总产只有 1.09 亿斤，比特大灾荒的 1949 年还少近 3000 万斤，即使全做口粮，人均不到 82 斤。因饥饿导致的“变色走相”和浮肿病人大量出现。

宿迁人痛定思痛，吸取教训。他们看到，虽然水稻所剩无几，但在几年来一直坚持的地方，土壤理化性能改善了，产量稳步提高了。1964 年，宿迁地区提高土壤肥力的基本经验——“无磷（磷肥）不种苕（绿肥作物，秋季播种，次年水稻栽插前掩青腐烂作底肥），无苕不栽稻”，也在技术人员的指导下，探索出来了。

“旱改水”的热情，在宿迁各地再一次高涨起来。从 1964 年开始，每年冬春都出动占总人口 40% 以上的劳动力，大挖土方。

随着排灌标准的全面提高、田间工程的全面配套和绿肥种植的全面普及，1970 年至 1973 年，宿迁县以水稻为主的粮食总产“四年四大步”，1973 年达到近 6.75 亿斤，是 1969 年的 2.15 倍。如此爆发式的连年增长，在全国 2300 多个县（市）中，绝无仅有。

1974 年 8 月，沂沭泗流域暴发历史罕见的特大洪水，由于水情调度把握得当，抢险加固及时得力，尤其是宿迁大控制等一系列水利工程充分发挥了效用，在国务院明确指示“黄墩湖应考虑立即滞洪”的情况下，避免了分洪。各地的农田涝水被较快排净，大灾年仍夺得大丰收。

1975 年秋，国务院召开了全国农业学大寨会议。10 月 2 日，在北京人民大会堂举行的大会上，宿迁作为“发展速度第一”的大寨县（全国农业学大寨先进县第一批共 316 个），作了经验介绍。

“淮北大寨”“淮北江南”，宿迁县誉满全国。沭阳、泗阳、泗洪三县的大部分地区，也由穷乡僻壤变成了鱼米之乡。

1980 年至 1982 年，宿迁地区全面实行家庭联产承包制，加之杂交稻的推广，栽培技术的改进，化肥、农药的广泛使用，粮食产量迅猛增长。1990 年以后，稻麦两熟的单产，跃增到五六百公斤和四五百公斤，“吨粮田”“超吨粮田”屡见不鲜。

鱼米之乡

1996 年地级宿迁市成立时，宿迁号称“农业大市”，这个称号的背面，是江苏“经济洼地”。为了实现“洼地崛起”“工业突破”一直是宿迁的主旋律。到 2002 年，第二产业首次超过第一产业；到 2004 年，第三产业首次超过第一产业。到 2022 年，第一产业的比重由 1996 年的 47.8% 降为 9.1%。

与此同时，宿迁也加快了从“农业大市”迈向“农业强市”的步伐。2022 年，全市粮食总产量 410.6 万吨，居全省第四，其中水稻播种面积、总产均居全省第三；粮食除自给自足，每年还外销 100 万吨以上；沭阳县、泗洪县粮食产量在全省 76 个涉农县（市、区）分别排名第一、第三。此外，宿迁水产品产量稳定，河蟹产量居全省第三，淡水产品总产量 29.2 万吨，全省第四；农产品区域公用品牌“宿有千香”年度销售额达 8 亿元，其中“霸王蟹”销售额 2 亿元，出口十余个国家和地区，大闸蟹出口量位居全省第一。现在，宿迁正通过做强产业群链、聚焦科技兴农、推动三产融合，聚力打造新时代鱼米之乡，为江苏“在推进农业现代化上走在前”作出宿迁更大的贡献。

（作者简介：朱伯俭，宿迁市政协退休干部、宿迁市历史文化研究会副会长。）

宿迁境内十大水系的历史演变

陈宏仁

历史上的宿迁，地处淮河下游，四季分明，河水安澜，自古以来就是丰腴之地，素有“走千走万，不如淮河两岸”之说。自汉文帝“今河溢通泗”以来，黄河屡屡决溢，夺泗夺淮，带来大量泥沙，抬高河床，淤塞河口，改变了淮河下游地形地貌，彻底打乱了原有的水系流向。域内洪水无奈，不得不另谋出路。以致泗水东去，睢水南下，淮走三江营；汴水断航，潼水纵横，导沭临洪口；六塘河、中运河、新沂河、徐洪河亦是应运而生。

泗水

泗水发源于泗水县陪尾山，于今宿城区朱海村入宿迁境。西汉时，泗水历下相，经安河洼，过徐县北，由睢陵县南下淮泗口入淮，位置在古泗州城沉没的地方，故《汉书·地理志》有“泗水至睢陵入淮”之说。东汉时，泗水开始改道东去，郭璞注《山海经》就有泗水入淮阴北的记载。南北朝时，郦道元《水经注》中有“泗水迳角城北，东南流注于淮”的表述。具体入淮地点，最初在大清口，即今淮阴区袁集乡桂塘村。唐时，这里曾经是宿迁县与涟水县的分界线。南宋咸淳九年（1273 年），在这里首次设置清河县。

通常认为，自南宋绍熙五年（1194 年）黄河全流入淮，至清咸丰五年（1855 年）改道北去，黄河夺淮历时 661 年。元泰定元年（1324 年），黄河开始从桃源三汊口分流出小清河，曰小清口。明弘治十八年（1505 年），黄河主流曾一度经睢口入泗。不久，主流又渐次北移，最终从徐州经宿迁、桃源到淮阴清泗口的泗水古道，成了黄河的主河道。至明嘉靖元年（1522 年），大清河淤塞，黄河全流经小清河由淮阴码头入淮河。清咸丰五年（1855 年）黄河改道北去山东张秋入海，留下了如今的废黄河（黄河故道）。

濉河

濉河古称睢水，源于开封浪荡渠，最初经宿迁城南睢口汇入泗水。春秋时，这里叫次睢之社，是宿迁地区最为古老的社区，距今已有2600多年的历史。僖公十九年（前641年），宋襄公为了图霸，曾假借祭祀泗水“妖神”之名，迫使邾子将鄫子捉来这里，演绎一起荒诞离奇的“叩其鼻血”、杀人致祭事件。这件事在史称“《春秋》三传”的《左传》《公羊传》《谷梁传》中都有记载。

宋元及明代早期，睢水曾为漕运通道。睢口曾曰睢清口、小河口。明万历六年（1578年），潘季驯为“束水攻沙”修筑归仁堤后，睢水滞潴宿迁西南一带，先是小河口淤塞，后经白洋河小河口汇入黄河。

清顺治十六年（1659年），归仁堤溃决，白洋河小河口淤塞。睢水开始改从安河下洪泽湖。雍正三年（1725年），河决朱家海后，睢水不再汇入黄河，主流则由重岗山西侧的谢家沟经老汴河入洪泽湖。乾隆二十三年（1758年），经疏浚治理，睢水改经新关分流：南下称老濉河；东去称濉安河。

黄河北徙后，濉河经多次改道、治理，最终分为三支：一支濉河东去，至踟头经半城东南入洪泽湖；一支新濉河经林业站南，至傅圩河口入溧河；一支老濉河经林业站北，至石集经溧河洼入洪泽湖。

淮河

淮河，发源于桐柏山，在涟水县（古淮浦）故城东分为两支：一支东去直接入海；一支入游水北去，在赣榆县东北纪鄣老城入海。淮河在今双沟镇中潼村进入泗洪境内东去、南下，受盱眙都梁山所阻，折而东北，沿着白水塘、破釜塘、富陵湖、泥墩湖、万家湖北侧，经淮阴城西北去、东下淮浦。明代中期，淮河入海口在今响水县云梯关。大约在万历年间，淮河始与沿淮诸湖、陂塘连成一体。咸丰元年（1851年），洪泽湖礼坝（即今三河闸附近）决口，淮河主流经今淮河入江道由三江营入长江。

1953年，设计流量每秒800立方米的苏北灌溉总渠建成后，承担部分淮水下泄扁担港。1969 年开始整治淮河入江道，使其设计流量达到每秒 12000 立方米。20 世纪 70 年代，淮河开始分流淮沭新河北去临洪口入海，设计流量每秒 3000 立方米。2006 年，设计流量每秒 2000 立方米的淮河入海水道一期工程竣工，由滨海县扁担港入海。2022 年，淮河入海水道扩大工程（二期）开工建设，待 2027 年竣工后，淮河入海水道流量将达到每秒 7000 立方米。自此，淮河有三个出口：一是三江营入长江；二是扁担港入黄海；三是临洪口入黄海。

汴河

汴河，源于荥阳东北板渚，有北汴、南汴之分。北汴，至徐州入古泗水，史称“汴泗航道”，南北朝时就已湮废。南汴，原名通济渠，唐称广济渠，今称汴河。隋大业元年（605 年）开通，最初经青阳镇西、由溧河洼入淮；三年，又改经青阳镇北东南而去，由临淮头南下汴口入淮。唐开元二十七年（739 年），曾因“流急难制”而自枯河头改道北去由潼入睢入泗，称为广济新渠，大约运行二十五年，终因“水复流急”“漕运难涩”而改回原道。汴河是隋、唐乃至宋金王朝长达 600 年间赖以生存的命脉所在。

南宋乾道五年（1169 年），灵璧北境汴河即已断流。嘉定十五年（1222 年），开西汴河至石梁河，以通商旅，清乾隆后，为泗州通淮要道。如今，

今日古汴河

在泗境有经溧河洼南下的古汴；有青阳至临淮头的老汴；有枯河头到青阳关这一段 23 千米的东汴；有泗州城西关经石梁河到窑河一段的西汴；有自徐家岗入溧河洼的新汴。隋炀帝开挖的通济渠，仅存青阳镇经石集、城头，至临淮头入洪泽湖全长 34.32 千米的一小段，成为中国大运河历史文化遗产保存最为完整的部分。

潼河

潼河，古称潼水，发源于僮县西南潼陂，最初东北流入睢水。僮县，在今泗县山头镇西边；潼陂，在今泗县西北新集附近，宋时，叫“万安湖”，后曰“羊城湖”。清康熙初，潼水源头被上移到了灵璧北界七十里的潼山。形成了潼水纵横的局面：北潼河，最为古老，《水经注》称之为潼水故渎：“旧上承僮县西南潼陂，东北流迳僮县故城北，又东北迳睢陵县下会睢水。”据此断定，当时的睢陵县治就在今天的凌城镇，“下会睢水”的地点是在今天的耿车镇境内。历史上的北潼河，宿迁人曾经叫过林子河。

南潼河，《水经注》记载，是源自潼陂，迳虹县城西、南下，过石梁河、天岗湖，在巉石山东汇窑河后入淮河的一支潼水：1950 年代改称淙潼河；1970 年代又改为怀洪新河。如今，自双沟镇南直接入溧河洼，设计流量为每秒 4710 立方米。

如今的潼河，横亘东西，上源自灵璧县高楼镇西北高地，穿睢宁县境西南边境至二郎庙入泗县境，南下折而东去至山头东老潼河口，东南至陈庄入泗洪归仁境，东北流至大口子入安河。

沭河

沭河（新沭河），古称沭水，发源于沂山南麓泰薄顶，最初在今皂河王营、八井附近的直河口注入泗水。沭水进入临沭县境后，一直沿着马陵山麓逶迤前行。由于这一带地处郯庐断裂带核心区，地质构造极为复杂，以致沭水在马陵山、司吾山东西两侧频繁换道，有据可考的就有六七次之多。《水经注》就对沭水有“枯沭”“旧渎”“故渎”等多种表述。大约在东晋期间，沭水开始在司吾山北改道南下、东去。北魏正光中（523 年前后）肖宝寅立堨，分流沭水，才有了南北朝后期 549 年置沭阳郡、578 年置沭阳县的记载。

北宋时期，经沈括治水后，沭水分为五道，一入涟水，一入桑墟湖，三入大湖（即硕项湖）。明万历二十三年（1595 年），杨一魁开黄坝新河，硕项湖淤塞，沭水入游被彻底阻断，涟水湮废，被迫改经蔷薇河由临洪口入海。1949 年开始导沭入海，以 1995 年大官庄水利枢纽建成为标志，历经 40 余年工程建设，始得告竣。如今，沭水分为三个部分：大官庄以上为总沭河；人民胜利堰以下至口头段为老沭河，设计流量每秒 3000 立方米；大官庄分流经石梁河水库至临洪口入海州湾的为新沭河，设计流量每秒 6000 立方米。

六塘河

六塘河源于骆马湖口杨河滩，分南北两支，最终经灌河入海。

明末崇祯十四年（1641 年），漕运总督史可法在宿迁城北凿断马陵山脊，开拦马河，泄骆马湖洪水经侍丘湖南下，由响水沟入泗。清康熙十九年（1680 年），河道总督靳辅为兼顾蓄水济运，在拦马河上递建六坝。不久，六坝之下，冲刷成六个大塘，出塘之水转向东南入茅家河（后称涧河）、北盐河，达灌入海。雍正九年（1731 年），河臣嵇曾筠拓宽骆马湖口堤坝、疏浚盐河，筑堤防漫。并将靳辅当年围垦硕项湖开挖的南股河、北股河，改称为南六塘河、北六塘河，自此六塘河成名。并正式担负起沂蒙山洪水经宿、桃、清、沭、安五县下泄通道。1964 年后，六塘河不再分泄洪水，屈指算来，沂行六塘，历时 233 年。

1958 年，兴建淮沭河后，三岔口以上为总六塘河，以下分为三部分：一部分东去为南六塘河，穿过盐河至武障河入灌达海；一部分直接进入淮沭河，通过新沂河入海；一部分通过六塘河地下涵洞，排入北六塘河，经龙沟河汇灌河入海。如今，宿迁境内的六塘河，已成为一道生态富民廊道，是休闲观光的好去处。

中运河

中运河，始于台儿庄解台闸，止于淮阴杨庄，全长179千米。其中，宿迁段自睢宁闸至淮泗交界，河长112.85千米。中运河，通常认为由四段组成：台儿庄—窑湾为泇河段；窑湾—皂河为皂河段；皂河—张庄为支河段；支河—杨庄为中河段。另有最初开通而被人忽略的直河段。

中运河的开挖形成是一个漫长而艰难的历程。首先是泇河的开挖，从明隆庆三年（1569年）翁大立首议，到万历三十二年（1604年）李化龙完成开通，前后历时35年。其次是入（黄河）河口的选择：最初是从直河口入黄河，行运大约15年；后来在陈沟口、董沟口之间徘徊入黄；顺治年间，曾一度行漕于骆马湖中，冬春季节，时常出现漕工站在淤泥中相互传递的现象，时称“舁送”；康熙十九年（1680年），总河靳辅开窑湾至皂河，次年皂河口淤；又开支河，运行五六年；二十六年（1687年）开中河，至淮阴仲家庄入黄河，次年完工，从此避开了黄河180里行运之险。后经于成龙、张鹏翮移建、筑堤，逼溜南趋，中运河出口始固定于杨庄。

如今，中运河集输水、调蓄、航运、灌溉、观光于一体。随着宿连航道的开通，中运河通江达海也将指日可待。

宿迁中运河国家级水利风景区

沂河

沂河（新沂河），发源于沂源县大张庄乡。最初在下邳故城南分大、小沂水两股入泗。南北朝时，小沂水湮灭。

明弘治间，沂水全流于张老坝附近东趋骆马湖，分别从杨河滩附近的董沟口、陈沟口泄入黄河，偶尔也会西趋直河口入泗。万历间，泇运河开通后，沂水开始承担入运济漕重任。明崇祯十四年（1641 年），漕督史可法开拦马河，泄水东去入侍丘湖，同时，张国维开芦口分沂水至徐塘口入运。清雍正九年（1731 年），沂河洪水入骆马湖后，正式以六塘河名义下泄灌河入海。

1950 年，开挖新沂河，上起嶂山，下至燕尾港入海，全长 144 千米。老沂河尾闾终点改在苗圩入骆马湖口，全长 333 千米。1964 年，新沂河嶂山闸建成。如今，沂河洪水下泄：一由彭道口分沂每秒 4000 立方米入大官庄新沭河，东去临洪口入海；一由邳苍分洪道至邳州林子由运河入骆马湖，设计流量每秒 5500 立方米；一由苗圩（主流）入骆马湖，设计流量每秒 7000 立方米。注入骆马湖的洪水，则由嶂山闸通过新沂河下泄燕尾港入海，设计流量每秒 8000 立方米。中运河则担负每秒 1000 立方米以下的临时性调控任务。

徐洪河

徐洪河（安河），旧为安河，源头在归仁集乌鸦岭。两汉以前，入泗水尾闾。南北朝时，叫朱沛水；唐时名徐城河；北宋始称安河。明万历七年（1579 年），潘季驯筑归仁堤以“束水攻沙”，安河源头被阻断。清康熙年间，靳辅建归仁格堤、涵闸、五堡减水坝，张鹏翮建归仁、安仁、利仁三闸，迨至雍正间濉河主流改道谢家沟，这一时期的安河称为濉安河、新安河。

咸丰五年（1855 年），黄河北徙后，安河成为一道独立水系，孟山湖以东地区成了它的源头。由于安河陡门入湖口淤塞，导致安河屡屡谋求改道东去顾勒口入成子湖：1918 年第一次开挖顾勒河未果；1924 年第二次开挖顾勒河亦未果。民国初期，新濉河开挖后，安河下游又与濉、汴合流；事实上，安河改道东入成子湖已成为必然。

1950 年春，第三次开挖顾勒河。此后，宿县地区、淮阴地区以及睢宁县、泗洪县，先后多次对安河上下游主干道及其支流进行疏浚治理。1974 年，作为南水北调工程送水复线正式定名为徐洪河。1993 年，徐洪河全线开通，南起洪泽湖顾勒河口，北至徐州不牢河，全长 187 千米，设计输水流量每秒 200 立方米。原来的安河已被徐洪河取代，成为沟通洪泽、骆马、微山三大湖泊的纽带。下游老安河仅存尾闾一小段，仍于半城入濉河。

如今的宿迁境内，十大水系，南下、北输、东去，河畅其流，其利尽显。洪泽湖、骆马湖，两湖安澜，调蓄兼备，润育万方。放眼望去，一幅徐徐展开的淮北江南画卷，融入现代科技元素后，将会更加绚丽，光彩夺目。

（作者简介：陈宏仁，宿豫区农委退休干部。参与多部地方史志资料的编写，撰述十多万字的舆情史考，先后发表几十篇文章。）

泗水、黄河、运河、废黄河，在宿迁竟是同一条河道！

陈宏仁

泗水，源出鲁之卞县陪尾山。《泗水县志》说："陪尾山下有泗水神祠""四源并发。寺之左右，大泉十数，泓渟澄澈，互相灌输，会而成溪，是为泗水"。

泗水，是宿迁境内最为古老的过境河道，是淮河下游最大的支流，也是大禹治水曾经到过的地方。沂水、沭水、睢水、潼水、凌水都曾经是它的支流，可以说，它也是宿迁的母亲河。自古以来，就是中原东部地区最为古老的南北主要水上通道，诚如《夏书·禹贡》所记"扬徐二州贡道浮于淮泗，则自邳宿而西，漕运之始也"。

宿迁境内的泗水，不同历史时期有着不同的叫法。最初叫泗水；后来，黄河夺泗后又叫黄河；借黄行运时期，称为运河；黄河改道后，变成废黄河。其实，它们是同一条河，也就是今天人们常说的黄河故道。

这一条河，春秋以来，到南宋绍熙之初，人们称它为"泗水"

西汉以前，从睢陵县，也就是如今的临淮头入淮，叫淮泗口。这一时期的泗水，主要在军事方面发挥作用。

春秋时，位于宿迁城南十里的次睢之社，也就是今天的小河口，因一次重大祭祀活动载入"《春秋》三传"。《左传》僖公十九年："夏，宋公使邾文公用鄫子于次睢之社，欲以属东夷。"说的是，公元前641年夏，宋襄公利用邾文公急于求盟的心理，迫使邾子将鄫子捉来次睢之社，用来祭祀名义上的"泗水妖神"。一方面考验邾子的忠诚，另一方面震慑其他诸侯小国，以达到称霸的目的。而邾子既不愿承担杀人致祭的恶名，又不敢违抗宋公的命令，想出将鼻叩出血用以致祭的办法来敷衍。此事因离奇荒唐而载入史册。

公元前 512 年，吴王阖闾从淮泗口溯泗水北上，先灭钟吾国，后又灭了徐国。公元前 484 年，吴王夫差为了称霸中原，也从这里北上，假道鲁国，打败了齐国。两年后，吴王夫差亲率水师，又从这里北上，与齐晋等国会盟于黄池，即“黄池之会”。

东汉之初，泗水开始改道东去大清口入淮。自西晋石崇建仓军储时起，至南北朝时，古厹犹周边地区，也就是如今的大古城，逐渐繁荣起来。宿预郡、县，南徐州、东徐州、东楚州、安州、泗州，先后在这里建置施政，泗水的漕运功能也得到了充分的发挥。后因隋汴河的开通，及至安史之乱，这里一度衰落凋敝。到了宋初，由乱及治，泗水运道再一次恢复畅通。彼时“由淮直上邳徐，经吕梁而西；或由淮泗溯流濉河、汴河，皆取道宿迁”。

这一条河，从南宋绍熙五年（1194 年）河决阳武时起，开启了它在宿迁的“黄河”时代

最初，黄河南北分流。其中，南流也只是部分河水袭夺泗水河道，主流多从颍、涡、汴入淮。这一时期，宿迁沿黄一带成了南宋抗金的前沿。元代，会通河开通后，宿迁境内黄河一度成为漕河的组成部分。明代，永乐迁都北京，海运兴起，境内黄河也就成了真正意义上的“黄河”。弘治初，先后经白昂、刘大夏治河，黄河先是全流南下入淮；弘治十八年（1505 年），主流忽北徙 300 里，至宿迁小河口入泗；正德三年（1508 年），主流又北迁徙 300 里，至徐州小浮桥入泗；六月，又北徙 120 里，至沛县飞云桥，汇入漕河，至此，形成黄河全流夺泗入淮的局面。

这一条河，自全流夺泗入淮至中河全线开通前，宿迁黄河进入了“运河”时代

这一时期，境内的黄河，同时兼具洪水下泄与漕粮转运功能。以河代运，凶险无比，决口、淤塞，时有发生。徐淮运道，上有吕梁洪之险，下有小

河口之险。隆庆五年（1571年），黄河在宿迁小河口决堤，沉没漕运船只800余艘，淹死漕卒千余人，损失大米20余万石。万历四年（1576年）秋，河决丰、沛，水逼宿迁县城，知县喻文伟被迫北迁县城于马陵山南麓。万历三十二年（1604年），泇河开通，中河运道始由宿迁直河口入黄河。天启初，直河口淤塞。崇祯六年（1626年），总河侍郎李从川将运道改在距县治西二里的陈沟口入黄河。崇祯十四年（1641年），陈沟口淤废。明末，漕督史可法在改运道出董沟口入黄河的同时，开拦满河洒酒御清兵的故事，民间广为流传。清顺治七年（1650年），董沟口淤。顺治十六年（1659年），桃源河道塞，漕运受阻。康熙元年（1662年），黄河于下古城溃决，人畜溺死无数。此次溃决导致宿迁东部仓基湖、茅茨湖、泊水湖、侍丘湖等众多湖泊相继淤为平陆。康熙六年（1667年）七月二十九日，河决桃源烟墩口，崔镇、于家坝亦溃决。县城围在水中，城外一片汪洋。康熙十九年（1680年），总河靳辅开旧皂河上接泇河，运道自皂河口入黄河。康熙二十年（1681年）七月，黄河大涨，皂河口淤，不能通舟。是年，靳辅开挖西起皂河东至张庄长20里的支河，自此，漕船由支河口入黄河。然而，张庄以下的运道仍须经黄河行运，漕船自淮阴至宿迁"重运溯黄而上，雇觅纤夫，艘不下二三十辈，蚁行蚊负，日不过数里，每艘费至四五十金。迟者或至两月有奇方能进口，而漂失沉溺往往不免。盖风涛激驶，固非人力所能胜也"。康熙二十六年（1687年），靳辅在黄河的遥、缕两堤之间运料小河的基础上，创开中河，次年竣工。上起宿迁支河口，经桃源众兴集，终点清河仲家庄（后移至杨家庄），运道避开了黄河180里之险。至此，黄运分立，结束了150年的以黄代运时代，运河成了京杭大运河的专用名词。

这一条河，自中河全线开通后，又回到了真正意义上的"黄河"时代

康熙二十七年（1688年）后，境内的黄河不再具有漕运功能，专司泄洪入海。由于黄河河水含有的泥沙量很大，素有"石水六斗泥"之说。水退沙淤，河床不断抬高，原来的水系被彻底破坏了，黄河逐渐成为一条

悬河，犹如一匹脱缰的野马，肆意妄为，溃决漫溢，时有发生。有诗形容“黄河万里下昆仑，并入淮流势欲吞”“笑听行人齐指点，片帆高出马陵山”。“黄河”时代，宿迁成了名副其实的洪水走廊。雍正三年（1725 年）六月，河决朱家海，也就是今天的朱海水库进洪闸的位置；次年四月，既堵复决，埠子、罗圩一带一片汪洋。五堡减水坝被冲塌，汰黄堤三闸有安仁、利仁两闸被冲毁，直接导致黄河洪水主流改道经重岗山西侧的谢家沟由老汴河入洪泽湖。当时，朝廷调来多位重臣，参与堵决，历时一年半，方得堵复。

如今的王官集镇朱海水库就是一个见证。蔡集镇境内的牛角湾，也是当年黄河多次在蔡家楼溃决的结果。嘉庆元年（1796 年），宿迁南境和桃源境域的黄河多处溃决，正河淤塞不流，洪水漫流于宿迁之南、桃源之西、归仁坝之北，汪洋无际，人迹罕至。嘉庆十一年（1806 年）八月，宿迁黄河大溃，中河被毁，洪水淹没宿迁、桃源运河以东及沭阳大部，哀鸿遍野，流民遍地。决口经抢堵于当年十二月始塞。咸丰二年（1852 年），黄河丰工决口，宿迁大水，房屋、人、畜漂没无数。六塘河上 70 孔永济桥、亭皆毁，连御制石碑也仆断土掩。直到咸丰五年（1855 年），黄河决口铜瓦厢，北去张秋夺大清河入海。从此，宿迁结束了 167 年的黄河时代，同时也结束了连续 661 年夺泗入淮的历史。

黄河改道北去，宿迁人习惯上将原来的黄河河道称为“废黄河”，也叫古黄河、黄河故道

宿迁境内废黄河，上起宿城区王官集镇朱海，下至泗阳县新袁镇高湾，全长 123.9 千米。历史遗留下来的废黄河，千疮百孔，河无中泓，水无堤束，盐碱沙荒，沟壑纵横。1963 年 5 月，曾因上游睢宁县庆安水库倒坝，冲毁废黄河上正在建设中的七堡涵洞，泥沙冲入运河，致使皂河至宿迁闸中运河一度断航。1974 年 8 月，泗阳县杨工倒口，废黄河水进入黄运夹滩，历经解放军一个营及民工 8000 多人次十昼夜奋战，方得堵复。

建置场圃，治水改土，是新中国成立后治理黄河故道的首选。宿迁县、

泗阳县先后在沿途的黄河滩上建立原种场、果园场、农场、林苗圃、棉花原种场以及甘薯研究所，为社会提供良种、种苗、技术、示范。“山芋挂帅”那些年，甘薯产量多年位居各种粮食作物之首；“泗棉一号”曾获全国科学大会成果奖；意大利杨树苗推广到全国20多个省、自治区、直辖市。

筑堤束水，围垦改造，是20世纪70年代以后治理黄河故道的又一举措。在20世纪60年代前后大规模植树造林、建库蓄水，治理沙荒的基础上，1975年冬开始，宿迁县动员十万人，按照规划，分段治理，梯级开发。先后平整5万亩滩地，建成60多个圩区，提高了7万亩农田标准。1989年冬，泗阳县动员沿黄乡镇6万劳动力，筑堤束水、深浚中泓，使河水归槽，让地尽其利。

古黄河国家水利风景区

21世纪以来，通过治污、净水，护坡、筑路，以及园林景观带、特色产业园建设，境内黄河故道已成一道绿色长廊。宿迁城区段作为示范工程，得到了水利部的肯定，坐落于泗阳县黄河滩上的中国杨树博物馆以及“意杨王”就是那串耀眼璀璨的明珠。

2020年，市委、市政府开启黄河故道生态富民廊道建设，围绕绿色水美生态廊道、富民增收经济廊道、城乡一体示范廊道、文旅融合展示廊道的“四个廊道”发展定位，统筹推进廊道区域重大项目，让曾经的“灰腰带”“穷腰带”悄然蝶变为生态富民的“绿腰带”“金腰带”。

（作者简介：陈宏仁，宿豫区农委退休干部。参与多部地方史志资料的编写，撰述十多万字的舆情史考，先后发表几十篇文章。）

地名溯源

第二章

沭阳县各乡、镇、街道的前世今生

胡方佳

沭阳县地处江苏省北部。东与灌云、灌南、涟水三县接壤，南与淮阴区、泗阳县交界，西与宿豫区、新沂市毗邻，北与东海县相连。县域总面积2298平方千米。

沭阳县下辖行政区划历史沿革情况明代之前无考，始于清代。据《康熙重修沭阳县志》记述，清康熙十六年（1677年），沭阳县下辖5路（相当于区）、36镇。清代末年，全县下辖27个镇。民国初期，由于军阀混战，政局不稳，沭阳县行政区划多有变化。直至1934年才基本稳定，时全县下辖161个乡镇（民国初期为小乡制。一般十户为甲，十甲为保，十保以上即可设乡）。1940年，建立抗日民主政权，区、乡建制基本上沿用民国区划。

1952年后进行区划调整，全县下辖18个区、193个乡镇。1957年12月，全县开展全面撤区并乡工作，调整后全县辖有4个区、36个乡镇。1958年，环城乡并入沭城镇，撤销丁集乡。随着人民公社设立，全县34个乡镇改为34个公社。1964年，沭阳县共辖1个镇，37个公社。

1983年10月，根据上级文件要求，除沭城镇外，其余37个公社全部改为乡镇人民政府，全县辖有沭城、马厂2个镇和36个乡。1987年3月，华冲、庙头、韩山、塘沟、陇集5个乡撤乡设镇。1999年8月，沂涛、桑墟、钱集、胡集4个乡撤乡设镇。2000年2月，颜集、阴平（更名为潼阳）、高墟、龙庙、扎下、李恒、刘集、悦来、十字9个乡撤乡设镇。2000年5月，撤销南关乡，划归沭城镇。2000年7月，耿圩、七雄、汤涧、章集、新河、贤官、青伊湖、湖东、吴集9个乡撤乡设镇。2005年8月，撤销七雄、十字、章集3个镇，划归沭城镇。2013年区划调整，撤销沭城镇，分别设立沭城、南湖、梦溪、七雄、章集、十字 6 个街道办事处。2021 年区划调整，撤销北丁集乡，并入耿圩镇；撤销东小店乡，并入章集街道；撤销张圩乡，并入钱集镇；撤销周集乡，并入塘沟镇；撤销汤涧乡，并入李恒镇；撤销官墩乡，并入韩山镇；撤销万匹乡，并入贤官镇；撤销茆圩乡，并入桑墟镇。

截至 2022 年年底，全县共辖有 6 个街道：沭城街道、南湖街道、梦溪街道、七雄街道、章集街道、十字街道；23 个镇：耿圩镇、悦来镇、刘集镇、陇集镇、胡集镇、钱集镇、塘沟镇、马厂镇、沂涛镇、李恒镇、韩山镇、吴集镇、高墟镇、华冲镇、龙庙镇、青伊湖镇、桑墟镇、扎下镇、贤官镇、庙头镇、新河镇、潼阳镇、颜集镇；1 个乡：西圩乡。全县共有 137 个居民委员会、343 个村民委员会。

下面，依据相关资料，对全县 30 个乡、镇、街道名称的由来以及建置沿革情况进行梳理。

沭城街道

沭城街道地处沭阳县中部。沭城名出于北周建德七年（578 年），时改怀文县为沭阳县，沭阳县府四周有土城，故名沭阳城，简称沭城。此名沭城仅为地域名称，并非行政区划名称。清代末年，沭阳城区置关厢镇。1934 年，沭阳城区设兴仁、建陵、忠武、管钥、太和、淮南 6 个镇。1946 年，人民民主政权设置沭城区，废原城区 6 个镇。1952 年，进行区划调整，仍置沭城区，下辖建陵、东兴、东关 3 个镇和十字、永明、昭德、河东、闸口、河西、黄营、作培 8 个乡。1957 年 12 月，全县撤区并乡，撤销沭城区，设置沭城镇。原沭城区所辖的 3 个镇、8 个乡，除十字乡得以保留，其余全部撤销。1958 年，环城乡并入沭城镇，同年又改设为沭城人民公社。1961 年，沭城公社析置成立沭城分社管辖郊区。1962 年 9 月，恢复沭城镇建制并将沭城分社升格更名为城郊人民公社（1981 年，更名为南关荡公社，1983 年，更名为南关乡）。2000 年 5 月，南关乡撤销，并入沭城镇。2005 年 8 月，撤销十字、章集、七雄 3 个镇，并入沭城镇。2013 年区划调整，撤销沭城镇，分别设立沭城、南湖、梦溪、七雄、章集、十字 6 个街道。

沭城街道辖区面积44平方千米。下辖新桥、西园、河南、古城、南关、健康、圩东、南苑、城南、河东、东园、五里、城北、沂河、建陵、孙巷、城西、东关、长庄、怀文、果园、河西、长安、叶庄、沭河、城东、昭德、府苑28个居民委员会。

梦溪街道

梦溪街道地处沭阳县中部。梦溪街道是2013年区划调整从原沭城镇撤销析出新设置的一个行政区。因沈括（北宋时期曾任沭阳县主簿）所撰写的被誉为世界第一部百科全书的《梦溪笔谈》，故名。

梦溪植物园　　（汤以方　摄）

梦溪街道辖区面积45平方千米。下辖任巷、杨店、糖坊、任码、徐沭、章塘、团庄、桃园、官西、南岭10个居委会。

南湖街道

南湖街道地处沭阳县中部。南湖街道是2013年区划调整从原沭城镇撤销析出新设置的一个行政区。因该区域原来是沭阳县城南侧的一个湖荡，

南湖街道博雅路 （张良 摄）

人们称为“南关荡”或“南湖”，拓展为城区并设置新的行政区时得名。

南湖街道辖区面积41.68平方千米。下辖中心、前巷、湾河、新南、项荡、刘洪、南湖7个居委会。

七雄街道

七雄街道地处沭阳县中部。七雄辖区内设置政区年代较为久远。清代末年，置东流镇。1934年，置官田乡，隶属沭阳县第十区。1940年，仍置官田乡，隶属灌云县。1945年抗日战争胜利以后，区划调整，官田等乡划归沭阳县。中华人民共和国成立后，1952年区划调整，仍置官田乡，隶属章集区。1958年改设官田人民公社。1966年12月，为纪念1947年6月10日本辖区仲湾战斗中英勇牺牲的七位烈士而更名为七雄公社。1983年，改置七雄乡。2000年，改置七雄镇。2005年，区划调整，七雄街道被撤销，并入沭城镇。2013年，区划调整，撤销沭城镇，新设置6个街道，在七雄原辖区设置了七雄街道。

七雄街道辖区面积42平方千米。下辖官田、夹滩、道口、徐圩、高树、田桥、七雄、官东、双条河9个居委会。

章集街道

章集街道地处沭阳县中部。街道办驻地章集社区，是清朝中叶兴起的小集市，因集市所在地章姓较多，故名。清初康熙十三年（1674 年），境内置八堰镇。1912 年，置章集乡。1934 年，更名中正乡。1940 年，建立抗日民主政权，仍名中正乡。后又改设章集区。中华人民共和国成立后，1952 年区划调整，置章集区、章集乡。1957 年，撤区并乡，撤销章集区，保留章集乡。1958 年，改置章集人民公社，1983 年，复置章集乡。2000 年 7 月，撤销章集乡，设置章集镇，2005 年，区划调整，撤销沭城镇新设置 6 个街道，在章集原辖区设置了章集街道。2021 年 3 月，区划调整，撤销东小店乡，并入章集街道。

章集街道辖区面积 97.22 平方千米。下辖章集、长兴、老戚庄、跃进、何杨、张刘、葛老、大沈庄、武河、小穆庄、店南 11 个居民委员会和店西、店北、店东、谢圩、卢房、王圩、张王庄、黄仓庄、桃树园、沈庄 10 个村民委员会。

十字街道

十字街道地处沭阳县中部偏南。街道办驻地十字社区。早在清初康熙十三年（1674 年），置十字镇。清代末年，改置十字桥镇。1912 年，设十字桥乡。1934 年，区划调整，改为十字乡。中华人民共和国成立后，1952 年区划调整，仍置十字乡，隶属沭城区。1954 年 9 月，区划调整，新设十字区，下辖十字乡。1957 年，撤区并乡，撤销十字区，保留十字乡。1958 年，改置十字人民公社。1983 年 10 月，复名十字乡。1999 年，撤销十字乡，改置十字镇。2005 年 2 月，撤销十字镇，并入沭城镇。2013 年，区划调整，撤销沭城镇，新设置 6 个街道，在十字原辖区设置了十字街道。

十字街道辖区面积 68.85 平方千米。下辖十字、十字果园、龙汪、戴圩、陈陆、王涧、赵解、学宜、蒲荡、孙圩、施圩、周圩、南汤圩、东南、前屯、西张圩、蚕种场 17 个居委会。

耿圩镇

耿圩镇地处沭阳县西南部。镇政府驻地耿圩社区。耿圩兴集始于清代，因是耿姓发起兴集，且在四周筑有土圩，故名。1912 年，置耿圩乡。1934 年，区划调整，仍置耿圩乡，隶属七区。1940 年，建立抗日民主政权，耿圩乡一度划属泗沭县。1945 年，耿圩乡划回沭阳县。1947 年年初，国民党军队大举进攻解放区，沭城陷落，区划再有变动，耿圩乡划属宿迁县。1949 年 5 月，耿圩乡由宿迁县划归沭阳县。中华人民共和国成立后，1952 年区划调整，仍置耿圩乡，隶属刘集区。1958 年，改置耿圩人民公社。1960 年 11 月，耿圩公社被撤销，所属大队分别并入陇集、悦来 2 个公社。1961 年，恢复耿圩公社建制，其原来所辖生产大队悉数复归。1983 年，复名耿圩乡。2000 年 7 月，改置耿圩镇。2021 年，区划调整，撤销北丁集乡，并入耿圩镇。

耿圩镇辖区面积 109.37 平方千米，下辖耿圩、丁集 2 个居委会和郭圩、汪圩、梁荡、闸西、淮西、周庙、孙庄、管桥、沂南、王庙、岗庄、乔王、尚庙、宋宅、吴园、涧东、张胡圩、周王 18 个村委会。

悦来镇

悦来镇地处沭阳县西南部。镇政府驻地悦来社区。据传，清朝末年，当地地主叶小香等畏惧太平军北进路过，便在村子周围筑起高大土圩，以阻止太平军入村。圩取“近者悦，远者来”之意，故名。1934 年，置悦来乡，隶属沭阳县二区。1940 年，建立抗日民主政权，悦来乡一度划属泗沭县。1945 年，抗战胜利以后，悦来乡划回沭阳县。1947 年年初，国民党军队大举进攻解放区，沭城陷落，区划再有变动，悦来乡划属宿迁县。1949 年 5 月，悦来乡由宿迁县划归沭阳县。中华人民共和国成立后，1952 年区划调整，仍置悦来乡，隶属刘集区。1958 年，改置悦来人民公社。1983 年，复名悦来乡。2000 年，撤乡设镇，置悦来镇。

悦来镇辖区面积 88.51 平方千米。下辖悦来 1 个居委会和大方、沟涯、华新、肖湖、橡佟、薛方、郭湖、叶上庄、双蔡、叶新庄、枣林11个村委会。

刘集镇

刘集镇位于沭阳县西南部。镇政府驻地刘集社区。民国初期，刘正川在此发起兴集，故名。民国末年，置刘集乡，隶属宿迁县。1949年5月，区划调整，刘集乡由宿迁县划入沭阳县。中华人民共和国成立后，1952年区划调整，置刘集区、刘集乡。1957年，撤区并乡，裁撤刘集区，保留刘集乡。1958年，改置刘集人民公社。1983年，复名刘集乡。2000年，撤乡设镇，设刘集镇。

刘集镇辖区面积72平方千米。下辖刘集1个居委会和大兴、郇河、槐树、西周集、涧西、桥南、育民、南岗庄、张大沟、老小圩、南长庄11个村委会。

陇集镇

陇集镇位于沭阳县西南部。镇政府原驻地陇集社区（后迁址于墩前村）。据传，唐朝末年，甘肃陇西李氏一族因躲避战乱迁居于此。兴集时，由李姓发起，为纪念祖籍陇西而名陇西集，后简称陇集。陇集所处地势较高，属岗地，适宜人居，宋元时期，人口开始大幅集聚。明清时期，设置政区，时称枣子埠镇。1912年，区划调整，撤枣子埠镇，分置枣子埠乡和陇西集乡。1934年，区划变动，裁枣子埠乡，存陇集乡，隶属沭阳县七区。抗日战争和解放战争时期，政区因乱时变，陇集一度属抗日民主政权泗沭县，一度属民国政权宿迁县。1949年，陇集乡由宿迁县划归沭阳县。1958年，置陇集人民公社。1964年，陇集公社涧河以东11个大队划出，新成立丁集公社。1983年，复名陇集乡。1987年3月，撤销陇集乡，设陇集镇。

陇集镇辖区面积46.79平方千米。下辖陇集、陇东2个居委会和墩前、孟玉、李徐、谢桥、丁曹5个村委会。

胡集镇

胡集镇位于沭阳县南部。镇政府驻地胡集社区。相传过去胡集名为半边店，清初，为翰林院编修胡简敬的佃户庄园，后兴集，故名。清代，胡集隶属独树镇（后易名读书镇）。胡集作为区划名称出现始于 1912 年，置胡集乡。1940 年，建立抗日民主政权，仍置胡集乡。中华人民共和国成立后，1952 年区划调整，置胡集区、胡集乡。1957 年，撤区并乡，撤销胡集区，保留胡集乡。1958 年，改置胡集人民公社。1966 年 12 月，改名红旗人民公社。1981 年，复名胡集人民公社。1983 年，改置胡集乡。1999 年，改置胡集镇。

胡集镇辖区面积 68.72 平方千米。下辖胡集、华集、胡北、胡南、胡东、胡西 6 个居委会和华光、大徐、新北、新集、德胜、黄庄、梁井、华长、刘河、三新 10 个村委会。

钱集镇

钱集镇位于沭阳县东南部。镇政府驻地钱集社区。相传清康熙四十二年（1703 年），奉政大夫钱錞发起在此兴集，得名钱家集。直至光绪二十一年（1895 年）编印的《江苏全省舆图》，图中仍名钱家集。1912 年，置钱集乡，属沭阳县第六区。1940 年，建立抗日民主政权，仍置钱集乡。1946 年以后，一度曾设钱集区。中华人民共和国成立后，1952 年区划调整，设置钱集乡，隶属胡集区。1958 年，改置钱集人民公社。1983 年，改设钱集乡。2000 年，撤销钱集乡，置钱集镇。2021 年，区划调整，撤销张圩乡，并入钱集镇。

钱集镇辖区面积 88.54 平方千米。下辖钱集、张圩 2 个居委会和永兴、大南、万庄、西营、新桥、槽坊、漆圩、效佐、陈圩、东营、徐码、石桥、水庄、引河、老严荡 15 个村委会。

塘沟镇

塘沟镇位于沭阳县东南部。镇政府驻地塘沟社区。塘沟是一个较为古老的集镇。兴集始于清代以前，当时因街址靠近塘沟（一条沟河名称，因年久淤塞该沟河早已不复存在），故名塘沟街。清康熙十六年（1677 年），始置塘沟镇。清朝末年，仍置塘沟镇。1934 年，置塘沟乡，属沭阳县第六区。1940 年，建立抗日民主政权，仍置塘沟乡。1946 年以后，曾设塘沟区。中华人民共和国成立后，1952 年区划调整，置塘沟区、塘沟乡。1957 年，撤销塘沟区，保留塘沟乡。1958 年，改置塘沟人民公社。1983 年，复名塘沟乡。1987 年 3 月，改置塘沟镇。2021 年，区划调整，撤销周集乡，并入塘沟镇。

塘沟镇辖区面积 101.73 平方千米。下辖塘沟、周集 2 个居委会和胡塘桥、条河园、王华、雷达、塘东、塘北、塘西、东渡、碾盘、卢圩、塘南、老街、胡庄、谢河、史洼、华帮、周楼、合兴 18 个村委会。

马厂镇

马厂镇位于沭阳县东部偏南。镇政府驻地马厂街。据《嘉庆海州直隶州志》记载：清嘉庆年间，此处曾办有养马厂，名“龙泉厂”。后时间不久，养马厂停办，人们在此耕种并居住兴村，名马厂，后又兴街，得名马厂街。1912 年，始置马厂乡。1940 年，建立抗日民主政权，仍置马厂乡。1946 年以后，曾设马

“马厂造”

厂区。中华人民共和国成立后，1952 年区划调整，置马厂区、马厂乡。1958 年，改置马厂人民公社。1983 年，改置马厂镇至今。

马厂镇辖区面积 84.37 平方千米。下辖马厂、厂南、厂北、厂东、厂西 5 个居委会和赵大庄、大单庄、司庄、民主、双圩、古南、马棚、金墩、东场、炳来、葛园、葛荡、青春、王竹园、杨桥、丁大庄、老胡庄、老王圩、大口桥 19 个村委会。

沂涛镇

沂涛镇位于沭阳县东部偏南。镇政府驻地太平社区。太平社区因太平集得名。相传该地曾是硕项湖（成湖于元代之前，消失于清代末年）西南侧的一个湖中小岛，常为船户避风挡浪，素有“太平港”之称。后硕项湖淤塞成陆地，人们在此居住兴集，故名太平集。1934 年，置太平乡，属沭阳县第九区。中华人民共和国成立后，1952 年区划调整，太平乡更名为沂涛乡（为纪念当地革命烈士朱沂涛而名），隶属马厂区。1954 年 6 月，沂涛乡划归李恒区。1957 年 12 月，撤李恒区，沂涛乡又复归马厂区，复归后改名为太平乡。1958 年，改置太平人民公社。1966 年 12 月，改名沂涛公社。1983 年，改名沂涛乡。1999 年，改置沂涛镇。

沂涛镇辖区面积 94.34 平方千米。下辖太平 1 个居委会和沈集、东王庙、魏湾、崔庄、二圩、常荡、王团庄、谢庄、秦圩、新沟、古屯、三杰、王魏庄、大王庄、兴陶、陶庄、赵涧、屋基、金葛楼、红旗 20 个村委会。

李恒镇

李恒镇位于沭阳县东部。镇政府驻地李恒社区。相传清代，柴米河渡口有渡工名李恒，故人称李恒渡口。后渡口附近来人居住兴村，得名李恒庄，兴集后称李恒街。今李恒镇所处地域在清代以前属硕项湖湖区或湖浸地带，故村庄建立及区划设置时期较晚。1912 年，始置李恒庄乡。1934 年，改置李恒乡，属沭阳县第五区。1940 年秋，建立抗日民主政权，李恒乡划属灌云县。1945 年，抗日战争胜利后，李恒乡又划归沭阳县。中华人民共和国成立后，1952 年区划调整，设李恒区、李恒乡。1957 年，撤区并乡，撤销李恒区，保留李恒乡。1958 年，成立李恒人民公社。1983 年，复名李恒乡。2000 年，改置李恒镇。2021 年，区划调整，撤销汤涧镇，并入李恒镇。

李恒镇辖区面积 122.64 平方千米。下辖李恒、汤涧 2 个居委会和柴北、柴南、孙洪、江圩、西河、徐庙、曙红、竹湖、刘山、平北、大黄、三黄、范场、张坦、马屯、郝圩、顾洼、大李、藕池、两柴、双窑、汤南 22 个村委会。

韩山镇

韩山镇位于沭阳县东部。镇政府驻地韩山社区，因靠近韩山得名。清康熙十六年（1677 年），设韩山镇。清代末年，仍置韩山镇。1912 年，设韩山乡。1940 年，建立抗日民主政权，韩山乡划属东海县。1949 年 5 月，韩山乡划回沭阳县。中华人民共和国成立后，1952 年区划调整，仍置韩山乡，隶属吴集区。1958 年，改置韩山人民公社。1983 年，复名韩山乡。1987 年 3 月，改置韩山镇。2021 年，区划调整，撤销官墩乡，并入韩山镇。

韩山镇辖区面积 121.62 平方千米。下辖韩山、韩西、官墩 3 个居委会和范圩、刘徐、宋庄、沂兴、顺河集、赵口、石平、桔园、大吕庄、尚庄、姜洼、花圩、尤庙、所房、南庄、郁圩、丰收、先锋、友谊、戴山 20 个村委会。

吴集镇

吴集镇位于沭阳县东部。吴集镇因原政府驻地吴集街得名。吴集兴集始于清代，因是吴姓在此发起兴集，故名。1912 年，设吴集乡。1934 年，区划调整，仍置吴集乡。1940 年，建立抗日民主政权，吴集乡划属抗日民主政府灌云县。1949 年 5 月，又划归沭阳县。中华人民共和国成立后，

1952 年区划调整，置吴集区、吴集乡。1957 年，撤销吴集区，保留吴集乡。1958 年，改置吴集人民公社。1983 年，复名吴集乡。2000 年，撤销吴集乡，设吴集镇。

吴集镇辖区面积 72.9 平方千米。下辖吴集 1 个居委会和东埠、史跳、大竹园、塔桥、陈许、吴西、魏牌坊、兴杨、航河、范赵 10 个村委会。

高墟镇

高墟镇位于沭阳县东北部。镇政府现驻地湖东社区，原驻地高墟。很早以前这里地处青伊湖东北侧湖浸沼泽地带，沼泽地之中有一片高地荒原，曾有人在此建房居住，后又迁走，留下一片废墟，人称高墟。后来再有人来此居住兴村再兴集，故名。高墟在清代即置高墟镇，属海州辖地。民国时期属东海县辖地。1949 年 5 月，归沭阳管辖。中华人民共和国成立后，1952 年区划调整，设高墟乡，隶属沭阳县湖东区。1958 年，改置高墟人民公社。1983 年，复名高墟乡。2000 年，撤乡设镇，设高墟镇。2021 年，区划调整，撤销湖东镇，并入高墟镇。

高墟镇辖区面积 124.68 平方千米。下辖高墟、湖东 2 个居委会和邱谷、马沟、刁夏、三荡、樛庄、古泊、占莲、纲要、龙河、河北、新湖、新钱、孙于、李场、杨湾、木墩、陆口、杨跳、莲河、司杨 20 个村委会。

华冲镇

华冲镇位于沭阳县北部。镇政府驻地华冲社区。相传过去由于后沭河流经境内，每至汛期，洪水暴涨，后沭河堤经常在附近决口，“经常”一词在当地方言为“华”，华冲因此得名，过去曾称华冲圩。据《民国重修沭阳县志》记载：“华冲圩在治北四十里，清同治元年荣应时筹建，周三百七十丈，门四。”后兴集而得名华冲街。清代末年，设华冲镇。1912 年，设华冲乡。1940 年，建立抗日民主政权，华冲乡一度划属抗日民主政府东海县，不久又回归沭阳县。中华人民共和国成立后，1952 年区划调整，为纪念解放战争中牺牲的烈士任鸣九，原华冲乡辖区易名为鸣九乡。1956 年，设华冲区。1957 年，撤区并乡，撤华冲区、鸣九乡，另置华冲乡，隶属湖东区。1958 年，改置华冲人民公社。1966 年 12 月，更名丰收公社。1981 年，复名华冲公社。1983 年，改名华冲乡。1987 年 3 月，改置华冲镇。

华冲镇辖区面积 54.94 平方千米。下辖华冲、大尖 2 个居委会和丁庄、官沟、柳口、杨柳、仲林、站墩、东园、汤庄、经堂、伍滩 10 个村委会。

龙庙镇

龙庙镇位于沭阳县中部。镇政府驻地龙庙街。在清代末期以前，此地无街，当地徐姓百姓做生意买卖，要到五里之外的蔡庄赶集。那时期社会治安差，徐姓村民在赶集来回途中，常遭遇歹徒抢劫。于是徐姓村民商议决定在本地设街逢集。因所选街址靠近后沭河岸边的龙王庙（龙王庙毁于抗日战争时期），故取名龙庙街。1934 年，置龙庙乡，隶属沭阳县第十区。1940 年，建立抗日民主政权，设龙庙乡，一度划属东海县。1949 年 5 月，复归沭阳县。中华人民共和国成立后，1952 年区划调整，设龙庙区、龙庙乡。1957 年，撤区并乡，撤销龙庙区，保留龙庙乡。1958 年，改置龙庙人民公社。1966 年，改名向阳公社。1981 年，复名龙庙公社。1983 年，改置龙庙乡。1999 年 12 月，撤销龙庙乡，设置龙庙镇。

龙庙镇辖区面积 48.67 平方千米。下辖龙庙、联合 2 个居委会和仲湾、朱庄、庄塘、聂湾、兴义、花厅、前岔、赵庄、葛巷、沙堰、红河 11 个村委会。

青伊湖镇

青伊湖镇位于沭阳县北部偏东。青伊湖镇因青伊湖得名。查《中国历史地图集》发现，元、明时期地图上均标注有硕项湖、桑墟湖，且两湖相连。硕项湖在沭阳县治东边，桑墟湖在沭阳县治北边。再查《海州直隶州志》中《海州疆境图》发现，图中标有青伊湖，无硕项、桑墟两湖。再综合其他史志资料考析，由于地震和黄河改道等原因，致硕项湖、桑墟湖逐渐演化龟缩消失，终而浸灌成一湖“形如荷盖”，易名青伊湖。至20世纪40年代，青伊湖已演变为低平陆、季节湖。“导沂整沭”的新沂河工程完成后，导沂、沭两水通流入海，结束了沭地水患连连的灾难历史，青伊湖区一片亦变成平畴沃野、天下粮仓。在清代，原青伊湖畔即置青伊湖镇，属海州直管辖地。民国时期属东海县辖地。中华人民共和国成立后，1952年区划调整，设滥洪乡，隶属沭阳县湖东区。1958年，改名青伊湖人民公社。1983年，改置青伊湖乡。2000年，改置青伊湖镇（与清代所置的青伊湖镇，仅名称、来历相同，辖区、治所均有很大区别）。2021年，区划调整，青伊湖农场并入青伊湖镇。

青伊湖镇辖区面积71.19平方千米。下辖滥洪1个居委会，戚庄、荣吴、后乡、马场、王场、北槽坊、湖湾、姚沟、高庄、蔷薇、赵集11个村委会和青伊湖农场。

桑墟镇

桑墟镇位于沭阳县北部偏西。镇政府驻地桑墟街。据传桑墟兴集始于元代，因位于古桑墟湖之滨得名。清代，置桑墟镇。1912年，设桑墟乡。1940年以后，建立抗日民主政权，桑墟乡一度划属东海县，不久又复归沭阳县。中华人民共和国成立后，1952年区划调整，设桑墟区、桑墟乡。1957年，撤销桑墟区，保留桑墟乡。1958年，改设桑墟人民公社。1983年，复名桑墟乡。1999年，撤乡设镇，置桑墟镇。2021年，区划调整，撤销茆圩乡，并入桑墟镇。

桑墟镇辖区面积125.29平方千米。下辖桑墟、老庄、大河西、青坊4个居委会和二兴、元兴、刘厅、舒窑、新顺河、友谊河、蔷薇河、条河、北大兴、平墩、张湾、和睦、茆圩、大官庄、李圩、厚邱、寇塘、杨兴、桥新20个村委会。

贤官镇

贤官镇位于沭阳县中部偏北。因原驻地贤官街得名。相传在明代为纪念一位赈灾官员而建造一亭，名为贤官亭。后此处兴村逢集，便得名贤官街。清康熙十六年（1677 年），设喊官亭镇（过去文盲多，方言重，可能是记录、书写者有误）。清代末年，改置贤官亭镇。1912 年，设贤官亭乡。1934 年，改名贤官乡。1940 年，建立抗日民主政权，贤官乡曾一度划属东海县，不久又复归沭阳县。中华人民共和国成立后，1952 年区划调整，设贤官乡，隶属桑墟区。1958 年，成立贤官人民公社。1966 年 12 月，改名东风公社。1981 年，改名贤官公社。1983 年，改名贤官乡。2000 年，改置贤官镇。2021 年，区划调整，撤销万匹乡，并入贤官镇。

贤官镇辖区面积 84.99 平方千米。下辖贤官、蒋园、赵集、马庄、沙河寺、万匹 6 个居委会和马湖、乔口、万刘、驻丘、禅武、淀湖、官宜、贤北、银杏、下湾、汤圩、丁蒋、大房、杨庄、蔡庄、三圩 16 个村委会。

扎下镇

扎下镇位于沭阳县中部。扎下因地处原扎下河两侧而得名。清康熙十六年（1677 年），置扎下镇。清代末年，仍置扎下镇。1912 年，设扎下乡。1934 年，区划调整，改置扎南乡（扎下河北分置汉西、汉东两乡）。中华人民共和国成立后，1952 年区划调整，改置扎北、分水 2 个乡，隶属庙头区。1957 年，撤区并乡，撤销扎北、分水 2 个乡，改置扎下乡，为县直属。1958 年，改设扎下人民公社。1983 年，复名扎下乡。2000 年，撤乡设镇，置扎下镇。

扎下镇辖区面积 55.49 平方千米。下辖沙巷、分水 2 个居委会和明庄、卢巷、周沟、沈魏、银山、顺河、朱家庄、仲大庄、胡道口、冯徐、丁庙 11 个村委会。

新河镇

新河镇位于沭阳县西部。新河镇因地处原新挑河两侧而得名。清康熙十六年（1677 年），置新挑河镇。清代末年，仍置新挑河镇。1912 年，设新挑河乡。1934 年，区划调整，改名新河乡。1940 年，建立抗日民主政权，新河乡划归潼阳县，设新河区。后裁撤潼阳县，新河区复归沭阳县。中华人民共和国成立后，1952 年区划调整，设新河乡，隶属颜集区。1958 年，改设为新河人民公社。1960 年年底，新河公社一度被撤销。1961 年，复置新河公社。1983 年，改设新河乡。2000 年，改置新河镇。

新河镇辖区面积 49.54 平方千米。镇政府驻地新槐社区。下辖新槐 1 个居委会和周圈、堰头、沙河、大营、维新、解桥、巴房、双荡、春生 9 个村委会。

庙头镇

庙头镇位于沭阳县西北部。镇政府驻地庙头社区。传庙头兴集始于元代。兴集时，因庙宇众多，天齐庙规模最大，为众庙之首，故取名为庙头。清康熙十六年（1677 年），置庙头镇。清末，仍置庙头镇。1912 年，设庙头乡。1940 年，建立抗日民主政区，庙头乡属潼阳县。1949 年 5 月，潼阳县撤销，庙头乡回归沭阳县。中华人民共和国成立后，1952 年区划调整，设庙头区、庙头乡。1957 年，撤区并乡，撤庙头区，保留庙头乡。1958 年，设立庙头人民公社。1966 年 12 月，更名为新风公社。1981 年，复名为庙头公社。1983 年，改置庙头乡。1987 年 3 月，改置庙头镇。

庙头镇辖区面积 59.5 平方千米。下辖庙头、冷庄、后窑 3 个居委会和何桥、吕庄、探驾、长探、牛墩、聚贤、古龙、东柳、后圩、赶埠 10 个村委会。

潼阳镇

潼阳镇地处沭阳县西北部。潼阳镇原名阴平乡，因治所在阴平河南而得名。阴平设置政区年代久远。早在 2100 年前的西汉时期，置阴平县，后有一段时期改置为阴平侯国。东汉时期，复置阴平县。南北朝时期，曾改置僮县，后又置潼阳郡。清康熙年间，置阴平镇。民国时期，改置阴平乡。建立抗日民主政权时期，曾一度设置潼阳县，因境内古有潼水而得名，潼阳县政府驻地阴平街。1949 年 5 月，潼阳县撤销，其所辖区、乡大部分划归沭阳县。中华人民共和国成立后，1952 年区划调整，设置阴平区、阴平乡。1958 年，改置阴平人民公社。1966 年 12 月，更名为朝阳人民公社。1981 年 10 月，复名为阴平人民公社。1983 年 8 月，改置阴平乡。1999 年 12 月，撤销阴平乡，改设潼阳镇。

潼阳镇辖区面积 99.63 平方千米。下辖阴平、潼东 2 个居委会和山羊、草村、大宅、后屯、扎埠、窑庄、周庄、马岭、吴滩、潼北、潼西、潼南、朝阳 13 个村委会。

颜集镇

颜集镇位于沭阳县西部。因原驻地颜集街得名。传颜集兴集始于明代，先由方姓大户在此开行兴市，得名老子集。后方姓衰落，当地颜姓大户将集市北移至现址，改老子集为颜家集，后简称为颜集（老子集旧址后易名为老集）。据《沭阳县志·疆域志》记述，清康熙十六年（1677 年），即置颜家集镇。清代末年，置颜集镇。1912 年，设颜集乡。1940 年，建立抗日民主政权，颜集乡划属潼阳县，改置颜集区。1949 年 5 月，复归沭阳县。中华人民共和国成立后，1952 年区划调整，置颜集区、颜集乡。1957 年，撤区并乡，撤销颜集区，保留颜集乡。1958 年，改设颜集人民公社。1966 年 12 月，改名立新公社。1981 年，复名颜集公社。1983 年，复名颜集乡。2000 年 2 月，撤销颜集乡，设颜集镇。

颜集镇辖区面积 68.22 平方千米。下辖颜集 1 个居委会和堰下、沙湾、贯勤、方圩、大庄、丁圩、花晏、虞溪、虞北、司程圩、许房、周项、梁庄 13 个村委会。

西圩乡

西圩乡位于沭阳县东北部。乡政府驻地西圩街。相传清咸丰七年（1857 年），该地地主、土豪因畏惧太平军北上路过袭扰，在村庄周围筑起高大土圩子。因该村庄东边有一个村庄名为东圩庄（属今灌云县陡沟乡东徐村），故名西圩。后兴集成街，名西圩街。清代，属海州辖地。民国时期，属东海县辖地。1949 年 5 月，划归沭阳县。中华人民共和国成立后，1952 年区划调整，设西圩乡，隶属沭阳县湖东区。1958 年，改设西圩人民公社。1960 年 11 月，区划变动，撤销西圩公社，所属大队分别并入高墟、韩山、吴集、湖东 4 个公社。1961 年，恢复西圩公社建制，原所属大队复回。1983 年，改置西圩乡至今。

西圩乡辖区面积 47.05 平方千米。下辖西圩 1 个居委会和中陈、曹口、汉沟、后车、前庄、前车、郝庄、邱庄、三才、范湾 10 个村委会。

（作者简介：胡方佳，曾任民办学校教师、乡镇报道员、县民政局区划地名办主任等职务。在《人民日报》《新华日报》《中国社会报》等报刊上发表文章数十篇。）

泗阳县各乡、镇、街道的前世今生

李昌富

泗阳县于汉元鼎元年（前 116 年）建县，元至正十三年（1353 年）改称桃源县，明因之，清代亦因之。1914 年，恢复泗阳县旧称。

中华人民共和国成立后，泗阳县划分为众八、庄圩、王集、穿城、史集、营门、李口、裴圩、新袁、黄圩、中扬、陈圩 12 个区及众兴、洋河 2 个镇及泗阳农场。1951 年，全县设庄圩、里仁、穿城、王集、黄圩、营门、李口、陈圩、新袁、中扬、众兴、八集、史集、屠园、洋河 15 个区、182 个乡镇。

1958 年 9 月，全县先后成立众兴、洋河、里仁、庄圩、王集、穿城、八集、史集、李口、新袁、黄圩、仓集、临河、中扬、屠园、刘集、爱园、张圩、三庄、葛集、来安、城厢、卢集、高渡、郑楼、裴圩、姚圩 27 个人民公社。

1983 年 6 月实行政社分设。1987 年撤社建乡，全县设众兴、洋河、王集、新袁、仓集 5 个镇，庄圩、里仁、爱园、穿城、三庄、南刘集、魏圩、张家圩、葛集、来安、八集、史集、城厢、李口、裴圩、黄圩、高渡、卢集、临河、郑楼、屠园、中扬 22 个乡和泗阳棉花原种场、泗阳农场、桃果园、蚕种场、良种场、北果园、林柴场、林苗圃 8 个农业场圃。全县共有 574 个村、居。

2004 年 2 月，原属泗阳的洋河、仓集、中扬、郑楼、屠园 5 个乡镇划归宿城区。全县有众兴、王集、新袁、裴圩、爱园、城厢、临河、李口、卢集、穿城、张家圩、高渡 12 个镇，庄圩、里仁、三庄、南刘集、来安、八集 6 个乡以及泗阳棉花原种场、泗阳农场。

2020 年 7 月，经省政府批准，全县区划大调整。年底，全县共设众兴、来安、城厢 3 个街道，王集、爱园、穿城、三庄、临河、李口、裴圩、卢集 9 个镇和庄圩 1 个乡，泗阳农场、泗阳棉花原种场区划和隶属关系不变。

全县面积陆地面积1418平方千米，水域面积420平方千米，人口105.38万人，共有村、社区238个。

下面，依据相关资料，对全县乡、镇、街道的建置沿革情况进行梳理。

众兴街道

众兴街道位于泗阳县中心，东、南分别与来安街道、城厢街道比邻，西面是三庄镇，北面是王集镇。

明末，众兴镇辖区从桃源码头到头铺一带，即现在的爱园公园（含）到小西湖西。清朝，改名众兴集，境域增大，东到詹家庙、万家庙，西到凌城和小史集，北濒六塘河，南至黄河北堤。民国时，众兴镇域西起刘庄（现刘桥花园）西滚水坝（今滚坝），东到葛集，南北向边界无变化。20世纪50年代，泗阳县成立葛集乡，众兴镇东面境界收缩到今上海路一带。2005年3月，城厢镇、来安乡以及临河镇大兴村、杨集村并入，2005年5月，桃果源乡、史集乡并入，面积262平方千米。

2020年7月，撤销众兴镇，设立众兴街道，辖东光、西湖、东华、红光、五里、西康、前进、杨圩、周庄、詹庙、府苑、运南、众东、东祥、顾集、桃源、洪南、叶庄、朱圩、刘桥、二桥21个社区。将龙门、卜湖、南园、建南、陶圩、东风、城南、小圩、联合、南门园、建华、界湖、五堆、姚圩14个社区划归城厢街道；将贾庄、魏湾、葛集、同兴、双安、朱楼、胡集、陈祠堂、蚕桑、刘集圩、徐园、来安、姜丰、张束、东和平、东安、葛二、陈大元18个社区划归来安街道；将孙李、凌城、民主、史集、双渡、程道、姜桥、红星、滚坝9个社区划归三庄镇；将杨集、林苗圃、大兴3个社区划归临河镇。

2022年1月，经泗阳县人民政府批准，增设运河、淮海、相文、文汇4个社区，街道现辖社区25个。

众兴街道是江苏省文明单位、宿迁市高质量发展先进乡镇（街道）、宿迁市生态文明建设工作先进集体。

来安街道

来安街道位于泗阳县城东部，是泗阳县东大门，东与淮安市淮阴区接壤，南临京杭大运河，境内有六塘河、泗塘河、淮泗河、葛东河等，水资源丰富。

清朝康熙十年（1671年），赵守恒、赵守义兄弟从徐州逃荒到众兴城东约10千米的来安，见此地陆路有通京大道横贯东西，水路依傍京杭大运河，交通十分便利，认为在此安家一定会生意兴隆，家庭平安，遂在此筑圩安家，开市兴集，并为集市起名来安。到民国初年，集圩毁圮。1921年，集首赵宗颜重修集圩，居民超过百户，集市繁盛。1934年，境内设来安、合兴、八集、朱圩、葛集等乡，属于桃源县第五区。1947年6月，国民政府置来安乡，属于泗阳县第六区；1950年置来安乡，属众八区，同年7月改名八集区。1957年12月，全县撤区并乡，置来安乡。1958年9月，成立来安人民公社。1983年，实行政社分设，复置来安乡。2012年2月，撤销来安乡，成立来安街道。2013年4月，来安街道并入泗阳经济开发区。2018年7月，撤销来安街道，整体并入众兴镇，成立来安社区管理委员会。2020年7月，根据《省政府关于同意变更泗阳县部分行政区划的批复》，撤销八集乡，设立来安街道。以原八集乡行政区域和原众兴镇的贾庄、魏湾、葛集、同兴、双安、朱楼、胡集、陈祠堂、蚕桑、刘集圩、徐园、来安、姜丰、张束、东和平、东安、葛二、陈大元18个居委会区域为来安街道行政区域。

泗阳县经济开发区位于街道境内，是泗阳县产业配套中心、商贸物流基地、居民宜居新区。辖区面积113.8平方千米，辖19个居委会、6个村委会。

城厢街道

城厢街道位于泗阳县城南郊，北邻京杭大运河，南与卢集镇交界，东与李口镇接壤，西面是宿城区中扬镇。

城厢街道境内从西汉设置泗阳县时起即为泗阳县城。东晋、南北朝时期，淮滨、淮阳、角城等县均治城厢一带。此后历经元、明、清及中华民国，城厢一直是泗阳县县城，是历朝桃源（泗阳）县政治、经济、文化中心。1939 年，泗阳县县城毁于抗日战火。1949 年 10 月，泗阳县县城移址众兴，城厢俗称“老泗阳”。1950 年，命名“城厢”。1957 年 12 月，全县撤区并乡，置城厢乡。1958 年 9 月，设城厢人民公社。1983 年 2 月，实行政社分设，复置城厢乡。1986 年 12 月，经省政府批准撤乡，建立城厢镇。2012 年 2 月，设立城厢街道。2018 年 7 月，撤销城厢街道，整体并入众兴镇。2020 年 7 月，根据《省政府关于同意变更泗阳县部分行政区划的批复》，同意设立城厢街道。以原众兴镇的龙门、卜湖、南园、建南、陶圩、东风、城南、小圩、联合、南门园、建华、界湖、五堆、姚圩 14 个居委会区域为城厢街道行政区域。

城厢街道辖区面积 57.96 平方千米，80% 以上的范围被纳入县城总体规划。

王集镇

王集镇位于泗阳县北部中心位置，东临淮沭河，南傍六塘河，北与爱园镇接壤，西与穿城镇、三庄镇比邻，南面隔六塘河与众兴街道、来安街道相望。王集镇是泗阳北部的商业重镇，是江苏省名镇、江苏省重点乡镇。

清咸丰十年（1860 年），王辙、王士臣筑王集圩，名王家集。

据民国《泗阳县志》：王集“集甚古，……集圩筑于清咸丰十年（1860 年）”。清代属桃源县崇河乡。1912 年，属崇河中市崇河乡。1914 年，属桃源县崇河中市崇河乡。1931 年，是中共地下党在泗阳秘密活动中心。1934 年，境内设王集镇以及魏圩等乡，属于桃源县第四区。全面抗战初期，泗阳抗日民主政府设立在王集。1940 年，属泗沭县抗日民主政权第四区（王集）。1946 年，改为泗沭县王集区。1949 年 10 月，改属泗阳县王集区。1957 年 12 月，撤销王集区，改设泗阳县王集乡。1958 年 9 月，成立王集人民公社。1963 年 1 月，复置泗阳县王集区。1970 年 2 月，复设王集人民公社。1983 年 6 月，复置泗阳县王集乡。1986 年 12 月，撤销王集乡，改设王集镇。2000 年 5 月，撤销魏圩乡，将其行政区域整体并入王集镇。2020 年 7 月，撤销南刘集乡，将其行政区域整体并入王集镇。

王集镇辖区面积 137.32 平方千米，辖 6 个社区、21 个行政村、319 个村（居）民小组。

爱园镇

爱园镇位于泗阳县最北部，离县城 35 千米，北面与沭阳县接壤，东面是庄圩乡，西面、南面分别与穿城镇、王集镇比邻。爱园镇原名裴圩，因清咸丰十一年（1861 年），本地居民裴殿英筑圩得名。1921 年，裴介宝提倡兴集，集市贸易自此兴起。

抗日战争时期，中国共产党在此建立泗沭抗日民主政权，领导人民进行抗日武装斗争，并在此建设烈士陵园，集中收葬在抗日斗争中牺牲的烈士，泗沭县县长夏如爱提名并经淮北行政特区政府批准，将陵园命名为“爱园”。1958 年成立人民公社时，为规避与县内南裴圩重名，经县政府批准，新成立的人民公社命名为爱园人民公社。从此，爱园成了本地地名。1963 年 1 月，撤销爱园人民公社，设立里仁区爱园乡。1970 年 2 月，重新设立爱园人民公社。1983 年 6 月，实行政社分设，复置爱园乡。1986 年 12 月，经省政府批准，撤销爱园乡，改设爱园镇。2020 年 7 月，撤销里仁乡，将其行政区域整体并入爱园镇。

爱园镇是江苏省卫生乡镇，果树场梨园自然村是第六批江苏省传统村落。辖区面积 106.88 平方千米，辖 21 个村（社区、场）、330 个村民小组。

穿城镇

穿城镇位于泗阳县西北部，距县城 30 千米。西与宿豫接壤，南面是三庄镇，东北、东南分别与爱园镇、王集镇相连。穿城地名形成很久，相传唐代名将薛仁贵带领大军征伐时曾从城中穿城而过，故得名穿城。

穿城城为明末农民起义军所筑。清代属崇河乡。1912 年，属崇河北市。1934 年，设穿城镇，属桃源县第五区；源盛、树强、倪圩等乡，属于桃源县第四区。1949 年 10 月，置穿城区。1951 年，为穿城区。1957 年，置穿城乡。1958 年，成立穿城人民公社。1983 年，复置穿城乡。2000 年 7 月，穿城镇由乡改镇。2020 年 7 月，根据《省政府关于同意变更泗阳县部分行政区划的批复》，撤销穿城镇、张家圩镇，设立新的穿城镇。以原穿城镇、张家圩镇的行政区域为穿城镇行政区域，镇人民政府驻穿城居委会境内。

穿城镇辖区面积 112.8 平方千米，辖 14 个行政村、5 个社区、365 个村民小组。穿城镇是江苏省文明镇、江苏省卫生镇。

三庄镇

三庄镇地处泗阳县西部，西面与宿豫区接壤，北面与穿城镇相邻，东面是王集镇和众兴街道，南面紧贴京杭大运河。全国重点文物保护单位三庄汉墓群位于境内。

清代和民国初期，三庄镇属桃源县顺德市。其中史集最早叫陈家园，后改名为谢家沟，集市兴起后原名致公集，后陈、谢两富户逐渐式微。清咸丰十一年（1861 年），本地史姓居民崛起，富户史诣力在本地筑圩兴集，取名史集，沿用至今。在史集西北约 3 公里的复古集，为史诣纯于同年筑圩兴集，原称史家三庄，后改名三庄。1949 年 12 月，设置史集区。1949 年 10 月，设置史集区。1957 年，泗阳县区划调整，撤销史集区。1957 年 12 月，全县撤区并乡，置三庄乡。1958 年 9 月，成立三庄人民公社、史集人民公社。1983 年，政社分设，复置三庄乡、史集乡。2012 年 2 月，撤销史集乡，成立史集街道。2018 年 7 月，撤销史集街道，整体并入众兴镇，成立史集社区管理委员会。2020 年 7 月，撤销史集社区管委会、三庄镇，成立新的三庄镇，以原来史集管委会、三庄镇管理的行政区域为新的三庄镇行政区域。

三庄镇辖区面积 110.73 平方千米，辖 11 个村、11 个社区、337 个村民小组。三庄镇是国家级卫生乡镇、江苏省生态文明建设示范镇、江苏省党员冬训示范乡镇、宿迁市信访工作示范乡镇。

庄圩乡

庄圩乡位于泗阳县东北部，距县城 35 千米，北部为沭阳县胡集镇，东部与沭阳县钱集镇相连、南部与淮安市淮阴区徐溜镇接壤，西部与王集镇毗邻。

庄圩乡原称桃园庄。清同治十年（1871 年），本地大户庄庚如在此筑土圩以防匪，保境安民，桃园庄遂改名庄圩。咸丰后，庄圩集镇逐渐兴起，集市渐次繁荣。清代，庄圩属泗沭县崇河北乡管辖，民国初年，属桃源县崇河北市；1934 年，境内设庄圩、花厅、板桥等乡，属于桃源县第一区。抗日战争时期，中国共产党在泗、沭交界处建立泗沭县抗日民主政权，领导人民进行抗日武装斗争，庄圩属于泗沭县；1949 年 5 月泗沭县撤销，庄圩一带划归泗阳县管辖，属泗阳县里仁区；1949 年 10 月至 1954 年 9 月，设置庄圩区。1957 年，里仁区撤销，分设花厅乡与里仁乡，庄圩境内设花厅乡。1958 年，成立庄圩人民公社。1962 年，庄圩、里仁 2 个公社合并，设置泗阳县庄圩区。1968 年，撤销庄圩区，复置庄圩、里仁 2 个人民公社。1983 年，政社分设，复置庄圩乡。

庄圩乡辖区面积 48.76 平方千米。辖 7 个村（社区），其中社区 2 个，即庄圩社区、大楼社区；行政村 5 个，分别为红旗村、农科村、淮河村、水庄村、王码村。庄圩乡是江苏省生态文明建设示范乡镇（街道）、江苏省卫生乡镇。

新袁镇

新袁镇地处泗阳县东南部，东临京杭大运河，与淮安市淮阴区接壤，南与裴圩镇交界，西与卢集镇为邻，北与李口镇相连。陈素位、陈素村在东首兴新集；袁郎在西首兴袁集。因两集相距百步，中间河泓有桥相连，经协商便各取集首一字，故名新袁，并沿用至今。

清同治年间兴集镇，名仁和镇，属桃源县吴城南市。1912年，名仁和镇，属桃源县吴城南市。1914年，名仁和镇，属泗阳县吴城南市，是当时泗阳县四大名镇之一。1919年，仁和镇改名为新袁镇。抗日战争时期属淮泗县。解放战争时期属淮泗县。1949年10月，置泗阳县新袁区。1953年，置新袁区新袁乡。1958年9月，成立泗阳县新袁人民公社。1983年，复置泗阳县新袁乡。1987年，经省政府批准，新袁撤乡改设新袁镇。

新袁镇辖区面积53.59平方千米，辖三岔新村、于湾村、马庄村、三徐村、白水村、葛圩村6个行政村和新集社区、袁集社区、新东社区、灯笼湖社区4个社区，88个村民小组。新袁镇是全国重点镇、全国综合实力千强镇、江苏省卫生镇、江苏省生态文明建设示范镇。

李口镇

李口镇地处泗阳县东南，西面与城厢街道、卢集镇接壤，南面是新袁镇，北部与泗阳县城、来安街道相连，东面隔废黄河与淮安市淮阴区相望。

李口镇紧邻黄河，沿河两岸人员往来十分不便。清朝初年，有一李姓人家自备船只在黄河岸边设渡口，义务摆渡来往行人。人们受其惠而感其德，遂称渡口为“李义口”，李义口遂成为本地地名。咸丰五年（1855年）黄河改道北流入海，黄河枯竭，成为废黄河。本地文生罗深与杨尧在此兴集，集镇取名李家口。中华人民共和国成立后，改李家口为李口。清代至民国初，李口属桃源县吴城乡。1914年，属泗阳县吴城乡。1934年，设李口镇，属于桃源县第二区。抗日战争时，李口属苏皖边区淮泗县。1940年10月，淮泗县在境内设置李口区。1947年6月，民国政府置八堡乡，属于泗阳县第二区。1949年5月，泗阳、泗沭、淮泗合并为泗阳县。1949年10月至1954年9月，置泗阳县李口区。1957年12月，全县撤区并乡，置李口乡。1958年9月，成立李口人民公社。1983年，实行政社分设复置李口乡。1999年9月，经省政府批准，撤销李口乡，改设李口镇。

李口镇辖区面积65.65平方千米，辖李口、葛庄、其虎3个社区，凌孟、渡口、农李、李庄、吴集、卢塘、八堡、南运河、谭坝、崔陈、灯塔、罗圩、梨园 13 个行政村，211 个村民小组。李口镇是江苏省卫生镇、江苏省生态文明建设示范镇村、江苏省首批农村电子商务示范镇。

裴圩镇

裴圩镇地处泗阳县东南部，东界淮安市淮阴区吴城镇、韩桥乡，南濒洪泽湖，西与卢集镇接壤，北与新袁镇毗邻。清光绪元年（1875 年），本地富商刘瑞堂为保护家园和当地乡民，出资在此筑圩以保境安民，取名刘圩。光绪七年（1891 年），刘姓式微，将土地房产卖给当地富户裴峻峰，更名为裴圩，一直沿用至今。

清末和民国初年，属桃源县吴城南市。1934 年，设裴圩乡、倪嘴、水营等乡，属于桃源县第二区。1941 年 8 月，共产党组建抗日民主政府淮泗县，裴圩是淮泗县政府所在地。1949 年 10 月，设立泗阳县黄圩区。1957 年 12 月，全县撤区并乡，置裴圩乡。1958 年 9 月，成立裴圩人民公社。1983 年，实行政社分设，复置裴圩乡。1999 年，经省政府批准，撤销裴圩乡，改设裴圩镇。2000 年 5 月，经省政府批准，泗阳县撤销黄圩乡、泗阳良种场，整体并入裴圩镇。

裴圩镇辖区面积 76.86 平方千米，辖社区 6 个，分别为裴圩社区、单庄社区、三河社区、东高社区、黄圩社区、新四社区；行政村 11 个，即营顶村、陶万村、陈集村、和平村、陈石村、西沙村、东南村、砂嘴村、瓦房村、倪东村、大众村。裴圩镇是江苏省文明乡镇。

卢集镇

卢集镇南濒洪泽湖，西临成子湖，北与城厢街道接壤，东与新袁镇、李口镇相连，北距泗阳县城 10 千米。卢集境内的朱墩是新石器时代青莲岗文化类型的古遗址；促宅、庙滩、王屋基属西周文化遗址。有县级以上文物保护点 8 个。

卢集镇地形因受地质断裂带影响，形成了构造上的“凹陷”，沿洪泽湖一带有许多缺口和洼地，形成地势高低不平、宽窄不等的垄岗，故称岗陵集。清代咸丰初年，当地富户卢日畅在此地兴集，改名卢集。后来，卢姓将集北部的土地房屋卖于黄姓，故形成卢集一集两名：集北一带称黄家集，其他地方称卢集。1957 年泗阳在此设立卢集乡后，统称卢集。1958 年 9 月，成立卢集人民公社。1983 年实行政社分设，复置卢集乡。2000 年 7 月，经省政府批准，撤销卢集乡改设卢集镇。2020 年 7 月，撤销卢集镇、高渡镇，设立新的卢集镇。以原卢集镇、高渡镇的行政区域为卢集镇行政区域。

卢集镇辖区面积 317 平方千米，其中陆域面积 145 平方千米，水域面积 172 平方千米，辖 19 个村（社区）、225 个村民小组。卢集镇沿湖风光风景优美，境内有省属成子湖旅游度假区，发展旅游业潜力巨大。

临河镇

临河镇地处泗阳县西部，东与众兴街道接壤，南与宿城区中扬镇为邻，西邻洋河镇仓集片区，北接洋河镇郑楼片区。

临河镇兴于清道光二十年（1840 年）。同治元年（1862 年），文生王聿炘与监生王禹疏同筑圩，市面逐步兴旺。清代属陆城乡，原名小店，民国初，因北临京杭大运河改称临河市。1934 年，境内设临河、大兴 2 个镇以及西稍、房湖、云渡等乡，属于桃源县第一区。1947 年 6 月，民国政府置临河镇，属于泗阳县第一区。1954 年 9 月，设临河区。1957 年 12 月，全县撤区并乡，置临时河乡。1958 年 9 月，成立临河人民公社。1983 年，置临河镇。1999 年，经省政府批准，撤销临河乡，改设临河镇。2020 年 7 月，将原众兴镇的杨集、林苗圃、大兴 3 个居委会划归临河镇管辖。

临河镇辖区面积 76.9 平方千米，辖 5 个社区、12 个行政村、169 个村民小组。临河镇是江苏省文明乡镇、江苏省卫生乡镇、中国民间文化艺术（桃雕）之乡。

泗阳棉花原种场

泗阳棉花原种场位于泗阳县南郊，东面与泗阳农场，南面与城厢街道相连，西面与众兴街道接壤、北面隔废黄河、京杭大运河与众兴街道相望。场区面积 430 公顷。

江苏省泗阳棉花原种场，始建于 1960 年 1 月，原为泗阳城郊废黄河故道，20 世纪 70 年代成为江苏省棉花良种繁育基地。20 世纪 60 年代，在俞敬忠等老一代技术人员带领下，立志攀登育种高峰，于 1970 年培育出优质棉种泗棉 1 号。1978 年，泗棉 1 号获全国科学大会科技成果奖。80 年代至 90 年代初又相继培育出泗棉 2 号、泗棉 3 号、泗稻 8 号、泗稻 9 号、泗稻 10 号、泗麦 936 号、泗豆 11 等一大批农作物新品种，其中 17 个品种先后获省和国家级审定、奖励；3 个品种被列入国家重大科技成果推广计划。泗棉 2 号获省政府科技进步二等奖，并在长江流域大面积播种 10 年之久。1996 年 3 月，泗棉 3 号被原国家科委和农业部联合评定为全国农作物十大优良品种之一，1997 年获国家科技进步二等奖、省政府科技进步一等奖、省政府科技成果转化一等奖。

改革开放后泗阳棉花原种场实行经营转型，2000 年以后，场区纳入泗阳县城南新城整体规划。

泗阳农场

泗阳农场位于泗阳县城东南，北枕京杭大运河，与众兴街道隔河相望，东与李口镇紧邻，西与泗阳棉花原种场毗邻，南与城厢街道接壤。全场东西长 5.5 千米、南北宽 2.7 千米。

1943 年，为给民主政府新创办泗宿中学（后改名淮海中学）创立基金，进步青年张一新捐献 300 亩土地于泗沭县张家圩乡创办农场。最早定名泗沭农场，张一新任首任场长。1944 年，民主政府没收大地主土地 500 亩，农场迁至里仁小朱圩。1949 年，民主政府没收伪县长土地 500 亩，农场迁至来安乡陈大园。1951 年，迁至黄河滩现址。

2000 年以后，场区纳入泗阳县城南新城整体规划。现辖 2 个社区，土地面积 8526 亩，可耕地 5074 亩。

（作者简介：李昌富，曾任泗阳县教育局副局长、县委宣传部副部长、县委党校校长等职务。现为泗阳县方志办《泗阳年鉴》编辑。）

泗洪县各乡、镇、街道的前世今生

陈子兵　杨以银

泗洪县地处江苏省西北部、淮河中游、洪泽湖西岸，辖区面积2693.91平方千米（含洪泽湖水面570.37平方千米）。全县户籍人口109.13万人，常住人口85.87万人（第七次人口普查数据）。

明清时期，县域大部为泗州直辖，北部边缘属宿迁县，东北部边缘属桃源县。民国成立后，县域大部属安徽泗县，余部分属江苏宿迁县和泗阳县。民国后期，中共在苏皖边境建有泗宿县、泗南县、泗阳县及洪泽湖管理局（一度称洪泽县）等民主政权。1949年4月29日，泗南、泗宿两县大部，泗阳县一部及洪泽湖管理局合并，正式组建泗洪县。“泗洪”即取各边区县首字得名。1955年3月，泗洪县由安徽省划属江苏省，全县辖有13个区，157个乡、镇、港。

1956年2月，全县13个区合并为9个区、1个县属镇（青阳镇），9个区辖有86个乡、镇（区属镇）、港。至8月，9个区辖有74个乡、镇。1957年12月，全县撤区并乡，保留管镇、界集2个区和1个县属镇，74个乡、镇合并为27个乡。1958年9月，撤销管镇、界集2区，改青阳镇及27个乡为人民公社。1983年8月，撤销人民公社体制，设立乡、镇人民政府，全县辖有2个镇、26个乡、3个场圃。1985年年底，辖有3个镇、24个乡、3个场圃。2018年7月，辖有3个街道、13个镇、9个乡。

2020年7月至今，全县辖有3个街道：青阳街道、重岗街道、大楼街道；12个镇：双沟镇、上塘镇、魏营镇、临淮镇、半城镇、孙园镇、梅花镇、归仁镇、金锁镇、朱湖镇、界集镇、龙集镇；4个乡：天岗湖乡、车门乡、瑶沟乡、石集乡。截至2021年年底，全县有168个村民委员会、165个居民委员会。

现依据相关资料，对19个乡、镇、街道名称的由来及建置沿革进行梳理。

青阳街道

“青阳”之名，历史悠久。光绪《泗虹合志·古迹》记载：“青阳，古国名，少昊青阳氏封支子于此。”历史上有青阳乡、青阳镇、青阳寨、青阳区、青阳市等名。“青阳镇”之名始于北宋时期。据北宋《元丰九域志》记载，泗州临淮县下有青阳、徐城、安河、十八里河、翟家湾5个镇。《元丰九域志》基本反映元丰八年（1085年）政区，此载说明，最迟至元丰八年，青阳已成为大运河（汴河）沿岸的商业性市镇。

民国前期，县下设有自治区（1932年改称自卫区），青阳镇分别为泗县第八区、第四区区公所（1935年改称区署）所在地。全面抗战和解放战争时期设有青阳区（一度设有青阳市），先后属于泗北办事处（后更名泗北督导处）、泗宿县、泗东县、泗南县、泗宿县管辖。

1949年4月，泗洪建县后，撤销重岗区，并入青阳区；撤销朱湖区，其一部并入青阳区。青阳镇成为县政府和青阳区公所驻地。1956年2月，全县13个区合并为9个区，并将青阳区所属的青阳镇上升为县属镇（与区平级）。其中，朱湖区（1952年4月恢复）和车门区撤销，2个区各一部并入青阳区；青阳区所属桥南乡、大新乡各一部划属青阳镇。合并后的青阳区辖有10个乡：小楼乡、顺河乡、重岗乡、大刘乡、坝头乡、姚圩乡、马公店乡、石集乡、小塘乡、佃户乡。1957年12月，全县撤区并乡，青阳区撤销，其地域分设3个乡：小楼乡、重岗乡、芦沟乡（部分划属车门乡和城头乡）。1958年9月，实行政社合一的人民公社体制，青阳镇改为人民公社。同年12月，小楼公社并入青阳公社。1962年8月，撤销青阳人民公社，复置青阳镇和小楼公社，新设石集公社。2000年6月，撤销芦沟乡，其一部并入青阳镇和大楼乡；泗洪县原种场划归青阳镇管辖。2005年8月，大楼乡、重岗乡撤销，辖地并入青阳镇。同时，将五里江农场划入青阳镇行政区域。

2018年5月，青阳镇建制撤销，其地域分设青阳、大楼和重岗3个街道。

青阳街道行政区域面积 74.8 平方千米，人口 20.6 万人，管理 26 个居委会。

重岗街道

重岗，原名“重冈”，因境内“冈峦重叠”，取名重冈（岗）山而得名。隋朝时，一度置有重冈县。

明成化《中都志》卷二《山川》说：“重冈山，在城西北一百五十里，高冈重复，故名。”清康熙《泗州通志》和《泗州志》“山川”条均说，重冈山，“以冈峦重叠”而得名。光绪《泗虹合志》“山川”条也说：重冈山，“包罗层叠，峰峦秀发，引人入胜，相传仙人捉月子隐此”。

民国前期，重岗地域属泗县青阳区（第八区、第四区）。全面抗战和解放战争时期，先属泗北办事处青阳区，后置有重岗区，属泗宿县管辖。

1949 年 4 月，泗洪建县后，重岗区并入青阳区，设有青阳区重岗乡（小乡）。1957 年 12 月，全县撤区并乡，设重岗乡。1958 年 9 月，重岗乡改为重岗公社（1958 年 12 月至 1962 年 8 月梅花公社一度并入）。1960 年 3 月，江苏省农林厅在重岗公社许桥大队建立垦荒农场——五里江农场，隶属于农林厅淮阴垦区办事处管辖。1983 年 8 月，重岗公社更名为重岗乡。2005 年 8 月，撤销重岗乡建制，辖地并入青阳镇。同时将五里江农场并入青阳镇行政区域。

2018 年 5 月，青阳镇建制撤销，地域分设青阳、大楼和重岗 3 个街道。重岗街道行政区域面积 118.7 平方千米，人口 8.3 万人，管理 21 个居委会，同时将五里江农场委托重岗街道管理。

大楼街道

大楼，因清代许姓武举人在此建楼得名。

民国前期，大楼地域属泗县青阳区（第八区、第四区）。全面抗战和解放战争时期，先后属泗北办事处青阳区，泗宿县青阳区、朱湖区。

1949 年 4 月，撤销朱湖区，辖地并入青阳区和金镇区。设有青阳区小楼乡（小乡）。1957 年 12 月，全县撤区并乡，青阳区撤销，设有小楼乡。1958 年 9 月，改为小楼公社。12 月，小楼公社并入青阳公社。1962 年 8 月，恢复小楼公社。1981 年 10 月，小楼公社更名为大楼公社（1968 年公社驻地迁往大楼）。1983 年 8 月，更名为大楼乡。2000 年 6 月，撤销芦沟乡，其一部并入大楼乡。2005 年 8 月，撤销大楼乡，并入青阳镇。

2018 年 5 月，青阳镇建制撤销，地域分设青阳、大楼和重岗 3 个街道。大楼街道行政区域面积 92.4 平方千米，人口 8 万人，管理 17 个居委会。泗洪县人民政府驻大楼街道。

双沟镇

现双沟镇行政区域为 2020 年 7 月前的双沟镇、四河乡、峰山乡区域合并而成。

查阅有关文献资料，较早提及“双沟”之名的是北宋诗人陈师道（1053—1102），他在《隐者郊居》一诗中写道：“高斋缭绕度双沟，老气轩昂盖九州。”此载说明，最迟至北宋时已有“双沟”之名。1983 年版《泗洪县地名录》也说：“宋代初期，这里即有住户，逐渐形成集市，因面临淮河，名顺河集。由于人口不断增多，街道向北延伸，因东西两侧有两条流水大沟，改名双沟。”其名称来历，明万历二十七年（1599 年）刻印的《帝乡纪略 · 山川》说：“双沟，东西二沟，中夹街市，因以名镇。”

明成化年间（1465—1487），已有“双沟镇”。成化《中都志》卷四记载：泗州有二十一坊、六乡、三镇，三镇是：青阳镇、双沟镇、龙窝镇。该书还说，双沟，“东西有沟，相近，夏月水通淮，冬涸”。《帝乡纪略 · 镇集》还记载，“双沟镇，在青阳乡十一图，居民三百余家”。此载说明，万历年间的双沟镇人口稠密，商业繁华，为泗州第一大镇。

清康熙十九年（1680 年），淮水决堤，泗州城没于洪泽湖。康熙四十七年（1708 年），泗州州署侨寓双沟镇。乾隆二十四年（1759 年），双沟镇又成为泗州州同（知州的佐官）署和外委把总（低级武官）驻地，直至清末。

民国前期，双沟镇先后为泗县第二区、三区区公所（区署）驻地。全面抗战时期，一度为国民党皖六区专署驻地。盛子瑾任第六区专员兼县长时，第三区区署由双沟镇迁至魏营，双沟镇地域属魏营区。中共建立抗日民主政权后，先后属于泗南办事处峰山区、泗南县（泗南办事处改）峰山区、泗南县双沟区管辖。解放战争时期属峰山区。

1949 年 4 月，撤销峰山区，改建为双沟区（辖有双沟镇）。1956 年 2 月，全县 13 个区合并为 9 个区、1 个县属镇。双沟区辖有 10 个乡、镇：双沟镇、张台乡、双河乡、周冲乡、潘岗乡、王集乡、前窑乡、黄岗乡、罗岗乡、后窑乡。1957 年 12 月，撤区并乡。撤销双沟区，原 10 个乡、镇合并为 3 个乡：双沟乡、峰山乡、王集乡。1958 年 9 月，成立双沟人民公社。1965 年 5 月，恢复双沟镇建制（为县属镇）。1983 年 8 月，双沟公社改称双沟乡。1989 年 1 月，双沟乡与双沟镇合并，仍称双沟镇。

据鲁佩璋 1936 年编修的《泗县志略》记载：“二十年（1931 年），全县划镇七十八，划乡一百四十六。”全县 78 个镇中即含有“峰山镇”。时峰山镇属泗县第四区（上塘），1935 年后属第三区（双沟、魏营）。1940 年春，从泗县第三区（魏营）中析置第九区，第九区区署驻峰山镇（故第九区亦称峰山区）。1940 年 10 月后，峰山区先后属泗南办事处、泗南县管辖。解放战争时期，仍设有峰山区。

1949 年 4 月，撤销峰山区，改建为双沟区，设有双沟区前窑乡。1957 年 12 月，撤区并乡，前窑与张台、双河、黄岗、后窑乡合并设立峰山乡。1958 年 9 月，成立峰山人民公社（1958 年 12 月至 1961 年 6 月，王集公社一度并入）。1980 年 1 月，析峰山窑河以南地区置四河公社。

四河，素称四河里（因四面河流环绕而得名），原名大柳巷。大柳巷，因该地遍种柳树而得名，原指今迎淮、淮建、新淮一带，后泛指整个四河。清乾隆五十三年（1788 年）《泗州志・建置・邑里》载有“大柳巷堡”，鲁佩璋任皖六区专员兼县长时在大柳巷设有“模范乡”。

1983 年 8 月，峰山公社、四河公社分别更名为峰山乡、四河乡。

2020 年 7 月，撤销双沟镇、四河乡、峰山乡，设立新的双沟镇。以原双沟镇、四河乡、峰山乡的行政区域为双沟镇行政区域，双沟镇行政区域面积 193.51 平方千米，人口 10.21 万人，辖 16 个居委会、21 个村委会。

上塘镇

1994 年版《泗洪县志》记载："上塘之称始于唐，因官方在此挖有一面大塘，村民居住塘北高处，故名。"

查阅明清地方志，关于"上塘"之名的记载，最早出自明成化《中都志》。明嘉靖《泗志备遗》中已有上塘集之称。明万历时称为上塘镇，上塘镇之名一直延续至清末。民国时期，一般称作上塘集，为泗县第四区区公所驻地。

民国前期，今上塘镇地域，北部（垫湖一带）先后属于上塘四区、青阳四区；南部先后属于上塘四区、双沟三区。

1940 年春，中共在此建立政权后，北部先后属泗县第四区（青阳）、泗县第十区（车门）、泗南办事处车门区、泗南县车门区；南部先后属泗县第三区（魏营）、泗南办事处魏营区、泗南县魏营区、泗南县上（塘）郑（集）区。

1949 年 4 月，撤销上郑区，并入魏营区，设有魏营区上塘乡。地域北部仍属车门区。1956 年 2 月，车门区撤销，其辖地一部并入魏营区。1957 年 12 月，撤区并乡，仍设有上塘乡。1958 年 9 月，成立上塘人民公社。同年 12 月，并入魏营公社。1959 年 10 月，恢复上塘公社。1983 年 8 月，更名为上塘乡。1989 年 1 月，撤乡设镇。

魏营镇

"魏营"之名，历史悠久。清乾隆五十三年（1788 年）《泗州志·建置·邑里》载有"魏家营堡"。上海辞书出版社 2005 年版《中国古今地名大辞典》"魏营镇"条称："相传三国魏屯兵于此安营扎寨，清名魏家营，民国时简称今名。"

民国前期，魏营属泗县双沟区（第二区、第三区）。全面抗战时期，盛子瑾的泗县第三区区署由双沟迁驻魏营。后中共建有魏营区，先后属泗南办事处、泗南县。

1949 年 4 月，撤销上郑区，并入魏营区。1956 年 2 月，车门区撤销，辖地并入青阳区和魏营区。合并后的魏营区辖有 9 个乡：魏营乡、官塘乡、豆冲乡、上塘乡、郑集乡、瓦房乡、车门乡、垫湖乡、傅圩乡。1957 年 12 月，撤区并乡，撤销魏营区，原 9 个乡合并为 3 个乡：魏营乡、车门乡、上塘乡。1958 年 9 月，成立魏营人民公社（1958 年 12 月至 1959 年 10 月，上塘公社一度并入）。1983 年 8 月，更名为魏营乡。2000 年 8 月，魏营撤乡建镇。

临淮镇

现临淮镇行政区域，为 2020 年 7 月前的临淮镇、城头乡区域以及陈圩林场一部合并而成。

“临淮”之名，最早出现于西汉时期。元狩六年（前 117 年）置临淮郡，因其地跨淮水两岸而得名，此为临淮作为“郡”级行政区划名称之始。徐县为临淮郡治，治所在今泗洪县南境（一说今溧河洼边的徐台子，一说为半城镇）。东汉建初四年（79 年），临淮郡并于下邳国，临淮郡不复存在。

唐长安四年（704 年），分泗州徐城县南界两乡于沙塾村（今盱眙淮河对岸淮河镇城根村一带）置临淮县。北宋景德三年（1006 年）至元至元二十一年（1284 年），临淮县移治于徐城驿。“临淮镇”之名始见于明万历《帝乡纪略》。该书记载，临淮镇位于汴河东岸，“即宋金临淮县，居民四五十余家”。康熙《泗州通志》和《泗州志》中《古迹》“宋临淮县”条亦言：“景德三年，移治州北六十里徐城驿，今有隍庙，称临淮镇。”据上可知：明清时期地处汴河沿岸、洪泽湖之滨的“临淮镇”即宋元时期的徐城驿。

上海辞书出版社 2005 年版《中国古今地名大辞典》“临淮镇”条记载：“以临近古淮河得名。洪泽湖形成后，此处为伸入湖中的一个嘴头，故名临淮头。”民国前期，临淮头属泗县第五区（半城）。全面抗战和解放战争时期，临淮头先属洪泽湖特别区（亦称半城特区）、半城直属区。1941年5月，洪泽湖剿匪战斗后，县级抗日民主政权——洪泽湖管理局成立，机关驻临淮头。1942年4月，管理局改为洪泽县，置有临淮区。1946年春，临淮区并入湖西区。1947年6月，洪泽县撤销，湖西区划属泗洪县。11月，泗洪县撤销，恢复管理局建制，湖西区仍属管理局。

1949年4月，洪泽湖管理局由泗洪县代管。管理局仍驻临淮头，下辖淮河、湖西、湖东、成湖4个区（区下辖乡）。1950年4月，管理局改称泗洪县洪泽区（原下辖的4区撤销，设有10个乡）。1956年4月，重新设立洪泽县，洪泽区划属重设的洪泽县。洪泽区辖有10个乡：临淮乡、安河乡、溧河乡、龙淮乡、台口乡、三坝乡、湖东乡、刘嘴乡、成河乡、肖河乡；1个港：双沟港。1957年8月，双沟港并入临淮乡。1958年9月，临淮乡与雪枫镇合并为雪枫公社。1961年7月，雪枫公社分为雪枫和临淮2个公社。1983年6月，临淮公社恢复为临淮乡。1985年年底，临淮乡由洪泽县划归泗洪县管辖。1993年9月，临淮撤乡建镇。

“城头”地名的来历，与南北朝时期吴明彻所置的高平郡有关。

南朝陈太建年间（569—582），陈将吴明彻乘北齐大乱之机北伐，一度占有淮泗之地，建有高平郡（亦称吴城）。《太平寰宇记》泗州临淮县条记载：“吴城，亦名高平郡，在旧徐城北三十里，东临废通济渠。《旧经》云‘太建六年，陈将吴明彻于此置高平郡。隋开皇四年废’。”

金时称为吴城镇，明清时因“水灾荡析”降为城儿头（集）。民国初，城头一带属泗县第五区（半城）。全面抗战和解放战争时期，先后属洪泽湖特别区、半城直属区、泗东县汴河区、泗南县半城区、泗南县陈圩区。城头一带先后设有四河乡、城头乡。

1949年4月，原泗南县陈圩、濉河区撤销，其地划入新建的雪枫区。1956年2月，雪枫区所辖新集乡、城头乡、徐台乡撤并为城头乡、溧东乡。1957年12月，撤区并乡，原雪枫区溧东乡、城头乡与原青阳区石集乡合并，仍称城头乡。1958年9月，成立城头人民公社（驻石集）。同年12月，城头与孙园、陈圩公社合并为崔集公社。1959年5月，恢复城头公社。1960年3月，城头公社改建为洪泽湖城头林柴总场，直属淮阴专区（1963

年至1968年，属省领导）。1969年10月，城头林柴总场更名泗洪县城头林柴场。1996年6月，城头林柴场撤场建乡，以其原辖区设置城头乡。

2020年7月，撤销临淮镇、城头乡，设立新的临淮镇。以原临淮镇、城头乡的行政区域，以及陈圩林场的临淮分场、二河分场、汴河分场、陈卷村区域为临淮镇行政区域，临淮镇行政区域面积103.97平方千米，人口3.91万人，辖8个居委会、8个村委会。

半城镇

现半城镇行政区域，为2020年7月前的半城镇、陈圩乡以及陈圩林场一部合并而成。

西周至春秋时期，今泗洪地域为徐国的政治中心，相传徐国曾建都于此。秦时所置徐县，即因原为徐国旧地而得名（一说半城为县治所在）。

“半城”之名，源自南北朝时期。乾隆《泗州志·古迹》和光绪《泗虹合志·古迹》均说：“半城……南北朝置，或曰即徐城也。土基犹存少半，故名。”

方志中关于“半城镇”的记载，始于明万历《帝乡纪略》：半城镇有“居民百十余家”。清乾隆四十二年（1777年），泗州州治迁至虹县（治今泗县城），并裁虹县入泗州。新设州判一员驻半城镇。《嘉庆重修一统志》卷一三四《泗州直隶州》关隘条记载，半城镇“商贾辐辏，居民稠密”。有清一代，半城镇已成为洪泽湖边重要的商品集散中心。

民国前期，半城镇为泗县第五区区公所所在地，为泗县东南片的政治、经济和文化中心。1939年3月，国民党皖六区专署将第五区（半城）扩建为洪泽湖特别区（又称半城特区）。1940年4月，洪泽湖特别区分为第五区（半城）、第七区（管镇）、第八区（龙集）3个区。同年10月，第五区（半城）改为专署直属区，辖有陈圩乡、孙园乡、阳景乡、崔集乡、四河乡和半城镇。1942年8月，半城直属区改设泗东县，县下辖有半城区。1943年2月，泗东县并入泗南县。1945年1月，为纪念新四军第4师师长彭雪枫，半城镇更名为雪枫镇。淮北挺进支队重返淮北后，恢复泗南县，半城镇（雪枫镇）属泗南县陈圩区。

1949年4月，撤销原泗南县陈圩区、濉河区，其地划入新建的雪枫区，雪枫镇为雪枫区公所驻地。1956年2月，雪枫区原12个乡、镇合并为8个乡、镇：雪枫镇、陈圩乡、王岗乡、孙元乡、张墩乡、崔集乡、城头乡、溧东乡。1956年4月，雪枫区雪枫镇与洪泽区划属新建的洪泽县。1958年9月，雪枫镇与临淮乡合并为雪枫公社。1961年7月，雪枫公社分为雪枫和临淮2个公社。1966年6月，雪枫恢复原名半城。1983年6月，半城公社改为半城乡。1985年10月，半城撤乡建镇。1985年年底，半城镇与临淮乡、成河乡由洪泽县划归泗洪县。2000年6月，成河乡一部划入半城镇。

陈圩，原名瓦房庄。清同治年间筑圩，因圩内陈姓居民较多得名。

民国前期，陈圩先后属于泗县第八区（青阳）、第五区（半城）。全面抗战时期，先后属洪泽湖特别区、半城直属区、泗东县半城区、泗南县半城区。解放战争时期，设有陈圩区。

1949年4月，原泗南县陈圩区撤销，其地划入新建的雪枫区，区下设有陈圩乡。1957年12月，全县撤区并乡，仍设有陈圩乡。1958年9月，成立陈圩人民公社。同年12月，陈圩与孙园、城头公社合并为崔集公社。1962年8月，恢复陈圩公社。1983年8月，更名为陈圩乡。

2020年7月，撤销半城镇、陈圩乡，设立新的半城镇。以原半城镇、陈圩乡的行政区域，以及陈圩林场的半城分场、马浪湖分场区域为半城镇行政区域，半城镇行政区域面积114.29平方千米，人口5.31万人，辖7个居委会、14个村委会。

孙园镇

孙园地名的来历，江苏人民出版社2003年版《江苏省志·地名志》说：“孙姓始居，有柿树园，故名。”泗洪文史专家陈先兰在《泗洪地名掌故》一书中认为其来源于人名：明万历年间，山西商人孙园途经此地时，看到这里民风淳朴、社会和谐，便在此开店经商。后人名演化为地名。

民国前期，孙园属于泗县第五区（半城）。全面抗战和解放战争时期，设有孙园乡，先后属洪泽湖特别区、半城直属区、泗东县濉河区，泗南县濉河区。

1949 年 4 月，原泗南县陈圩区、濉河区撤销，其地划入新建的雪枫区，雪枫区仍置有孙园乡。1956 年 4 月，雪枫镇划属新建的洪泽县，雪枫区公所移驻孙园。1957 年 12 月，全县撤区并乡，雪枫区所属 7 个乡合并为 3 个乡：孙园乡、陈圩乡、城头乡。1958 年 9 月，成立人民公社。同年 12 月，孙园与陈圩、城头公社合并为崔集公社。1959 年 5 月，崔集公社析出城头公社后不久，公社驻地迁往孙园。1981 年 10 月，崔集公社更名为孙园公社。1983 年 8 月，更名为孙园乡。1999 年 10 月，孙园撤乡设镇。2000 年 6 月，撤销芦沟乡，其一部划属孙园镇。

归仁镇

归仁镇区域历史上长期属于宿迁县管辖。

归仁镇，原称归仁集。1994 年版《泗洪县志》记载："归仁之称源于明万历四年（1576 年），宿迁知县喻文伟建归仁集，据孔子'一日克己复礼，天下归仁焉'之句取名。"万历五年（1577 年）《宿迁县志·建置志·乡隅》记载："归仁集，在孝义乡刘武沟，万历四年（1576 年）知县喻文伟建。"天启、康熙《淮安府志·建置志·镇集》与乾隆二年（1737 年）《江南通志·舆地志·关津》均有宿迁县"归仁集"的记载。

清道光年间（1821—1850），归仁集筑圩。同治十三年（1874 年）《宿迁县志·营建志·圩砦》载："归仁集圩，在县西南孝五图，距城七十里，江彦述建。"民国时期范成林所著的《淮阴区乡土史地》一书载，归仁集也称作"归仁镇"，有公路经埠子集与宿迁县城相通。

明清时期，归仁集地区属宿迁县孝义乡。民国前期先后属归仁乡和埠子市、第五区（埠子市和归仁乡西部合并而成）、第四区（第五区改）。

全面抗战和解放战争时期，建立有归仁区，先后属泗宿联防办事处、泗宿县管辖。

1949 年 4 月，原属泗宿县的潘山区撤销，潘山区北部划属宿迁县，南部划属泗洪县归仁区。1956 年 2 月，全县原 13 个区合并为 9 个区，仍设有归仁区。归仁区原 14 个乡、镇合并为 6 个乡：归仁乡、泗河乡、梅花乡、山河乡、大罗乡、川城乡。1957 年 12 月，全县撤区并乡，归仁区撤销，6 个乡合并为归仁乡、泗河乡、梅花乡。1958 年 9 月，成立人民公社。同年 12 月，泗河公社并入归仁公社。1983 年 8 月，更为归仁乡。1989 年 1 月，归仁撤乡设镇。

梅花镇

梅花，相传过去该地曾遍长梅花，故名。

今梅花镇北部地区，明清时期属宿迁县孝义乡，民国前期先后属宿迁县归仁乡和埠子市、第五区（埠子市和归仁乡西部合并而成）、第四区（第五区改）；南部地区，明清时期属泗州，民国前期属泗县青阳区。

全面抗战和解放战争时期，梅花地域北部先后属泗宿联防办事处归仁区、泗宿县归仁区；南部先后属泗北办事处重岗区、泗宿县重岗区。

1949 年 4 月，撤销重岗区，辖地并入青阳区和归仁区。1957 年 12 月，全县撤区并乡，撤销归仁区，其地域分设为归仁乡、泗河乡、梅花乡。1958 年 9 月，成立梅花人民公社。同年 12 月，并入重岗公社。1962 年 8 月，恢复梅花公社。1983 年 8 月，更为梅花乡。2000 年 8 月，梅花撤乡设镇。

金锁镇

金锁镇地域，明清时期分属桃源县、宿迁县和泗州，民国前期分属泗阳县（1914 年桃源县改）、宿迁县和泗县。

金锁镇，原名公安镇，其名始于晚清。正德、天启、康熙《淮安府志》，康熙、乾隆《桃源县志》以及《嘉庆重修一统志 · 淮安府》，均无提及公安镇或金锁镇。

1926 年《泗阳县志 · 乡镇》载：金锁镇属体仁市，“金锁镇，又名公安镇。圩为清同治元年（1862 年）陈临惠所筑，约五百余户，生意畅旺。治西南七十五里。苏皖交界处也。西界宿迁，西南界泗县，东属泗阳，为东西往来要道，得重兵而守之，足扼其吭”。当时的金锁镇地处苏皖两省三县交界处，地理位置重要，有泗阳的“西大门”之称。

光绪《淮安府志》卷四《城池二》记载，桃源县辖有六乡。其中，陆城乡为六乡之一，有临河集、仓家集、洋河镇、曹家庙集、金锁镇和界头集。故金锁镇，清时属淮安府桃源县陆城乡。民国前期，先后隶属泗阳县体仁市、第三区。全面抗战时期，建有金镇（金锁）区，先后属泗宿联防办事处、泗宿县。1941 年 9 月，金镇区划属（淮北）泗阳县。1945 年 10 月 15 日，由泗阳县划回泗宿县。解放战争时期，仍建有金镇区，属泗宿县。

1949 年 4 月，撤销朱湖区，并入青阳区和金镇区。1952 年 4 月，重建朱湖区。1956 年 2 月，朱湖区再次撤销，并入青阳区和金镇区，金镇区辖 9 个乡：金镇乡、伏尧乡、龙潭乡、陆圩乡、陈集乡、鲍河乡、新行乡、鱼行乡、朱湖乡。1957 年 12 月，撤销金镇区，其地分设为金镇乡、陈集乡、朱湖乡。1958 年 9 月，成立金镇人民公社（1958 年 12 月至 1962 年 8 月，朱湖公社一度并入）。1983 年 8 月，更为金镇乡。1989 年 1 月，金镇撤乡设镇，并恢复历史原名金锁镇。

朱湖镇

朱湖，过去属湖荡地区，由于历年洪水泛滥，大量泥沙淤积，湖荡变成农田，山东朱姓迁居于此，故名。

民国前期，朱湖一带属泗县青阳区（第八区、第四区）。全面抗战时期，先属青阳区，后建有朱湖区，先后属泗北办事处、泗宿县管辖。解放战争时期，仍设有朱湖区。泗宿县政府常驻朱湖区臧桥村。

1949 年 4 月，撤销朱湖区，其地并入青阳区和金镇区。1952 年 4 月，重建朱湖区。1956 年 2 月，朱湖区再次撤销，并入青阳区和金镇区，金镇区辖有朱湖乡等 9 个乡。1957 年 12 月，撤销金镇区，9 个乡并设为金镇乡、陈集乡、朱湖乡。1958 年 9 月，成立朱湖人民公社。同年 12 月，朱湖公社并入金镇公社。1962 年 8 月，恢复朱湖公社。1983 年 8 月，更名为朱湖乡。2000 年 8 月，朱湖撤乡设镇。

界集镇

现界集镇行政区域，为 2020 年 7 月前的界集镇、曹庙乡、太平镇区域合并而成。该区域在历史上地处苏皖交界，明清时分属桃源县和泗州，民国前期分属泗阳县和泗县。

界集，原称介头集，因地处泗州与桃源县交界处得名。清康熙二十六年（1687 年）《桃源县志·桃源县全境图》有“介头集”之名，这是地方志中关于“界集”一名的较早记载。乾隆三年（1738 年）《桃源县志》中称作“界头集”。乾隆五十三年（1788 年）《泗州志·建置·邑里》记载，泗州有“界头集堡”。此载亦说明，界头集分属桃源县和泗州。同治年间，界头集筑圩。民国《泗阳县志·乡镇》记载：“界头集，清同治二年（1863 年）钟、翁二姓筑圩兴集，生意颇旺，有百余户，治西南七十五里，为皖泗、苏泗交界处。”民国时期范成林所著的《淮阴区乡土史地》一书中也称作“界头镇”。由于界头集分属苏皖两县，“一集跨两省”，清朝东北部属江苏淮安府桃源县陆城乡，西南部属安徽泗州直辖区。民国前期，东北部先后隶属江苏省泗阳县体仁市和第三区，西南部则属安徽泗县第五区（半城）。全面抗战时期，建有界集区。1939 年 3 月，第五区（半城）扩建为洪泽湖特别区。1940 年 4 月，洪泽湖特别区分为第五区（半城）、第七区（管镇）、第八区（龙集）3 个区。新建的泗县八区（原第五区“外九堡”地区）辖有吕集、界集、太平、高集、龙集、金圩 6 个乡。1940 年 10 月，泗县八区改为专署直属区。1941 年 9 月，八区直属区与原江苏泗阳县运河以南地区合并成立泗阳县（隶属淮北行署，习惯称“淮北泗阳县”），设有界集区。解放战争时期，仍有界集区，属淮北泗阳县。

2020 年 7 月太平镇撤销前的地域，清末民初时期也分属桃源县（泗阳县）和泗县。民国《泗阳县志》（卷七地理）中有《陆家嘴勘界始末》一文：“皖泗苏泗接壤之处，西北自皖苏兼辖之界头集起，东南至陆家嘴止”，“陆家嘴地方为两省分界，该处有村庄两所，南庄属皖，北庄属苏”。文中还说，“倪家圩西南里许，有古沟宽约二丈余，自西北而东南，皖人以为界沟”。1994 年版《泗洪县志》（镇、乡、场）“太平乡”条也说，“大沟沟东为桃地，沟西为州地”。此“大沟”成为泗州（泗县）与桃源（泗阳）县的分界线。今裴圩至倪圩一线，此“沟”尚有残存。全面抗战时期，太平一带因历史上土匪常出没，百姓渴望平安，设有太平乡，该乡先后隶属洪泽湖特别区、泗县八区、专署直属区（八区）、淮北泗阳县。

曹庙，原名曹家庙，为曹氏族人供奉祭祀祖先的地方。1983 年版《泗洪县地名录》有：“清朝年间，曹氏建宗族祠堂，名曹家庙。”曹家庙，后又称体仁集。清乾隆三年（1738 年）《桃源县志·舆地志》“坊乡集镇”条记载，陆城乡有“体仁集、界头集”，“本集有太平观，康熙年间圣祖仁皇帝南巡尝驻宿于此”。清同治年间，体仁集筑圩。民国《泗阳县志·乡镇志》记载，泗阳有十市六乡，其中体仁市以体仁集为首，“圩为清同治元年（1862 年）陈秀双所筑，又名曹家庙，约二百户，生意甚旺。治西南五十五里”。曹家庙，清时属淮安府桃源县陆城乡，民国前期先后隶属江苏省泗阳县体仁市和第三区。全面抗战和解放战争时期，建有曹庙区，属淮北泗阳县。

1949 年 4 月，曹庙区并入界集区。1956 年 2 月，龙集区并入界集区，区下设有界集、曹圩、曹庙、盛圩、朱岗、文德、田集、太平、高集、龙集、贺台 11 个乡。1957 年 12 月，全县撤区并乡，界集区得以保留，11 个乡合并为界集、曹庙、太平、龙集 4 个乡。1958 年 9 月，界集区撤销，成立界集、曹庙、太平、龙集人民公社。同年 12 月，曹庙公社并入界集公社，太平公社并入龙集公社。1959 年 5 月，恢复曹庙公社。1962 年 8 月，恢复太平公社。1965 年，曹庙公社更名为曹庄公社。1981 年 10 月，曹庄复名为曹庙。1983 年 8 月，撤销人民公社体制，设立乡级人民政府。1989 年 1 月，界集撤乡设镇。2000 年 8 月，太平撤乡设镇。

2020 年 7 月，撤销界集镇、曹庙乡、太平镇，设立新的界集镇。以原界集镇、曹庙乡、太平镇的行政区域为界集镇行政区域，界集镇行政区域面积 254.81 平方千米，人口 10.81 万人，辖 10 个居委会、28 个村委会。

龙集镇

现龙集镇行政区域，为2000年6月前的龙集乡、成河乡区域合并而成。

龙集，1994 年版《泗洪县志》载："龙集南北狭长，两侧低洼，中间岗岭，延伸湖边，形如卧龙，久为农村集市之处，故得此名。"民国《泗县志略》有"龙岗集"，民国《泗阳县志》中《泗阳县总图》上也标有"龙冈集"，"龙岗（冈）集"即今龙集镇。

民国前期，龙集一带属泗县第五区（半城）。此地处于安河以东、成子洼（湖）西南、洪泽湖以北，离泗县较远，因晚清时期设有大小堡子 9 个，故人们习惯称之为五区"外九堡"地区或"龙集套子"。

1939 年 3 月，第五区（半城）扩建为洪泽湖特别区（又称半城特区）。1940 年 4 月，洪泽湖特别区划分为第五区（半城）、第七区（管镇）、第八区（龙集）3 个区。第八区区署常驻龙集等地，习惯也称为龙集区。1941 年 9 月，建立（淮北）泗阳县，龙集区仍属之。

1941 年 5 月，洪泽湖剿匪战斗后，洪泽湖管理局在临淮头成立，管理局辖有成河办事处。1942 年 4 月，洪泽湖管理局改为洪泽县，成河办事处改为成河区（成湖区）。1947 年 6 月至 11 月，洪泽县撤销，成湖区划属淮北泗阳县。1947 年 11 月，恢复洪泽湖管理局建制，成湖区划回管理局。1949 年 4 月，洪泽湖管理局（辖有淮河、湖西、湖东、成湖 4 个区）由泗洪县代管。

1949 年 4 月，泗洪建县时，仍有龙集区。1956 年 2 月，龙集区并入界集区。1957 年 12 月，全县撤区并乡，界集区设有龙集等 4 个乡。1958

年9月，界集区撤销，各乡分别成立人民公社。同年12月，太平公社并入龙集公社。1962年8月，恢复太平公社。

1950年4月，洪泽湖管理局改称泗洪县洪泽区。1956年4月，洪泽区（辖有10乡1港）划属重设之洪泽县。1957年8月，成河乡、肖河乡、台口乡合并为成河乡。1958年9月，成河乡与顺河乡合并为洪湖人民公社，不久改名为顺河公社。1961年7月，顺河公社析置为顺河、成河2个公社。1972年4月，成河公社撤销，地（水）域划属老子山、半城、顺河、临淮公社。1975年4月，恢复成河公社。1983年4月，更名为成河乡。1985年年底，成河乡（大部）划归泗洪县。

1983年8月，龙集公社更名为龙集乡。2000年6月，成河乡大部划入龙集乡。2000年8月，龙集撤乡设镇。

天岗湖乡

天岗湖乡，原名王集乡。1981年，为区别于泗阳县王集乡，以其邻近的地理实体“天岗湖”而得名。天岗湖地处江苏泗洪与安徽五河交界，属两省共管。泗洪县西南片一带，岗洼起伏，高低不平，地方百姓称此湖为“天岗湖”，安徽则称之为“天井湖”。

民国前期，天岗湖一带先后属泗县第四区（上塘）、第三区（双沟）。盛子瑾任皖六区专员兼县长期间，第三区区署由双沟迁至魏营，该地区属魏营区。1940年春，从泗县第三区（魏营）中析置第九区（峰山）。1940年10月后，峰山区先后属泗南办事处峰山区、泗南县峰山区管辖。解放战争时期，仍属峰山区。

1949年4月，撤销峰山区，其地划入新建的双沟区。双沟区设有王集乡。1957年12月，撤区并乡，撤销双沟区，设有双沟、峰山、王集3个乡。1958年9月，成立王集人民公社。同年12月，王集公社并入峰山公社。1961年6月，恢复王集公社。1981年10月，王集更名为天岗湖。1983年8月，天岗湖公社更名为天岗湖乡。

车门乡

车门乡，因“车门山”而得名。明成化《中都志·山川》载：“车门山，在城西一百三十里，山下有路通车，故名。”清康熙《泗州通志·山川》和康熙《泗州志·山川》均说：“车门山，以旁通车路，故名。”乾隆《泗州志·山川》和光绪《泗虹合志·山川》亦说：“车门山，州东南五十里，四望平原，孤峰特出，旁通车路，故名。”

民国前期，今车门乡地域先是分属泗县第四区（上塘）、第八区（青阳），后属第四区（青阳）。1940 年春，从第四区（青阳）析置第十区（车门），第十区辖有车门、石集、马公、通海、垫湖等乡。后车门区属泗南办事处、泗南县管辖。1943 年 2 月，车门区并入石集区。1947 年，淮北挺进支队重返淮北后，仍设有车门区，属泗南县管辖。后石集区并入车门区。

1949 年 4 月泗洪建县时，仍辖有车门区。1956 年 2 月，撤销车门区，其辖地并入青阳区和魏营区。魏营区辖车门等 9 个乡。1957 年 12 月，撤销魏营区，设立魏营、上塘、车门 3 个乡。1958 年 9 月，成立车门人民公社。1983 年 8 月，车门公社更名为车门乡。

瑶沟乡

瑶沟乡地域，民国前期，北部属青阳区、南部属双沟区（魏营区）。全面抗战和解放战争时期，北部先后属泗南办事处车门区、泗南县车门区、泗南县石集区、泗南县车门区；南部先后属泗南办事处魏营区、泗南县魏营区。

瑶沟乡为原车门、魏营和双沟公社境内所设的省种马厂、种牛厂演变而来。1960 年 3 月，省农林厅为繁殖畜牧业，组建泗洪县种马场（车门公社境内）和种牛场（魏营、双沟公社境内）。1965 年 2 月，省属种马厂和种牛厂合并为泗洪县畜牧场，划归泗洪县管辖。

瑶沟原名窑湾沟。该地南部原建有砖窑厂，不远处有条水沟，因水道弯曲得名窑湾沟。20 世纪 70 年代中期，窑厂附近建有酿酒厂，酒厂取西王母居所瑶池之水可用来酿造美酒之寓意，命名为瑶沟酒厂。1998 年 4 月，泗洪县畜牧场撤场建乡，畜牧场改建为瑶沟乡，同时将魏营乡所辖的周桥、傅圩、大庄、崔庄、官塘、冯岗6个村及车门乡所辖的宏伟、桂湾、秦桥、杜庄4个村划归瑶沟乡。

石集乡

石集，原名石家集。据泗洪《石氏世谱》（石绍华主编）记载，明嘉靖年间，山东长邑（今邹平县长山镇前石村）一带发生水灾，石冉与其侄儿石乾为逃避灾荒，辗转到泗州青阳南汴河沿岸一带定居，石冉成为泗洪石姓的开基始祖。随着人口增多，集市兴起，石家集因此得名。万历年间，石家集有“居民二十余家”，后简称石集。

民国前期，今石集乡地域北部属泗县青阳区（第八区、第四区）、南部属泗县第五区（半城区）。1940年春，从第四区（青阳）析置第十区（车门），第十区辖有车门、石集、马公、通海、垫湖等乡。1942年8月，设立石集区，划属泗东县。1943年2月，泗东县撤销，并入泗南县，将车门区并入石集区。1947年，淮北挺进支队重返淮北后，仍设有石集区，属泗南县管辖。后石集区并入车门区。

1949年4月泗洪建县时，仍设有车门区，区下辖有石集乡。1956年2月，撤销车门区，原车门区所属的汴河、石集、柳山乡与青阳区所属的桥南乡一部合并为石集乡。1957年12月，原青阳区石集乡与原雪枫区溧东乡、城头乡合并，仍称城头乡。1958年9月，成立城头人民公社（驻石集）。同年12月，城头与孙园、陈圩公社合并为崔集公社。1959年5月，恢复城头公社，同时将石集一带划属青阳公社。1962年8月，青阳公社撤销，划其一部新设石集公社。1983年8月，石集公社更名为石集乡。2000年6月，撤销芦沟乡，其一部并入石集乡。

（作者简介：陈子兵，泗洪人，中学历史高级教师，现为泗洪县文史研究会理事、泗洪县新四军历史研究会理事。

杨以银，泗洪人，曾任泗洪县民政局地名办主任，负责编制《泗洪县政区图》（2021）、《泗洪县标准地名图》（2023）等。）

宿豫区各乡、镇、街道的前世今生

韩晓凤

宿豫区是宿迁市中心城区东翼，与宿城区隔中运河相望，辖区土地面积 685.9 平方千米（不含托管给湖滨新区和宿城区的 4 个乡镇）。全区户籍人口 49.17 万人，常住人口 44.71 万人。

1996 年 7 月，地级宿迁市成立，下设宿城区、宿豫县 2 个行政区域，从老宿迁环心析出 1 个镇、4 个乡、1 个场归宿城区管辖，环外 8 个镇、19 个乡、4 个场（圃）归宿豫县管辖。

2004 年，宿豫县撤县建区，区划再次调整。此次，宿豫析出 7 个乡镇归宿城区管辖，宿城区析出 1 乡归宿豫区管辖。调整后，宿豫区辖 14 个镇、3 个乡、1 个场。

2005 年，宿迁市成立湖滨新城开发区（以下简称新区），宿豫区析出嶂山林场和晓店镇、井头乡的部分村居交由新区托管。2011 年 7 月，井头乡整建制转由新区托管；同年 10 月，皂河镇整体建制转给新区托管。2013 年 6 月，宿豫区析出蔡集、王官集 2 个镇整建制托管给宿城区；黄墩镇整建制托管给市湖滨新区。至此，宿豫区拥有实际控制权的乡镇个数仅为 11 个，行政区域面积约为宿豫县刚成立时的三分之一。2014 年 11 月 21 日，宿豫撤销顺河镇，以顺河镇和陆集镇部分地区设立顺河、豫新、下相 3 个街道。

2021 年 3 月，蔡集镇划给宿城区管辖，陆集镇变更为陆集街道，来龙镇、侍岭镇、保安乡合并为新的来龙镇，大兴镇、丁嘴镇合并为新的大兴镇。经数次行政区划调整后，宿豫区现辖 4 个街道、5 个镇、1 个乡，即豫新街道、顺河街道、下相街道、陆集街道、大兴镇、来龙镇、仰化镇、关庙镇、新庄镇、曹集乡。

现据资料记载，对全区 10 个乡、镇、街道名称的由来及建置沿革进行梳理。

豫新街道

2014 年 11 月，宿豫区撤销顺河镇，合并镇内锦华、中通、江山、天一、庐山、豫苑、雨露、顺河、闸东、高滩 10 个社区，设立全区首个街道，命名“豫新”，取自“宿豫”中的“豫”和一个“新”，意指宿豫区一个新设的街道。豫新街道是宿豫区人民政府所在地，行政区域面积 37.33 平方千米。

成立之初，因辖区内的陆河、闸东 2 个社区位于宿豫区现代农业产业园境内，故暂交其托管。2018 年，村级行政区划调整，将天一社区更名为文昌阁社区，顺河社区更名为顺河集社区，豫苑社区并入江山社区。

2020 年，宿豫现代农业产业园迁至新庄镇杉荷园境内，由其托管的陆河、闸东 2 个社区归还豫新街道管理。2023 年 1 月，豫新街道析出雨露社区长江路以东区域设立文雨社区。2024 年 5 月，豫新街道辖锦华、中通、江山、文昌阁、庐山、文雨、雨露、顺河集、闸东、高滩 10 个社区，行政区域面积不变。

顺河街道

2014 年 11 月，宿豫区从原顺河镇中析出卓圩、文昌、祥盛、京东、周石庄、陆河、张圩、蔡老庄、陆槽坊、椿树 10 个村居组建顺河街道。并将林苗圃划归顺河街道办事处管理，街道办事处驻扬子江路 8 号，为原顺河镇人民政府办公地，遂街道沿用原镇名，“顺河”一名可追溯到 330 多年前的清朝康熙年间。

晚明时期，朝廷“治河保漕”，导致黄河下游灾患加剧。到清初，洪水肆虐已至不可胜言的地步，宿迁、桃源一线更是黄河频频决溢，堤防糜烂不堪，河床淤垫浅阻，为河患最烈、漕运最险地带，是治河重地。清政府采取“避黄济运”措施进行治水。清康熙二十五年至二十七年（1686—1688），河道总督靳辅在宿迁县城东侧以引排黄河运道减泄之水为目的开挖了一条河。因此河位于黄河的缕、遥二堤之间，故取名“中河”，河道北接支河口，南经桃源县至清江浦，全长112千米。在河道尚未全部开成之时，便改变了其用途，由引泄之河变成漕运之河，成为“避黄济运”又一成功案例——实现“黄运分立”，“中河”顺理成章成为“中运河”。河道竣工第二年，即康熙二十八年（1689年），清朝政府便调兵遣将在宿迁中运河东岸显要之地安营扎寨，镇守中运河，以保漕运安全，遂称中河镇。因其沿河而建，后改称顺河镇。据张忭编修的《宿迁县志》记述，该镇齐名于刘马镇、小河口镇、司吾镇、堰头镇、白洋河镇、邵店镇、桥北镇等8个镇，为京杭大运河畔突显的重镇之一。此处的中（顺）河镇的“镇”并非乡镇、集镇之意，而是驻扎镇守之意。后伴随中运河漕运发展，官邸建设、漕船往来、商贾贸易、各界人士云集，食宿需求增加、人气逐步兴旺，不久即汇集成市，名曰顺河集，并名声大噪，取代顺河镇成为地理标志。

随着集市的日渐繁华，顺河集成为南船、北马换乘地，陆路水路互转的重要节点，交通邮电的重要枢纽。清朝皇帝在南巡、北回中多次临幸顺河集。

清乾隆年间，皇帝六次南巡、回銮，驻跸宿迁、桃源2个县计41次，其中在宿迁县境内驻跸32次，在桃源县驻跸9次。其中，在宿迁顺河集大营（行宫）驻跸次数最多，计12次，并留下御制诗8篇。

顺河集缘中运河而生，依中运河而建，伴中运河而兴，随乾隆皇帝驻跸、赋诗而声名远扬，是清代宿迁运河历史文化的见证者，为宿迁中运河文化留下了浓墨重彩的一笔。同样，宿迁大运河也承载了顺河集文化与繁荣，为宿迁的后续发展注入了内生动力。无论在历史文化保护与传承，还是在行政区划的命名中，我们都能寻到顺河集的痕迹。

顺河集行宫遗址

清代，顺河街道辖域属北仁乡。民国时期，改属第二区进化乡。新中国成立后，属顺河区。1957 年，撤区并乡，由卓圩、文昌、张圩等乡的一部分组成卓圩乡。1958 年，称卓圩人民公社。1966 年，卓圩人民公社改称顺河人民公社。1981 年，复称卓圩人民公社。1983 年，恢复乡村制，称卓圩乡。1996 年，地级宿迁市成立，从卓圩乡析出顺河、雨露、文昌、种场、邓洼、油坊、陆桥、曹庄 8 个行政村居设立顺河镇，作为宿豫区的城关镇。2000 年，撤销卓圩镇、顺河镇，合并设立新的顺河镇，以原 2 个镇辖区和林苗圃为顺河镇行政区域，辖区面积约 70 平方千米，计 20 个行政村居。2001 年，村级行政区域调整，顺河镇所辖的 20 个行政村居撤销整合为 14 个。2003 年，宿城区井头乡所辖的闸东、高滩 2 个村居并入顺河镇。至此，顺河镇辖顺河、雨露、卓圩、油坊、文昌、陆桥、罗桥、陆河、高滩、闸东、豫苑、陆槽坊、椿树、张圩、蔡老庄、周石庄，计 16 个村居，其中油坊、陆桥、罗桥 3 个村居由宿豫经济开发区（现为宿迁高新区）代管过。

2014 年，宿豫区从原顺河镇中析出卓圩、文昌、京东、周石庄、陆河、张圩、蔡老庄、陆槽坊、椿树 9 个居民社区设立顺河街道。2018 年，宿豫区整合撤销文昌社区和祥盛社区。2019 年，撤销张圩、蔡老庄和林苗圃 3 个居民社区，成立梨园湾居民社区。

2020 年 10 月，在村级行政区划调整中，将顺河街道的 6 个社区（村）撤并整合为 4 个社区（村），即撤销周石庄社区、京东社区，合并设立新的京东社区；撤销陆槽坊社区、椿树社区，合并设立顺兴河社区。2024年5月，顺河街道辖卓圩、京东、梨园湾、顺兴河4个社区，行政区域面积39.53平方千米。

下相街道

2014年11月，宿豫区将原顺河镇的油坊、陆桥、三合、新化、罗桥5个居委会区域与陆集镇的河塘、兴隆2个居委会和陆墩、季桥、德太3个村委会的区域合并设立下相街道，街道办事处驻峨眉山路9号。该街道的“下相”之名源自宿迁境内首个县名——下相县。

先秦时期，宿迁县境先后为鲁、宋、吴、楚等属地。秦王政二十三年（前224年），纳入秦版图。秦王政二十六年（前221年），统一全国后，推行郡县制，域内首次置县，因境域置于古相水下游，而取名下相县，城址位于今宿城区城中花园小区附近（古黄河西岸的古城村）。至西汉时，仍置下相县；汉高祖五年（前202年），下相县属楚国。高祖十二年（前195年），以下相县为侯国。汉景帝前元三年（前154年），废侯国，仍改为下相县，后属临淮郡。王莽始建国元年（9年），改下相县为从德县。东汉后，下相县改属下邳国（后改为郡），晋属临淮郡。至南朝刘宋元嘉十三年（436年），下相并入侨置的辽西郡阳乐县。南齐沿用阳乐名。北魏孝昌三年（527年），北魏置盱眙郡，以下相县城为郡的治所。北齐天保七年（556年）时再废下相县，其境由宿豫县统辖，此后历代均未复置下相县。至此，下相县在域内沿用了771年。“下相”的历史久远、置县时间长、“霸王项羽下相人”等要素的叠加，都是下相街道取名的参考。

2019年11月，下相街道撤销陆墩、季桥、德太3个行政村（居），设立南苑星城社区村。2020年10月，村级行政区划调整，下相撤销兴隆、何塘两个社区，合并设立运东社区；撤销油坊、新化、三合3个社区，合并设立崇德社区；南苑星城由村改为社区。2024年5月，下相街道辖5个社区，分别是运东社区、南苑星辰社区、陆桥社区、崇德社区、罗桥社区。街道办事处驻运东社区，位于宿迁高新区开发大道（南京东路）89号。

陆集街道

2021 年 3 月，陆集撤镇，设立街道。街道沿用原镇名，该名形成于 200 多年前。清中叶，地方士绅陆云亭在此筑圩防匪，聚民而居。乾隆五十三年（1788 年），域内建龙台庙，云集四方香客，催生当地餐饮、祭祀、理发等服务业，农副产品交易随之兴起。嘉庆二十五年（1820 年），设陆家集，亦称“陆圩”“陆集”。自民国起，陆集相继被作为村、乡、镇等地名沿用至今。

1912 年，该区域属宿迁县永庆乡。1929 年，宿迁改市、乡为 10 个区，陆集随永庆乡被并入宿迁县第二区。新中国成立前，属宿东区陆集乡。

1949 年 10 月，属陆集区陆集乡。1954 年 7 月，改属顺河区。1957 年 1 月，撤区并乡，季桥、马圹 2 个乡与罗桥、刘涧等乡部分村庄合并成立陆集乡。1958 年 9 月，实施人民公社化，陆集乡改称陆集人民公社。1982 年，陆集公社 21 个大队。1983 年，恢复乡村制，复名陆集乡，大队改为村。2000 年 7 月，撤乡建镇，变更为陆集镇。2001 年，实施小村并大村，21 个村居撤销整合为 13 个村居。2004 年 3 月，河塘、兴隆 2 个村托管于宿豫经济开发区。2006 年，全镇辖 11 个村（居）133 个村民小组。2014 年，何塘、兴隆、陆墩、季桥、德太 5 个村居从陆集镇析出，与原顺河镇部分地区组建下相街道。2019 年 11 月，撤销长胜村，合并至利民村。2020 年 10 月，村级行政区划调整，7 个社区（村）撤并整合为 4 个社区（村），行政区划调整后，陆集镇辖 1 个社区、3 个行政村，镇人民政府驻陆集社区。2021 年 3 月，撤销陆集镇，设立陆集街道。

大兴镇

明朝末年，山东寿张县的李大兴和张大兴在此垦荒生产，后与刘三虎合作开客栈，接待来往客商食宿，生意兴隆，村民集居，兴起集市，众称“大兴集”。清康熙二十八年（1689 年），朝廷建制设立大兴集。

1912 年，宿迁县实行市、乡制，设大兴乡，辖大兴集、马庄、关庙、三汊河等地区。后随大兴乡相继并到第三区、第二区。1938年，大兴乡改为大兴区，属运河特区。1944年，运河特区撤销，大兴归属宿迁县。

1949年10月，属大兴区大兴乡。1956年，恢复为大兴镇。1957年1月，启宇、桃园、守先、镇东乡的部分村庄并入大兴乡。1958年9月，改称大兴人民公社。1966年10月，改为大新人民公社。1983年，恢复乡村制，复称大兴乡，并将大队改为村。1987年2月，撤乡建镇，大兴乡改称大兴镇。

2001年6月，村级区划调整，大兴辖14个村民、3个居，计168个村民小组。2019年11月，将同心并入先锋，堤南与逸奇合并组建兴南，卢集与启宇合并组建双茶棚，新新与陈洼合并组建六塘河，周马与桃元以及先进合并组建怀仑，集东与高圩及大庄合并组建吉庆，启建与清高并入大兴 。调整后，全镇村（居）个数由17个变为7个。2021年3月，撤销丁嘴镇、大兴镇，合并设立新的大兴镇。

来龙镇

明朝中叶，宿迁县东北原是方圆百里的湖泊，名曰白鹿湖，湖边垂柳依依，湖内波光粼粼，风光秀丽，景色宜人，相传曾有一游僧露宿湖边，梦见一条巨龙盘旋湖上，遂就地结庐建庙，取名来龙庵，镇名因此而得。

清末，来龙属宿迁北仁乡。1912年，来龙隶属邵店市。后随邵店市并入第六区、第八区。1942年，宿迁抗日民主政府撤乡，建来龙区。

1949年10月，属邵店区。1952年12月，邵店区改为来龙区。1958年9月，改为来龙人民公社。1966年10月，改为来隆人民公社。1981年10月，恢复来龙人民公社。1983年，恢复乡村制，复称来龙乡。1987年2月，来龙撤销乡建镇，改称来龙镇。1996年，地级宿迁市成立，原县级宿迁市分宿城、宿豫2个行政区域，来龙镇属宿豫县，辖19个行政村居。2001年，村级行政区域调整，将19个行政村居撤销整合为12个。2021年3月，撤销来龙镇、保安乡、侍岭镇，合并设立新的来龙镇。从原保安

白鹿湖村

乡划入 8 个村（社区），从原侍岭镇划入 9 个村（社区），从原晓店镇划入刘圩、光前、苗庄 3 个社区。

仰化镇

仰化在建制前是仓基湖西岸一个渔民村落，明代兴集，曰仰化集。后一直作为地名被沿用至今。

1912 年，域内始建制，设仰化乡，辖仰化集、刘老涧、朱大庄、蔡家口地区，仰化集东部地区属桃源县（今泗阳县）。1929 年起，先后属宿迁县第三区、第二区。1949 年，复设仰化乡，属大兴区。1952 年 9 月，设仰化区，辖原宿迁县属地仰化、孝勤、守先、马棚、刘涧等乡及原运河特区的必信、德新、里隆、建新、大同、胡云等乡。1956 年 2 月，撤仰化区，仰化、守先、复隆 3 个乡合并为仰化乡，属大兴区。1958 年 9 月，改乡村制为社队制，更名为仰化人民公社，辖 12 个生产大队 114 个生产队。1983 年 5 月，恢复乡村建制，复名仰化乡。1996 年 7 月 19 日，撤县设市，仰化乡属宿豫县。2000 年 2 月，撤乡建镇，下辖 9 个村居。2018 年，全镇辖仰化、新桥 2 个居委会和同义、复隆、建新、解闸、涧河、保祥、刘涧 7 个行政村，计 125 个村民小组。2019 年，仰化居改为仰化社区，新桥居与刘涧村合并为永兴社区，保祥村、涧河村、解闸村合并为涧河社区，建新村与孟湾村合并为建新村，同义村（原卜圩村、同义村）与复隆村（原复隆村、郭圩村）合并为复隆村。调整后，全镇辖 3 个社区和 2 个村，村民小组数不变。

关庙镇

历史上关庙境域北有白鹿湖，南有仓基湖，西有侍丘湖，为水患频发之地。后湖淤为陆，聚民而居。清乾隆年间，洪水大泛，上游漂来许多杂物。水退后，阻滞在境内地势较高处杂物中有一根大木头，人们发现木头上有一个“关”字，于是便以为是关公显圣，昭示此地为吉地。出于寻求关帝圣君护佑的心理，先民们便在木头停滞处建关帝庙，即关帝老爷庙，俗称“关老庙”。清末民初，随着关帝庙周边人口增加，庙前空地上逐渐出现交易现象，形成集市，众称关庙集，镇名由此而来。

清代，境域属淮安桃源县。民国时期，先后划归泗沭、泗阳等。新中国成立后，属泰山区。1956 年，撤泰山区始建关庙乡，属大兴区。1957 年，撤区并乡，大兴区的关庙、林河、振友、二元和来龙区的泰山、董墩等乡的一部分组建关庙乡。1958 年，称关庙人民公社。1966 年，改称红旗人民公社。1981 年，复称关庙人民公社。1983 年，恢复乡村制，称关庙乡。2000 年，撤乡建镇，称关庙镇。2001 年，全镇 17 个行政村居撤销整合为 14 个。2020 年 10 月，行政区划调整后，将 14 个社区（村）撤并整合为 1 个社区、5 个行政村，镇人民政府驻红旗社区。

新庄镇

清朝时期，关庙陈老庄的一名陈姓财主到新庄境内兴建庄园。为区别于原住地陈老庄，而取名为陈新庄，简称新庄。后庄园发展壮大，形成集市，遂称新庄集。之后，地名便以集市命名。

清朝时期，新庄属北仁乡。1912 年，境域分属大同乡、大兴乡，后分属第二区、第三区。1948 年，新庄乡为泰山区所辖，后改属来龙区。1958 年，全县撤区并乡，新庄乡分属曹集乡和关庙乡。

1961 年 7 月，将曹集人民公社析出石洼、前进、陆庄、新庄、范安、朱圩、袁庄、陈墩生产大队和关庙人民公社析出的振友、安圩生产大队合并成立新庄人民公社，简称新庄公社。1982 年，新庄公社辖新庄、梵庵、陈墩、新朱圩、林圩、袁庄、石洼、前进、朱瓦、新庵圩、卓湾、茆庄、叶庄、振友 14 个大队和新庄农科站。1983 年，恢复乡村制，称新庄乡。

2000 年 7 月，撤乡建镇。2001 年，进行村级整合，将 15 个行政村调整为 8 个。2006 年，全镇辖 8 个村居，68 个村民小组。2018 年年底，新庄镇辖 1 个居民社区和 7 个行政村。2019 年 11 月，新庄镇撤销朱瓦村、安圩村建制，设立杉荷园社区村，村委会驻地原朱瓦村。2020 年 10 月，将全镇 7 个社区（村）撤并整合为 4 个社区（村），撤销新庄社区、陈墩村，合并设立新的新庄社区；撤销袁庄村、朱林圩村，合并设立时济泉村；撤销前进村、杉荷园社区村，合并设立杉荷园村；振友社区村改建制为振友村。行政区划调整后，新庄镇辖 1 个社区、3 个行政村。

曹集乡

宋元之前，境内除东北部以外的大部分地区为侍丘湖。由于南宋初年黄河夺泗夺淮，含有大量泥沙的黄河经常溃决入湖。晚明时期，侍邱湖逐渐涸出，相继迁徙而来的外地居民在此定居，逐渐形成集市，称黑墩集。清嘉庆年间（1796—1820），由于土匪、流寇众多，黑墩集市衰落。清同治年间（1862—1874），本地士绅曹镇藩在施槽坊西修建筑圩砦，称为曹家集，后渐废。清末，安清会会首张斗清重建市集，复名曹家集，简称曹集。后一直作为地名沿用至今。

民国时期，曹集地区先后隶属大同乡、第六区、第八区。1940 年 9 月，宿迁县抗日民主政府成立，曹集地区分属来龙、塘湖、顺河 3 个区。1945 年秋，曹集第一次解放，命名罗墩乡，隶属来龙区。1948 年 7 月，曹集二次解放，划属塘湖区。1949 年，属顺河区，为纪念在该乡牺牲的周富修、杨信文 2 位烈士，命名信富乡。1957 年，撤区并乡时，由来龙区的信富、新庄、高圩、张圩等乡的一部分组成曹集乡。1958 年 9 月，实施人民公社化，建立曹集人民公社，辖区扩大，含 32 个大队和曹集农科站，其中新河、三河 2 个大队由骆马湖移民迁入组成。1983 年，恢复乡村制，称曹集乡，所辖的 16 个大队统一更名为村。

2001 年，全乡 16 个村合并为 8 个村居，计 132 个村民小组。2007—2008 年，撤村改居，葛桥村、天同庵村合并为新的天同庵村，河滩村、双河村合并为新的双河村，天同庵和冒店撤村改居。2019 年，冒店社区更名为曹家集社区，双河村更名为双河里社区村。2020 年 10 月，全乡 8 个社区村撤并整合为 4 个社区村，撤销曹家集社区、快乐社区，合并设立新的曹家集社区；撤销天同庵社区、双河里社区村，合并设立双河里社区；撤销旱闸村、小岭村，合并设立花园里村；撤销道方村、孙庄村，合并设立伍员里村。行政区划调整后，曹集乡辖 2 个社区、2 个行政村，乡人民政府驻曹家集社区。

（作者简介：韩晓凤，宿豫区党史工委副主任，从事史志工作十余年，编辑或参与编辑史志类书籍十余本，撰写史志资政文章数篇，是全市银牌史志人。）

宿城区各乡镇、街道的前世今生

张用贵

宿城区古为宋人迁宿之地、厹犹迁国之地、钟吾立国之地。秦时在此设下相县，属泗水郡。汉魏时属临淮郡、下邳郡。东晋安帝义熙元年（405年）于下相县东南置宿预县，治所在下古城（今洋河镇郑楼片区古黄河北岸）。南北朝时又多次撤并、复设。北齐天保七年（556年），废下相县，其辖地归宿预县。唐代宗宝应元年（762年），为避代宗李豫名讳，改宿预县为宿迁县。唐、宋、元、明、清时，境域均有变动，隶属关系也多次变更，先后属泗州郡、下邳郡、淮安府、徐州府。

辛亥革命时，废州府制，宿迁直属江苏省公署。1927年，国民革命军北伐后，属淮阴行政督察区。抗日战争时期，中国共产党在宿迁城周边建立宿迁县、宿北县、泗宿县、睢宿县和运河特区5个县级民主政权。1945年8月，中共泗宿县委和县总队接管宿迁县城，在县城及近郊设立宿迁市。1949年5月，撤销泗宿县和宿迁县，泗宿县部分地区和宿迁市并归宿迁县，隶属淮阴地区。1983年，江苏省实行市管县体制，宿迁县属淮阴市。1987年12月5日，国务院批准宿迁县改为宿迁市（县级），仍属淮阴市所辖。

宿城区是1996年9月伴随地级宿迁市组建而设立的行政区域。组建时辖5个乡镇。2000年5月区划调整后辖2个乡镇、4个街道。2004年3月区划调整，辖14个乡镇、4个街道和1个省级经济开发区。2013年6月区划调整，辖11个乡镇、4个街道、1个省级经济开发区和1个省级现代农业产业园。2018年3月区划调整，撤销宿城区双庄镇，设立宿城区双庄街道、支口街道，辖7个乡镇、7个街道、1个省级经济开发区和1个省级现代农业产业园，区域总面积854平方千米。

2023年，辖7个镇、7个街道，共有61个居民委员会、99个村民委员会。

总面积为 70840 公顷，户籍总人口 73.34 万人。7 个镇、7 个街道名称的由来及建置沿革如下：

龙河镇

龙河因境内原有龙河从西南流过，当地居民临河建集市，故以河名为乡名、镇名。

清代属孝义乡，民国初属埠子市，后属第五区，又属第四区。1927 年，抗日战争和解放战争时期，属泗宿县潘山区。解放初期设立潘山区龙河乡。1956 年，改属埠子区。1957 年 1 月，蔡圩、戚圩以及靳桥、新生乡部分村庄并入龙河乡。1958 年 9 月，改为龙河人民公社。1966 年 10 月，改名为农河人民公社。1981 年 10 月，复名龙河人民公社。全社辖 19 个大队、180 个生产队，115 个自然庄，3.7 万余人。1983 年，复名龙河乡，辖大罗、新庄、双蔡、大庄、桥庄、姚庄、沈桥、朱王、挑沟、戚圩、董王、和平、陈圩、大卢、龙集、朱大兴、夹河 18 个行政村。

1996 年，撤销县级宿迁市，设立宿城区、宿豫县。龙河属宿豫县。1999 年 10 月，撤乡建镇。2001 年，新庄村与双蔡村合并，成立双蔡村；大罗村与大庄村合并，成立大罗村；朱王村与沈桥村合并，成立沈桥村；大卢村与龙集村合并，成立龙集村；秦圩村与戚圩村合并，成立戚圩村。合并后全镇有 13 个行政村。

2004 年 2 月，撤销宿豫县，设立宿豫区，龙河镇划入宿城区。辖 2 个居民委员会、11 个村民委员会。2013 年 11 月，市委、市政府实施“一轴两副九市”城乡建设规划，建立龙河新城，原埠子镇的靳桥居委会、陈林村、祠堂村 3 个村居托管给龙河镇，龙河镇辖 16 个村居。村民小组 182 个，人口为 50263 人。2015 年，龙河镇下辖朱大兴、龙集、靳桥 3 个居民委员会，双蔡、大罗、夹河、姚庄、桥庄、沈桥、陈圩、和平、董王、戚圩、挑沟、祠堂、陈林 13 个村民委员会，耕地面积 3130 公顷，13281 户，57601 人。2016 年，全镇辖朱大兴、龙集、靳桥 3 个居民委员会和双蔡、大罗、夹河、姚庄、桥庄、沈桥、陈圩、和平、董王、戚圩、挑沟、祠堂12个村民委员会。2021年3月，撤销罗圩乡，并入龙河镇，划入11个行政村（社区）。

2022年，龙河镇下辖朱大兴、龙集居、靳桥、罗圩、将军里5个居民社区和夹河、双蔡、大罗、桥庄、姚庄、沈桥、陈圩、挑沟、戚圩、董王、和平、祠堂、联伍、塘圩、长庄、武圩、郭庙、古西、古路、三胡、秦祠、平楼22个行政村。面积98.97平方千米，户籍人口10.11万。

埠子镇

明代，埠子镇域为埠子湖和白鹿湖。最早的居民是于氏渔民，曾建舍于山梁之上。久之，渔民渐多，便结成渔村。因远近居民鱼贩多来此购鱼虾，渐成渔市。渔民生活用品和修补船网的材料也有人运来销售，进而形成集市。因这里是停泊船只的码头，故名埠子头，后兴起集市。

清代康熙间，名埠子集。民国初期，称为埠子市，北起耿车和新、老朱圩，南到叶圩、杨圩、埠子、戚圩、双蔡圩等地。1929年，改市、乡为区，埠子市属宿迁第五区。1933年，宿迁并十区为八区，埠子为第四区。抗日战争和解放战争时期，埠子属淮北泗宿县。1945年，称泗宿县埠子市。1948年，划为泗宿县埠子区。

1949年，泗宿县裁撤，埠子遂改为宿迁县埠子区，原所属双蔡圩以南地区划归泗洪县。后改埠子乡、埠子人民公社。1957年以前，埠子非乡镇级行政机构，为“区”行政机构，其辖域范围包括今埠子镇、龙河镇、三棵树街道等地区。1957年1月，撤区并乡，埠子镇版图始建，是由当时的埠子镇以及佟圩乡、陈集乡、靳桥乡等乡的一部分组成的。

1958年9月，改为埠子人民公社。1982年，公社驻埠子，所辖19个大队，157个生产队，116个自然村庄，共3.9万人。19个大队分别是街北、西门、街南、靳桥、陈林、蔡破圩（后称破圩）、下庄、西官庄、陈集、肖桥、古庄、新发、三叶、杨垣（或称杨元）、杜楼、渠北、大西、祠堂以及埠子农科站，其中街北、街南、陈林、蔡破圩、西官庄、祠堂大队曾易名为街东、街西、靳北、苗圃、官庄、先进大队。1983 年，复名埠子乡。1987 年 2 月，撤乡建镇。镇政府驻街北、街南、西门 3 个村交界处。1990 年年底，全镇有 9802 户、45516 人。

1996 年之前，属县级宿迁市管辖，1996 年，成立地级宿迁市后，划归宿豫县管辖。1999 年，埠子下辖 19 个行政村，分别是街北、街南、西门、靳桥、陈林、破圩、下庄（后称夏庄）、西官庄（后称官庄）、陈集、肖桥、古庄、三叶、新发、杨元、杜楼、渠北、大西、祠堂、良种场。2000 年，宿豫县蚕种场（原称桑苗圃）划入埠子镇管辖，该场下辖 1 个行政村——蚕桑村。2001 年，行政村居调整，由 20 个行政村撤销整合为 12 个。2004 年，埠子社区析出 3 个社区，分别为街北、街南、西门。

2004 年 2 月，划归宿城区管辖，辖 4 个居民委员会、12 个村民委员会。2010 年，全镇总面积 52.43 平方千米，其中耕地面积 4.3 万亩。下辖肖桥、蚕桑、古庄、新发、杨垣、杜楼、大西、祠堂、破圩、夏庄、官庄和陈集 12 个村，靳桥、街南、街北和西门 4 个居委会，168 个村民小组，年末总人口 5.3 万人，其中镇区人口 1.1 万人。2013 年 12 月，靳桥、祠堂、陈林 3 个村居托管给龙河新城，托管前镇域面积 54 平方千米，总人口 6.3 万人，16 个行政村，4 个自然村。2016 年，全镇总面积 46.3 平方千米，其中耕地面积 3.9 万亩。下辖肖桥、蚕桑、古庄、新发、杨元、杜楼、大西、破圩、夏庄、官庄和陈集 11 个行政村，三叶、渠北、农科 3 个自然村，街南、街北、西门 3 个居委会，140 个村民小组，年末，总人口 4.86 万人，其中镇区人口 1.8 万人。

2022 年，埠子镇下辖街北、街南、西门 3 个居民社区，蚕桑、陈集、大西、杜楼、古庄、官庄、破圩、夏庄、肖桥、新发、杨元 11 个行政村。

耿车镇

传说，该地以前有一位姓耿的人，家中有大车屋，供来往行人驻足休息。久而久之，人们就把这个地方称作耿车。

清代，耿车集市属孝义乡。1912 年，辖区属埠子市。1949 年，为杨集区耿车乡。1956 年，为耿车区耿车乡。1957 年，耿车乡、永顺乡、树仁乡组成耿车乡。1958 年，改耿车公社。1984 年，复置耿车乡。1987 年，建耿车镇；同年，因宿迁撤县建市（县级），故耿车属宿迁市（县级）。1996 年，因地级宿迁市成立，原宿迁市（县级）划为宿城区和宿豫县，耿车镇属宿豫县。辖耿车、新华、红卫、湖稍、新刘、叶苌、徐扬、花厅、梨园、徐张、双赵、渠东、赵庄、韦庄、五星、三义、付圩、黄店、大众，共计 19 个行政村，人口 4.6 万。2001 年，对 2500 人以下的行政村进行合并，由 19 个行政村减少为 12 个行政村居。2003 年，耿车镇的赵庄村、梨园村、徐圩村被划归附近其他乡镇（街道）。

2004 年，宿豫撤县建区，并将其原所辖的耿车镇等 7 个乡镇划归宿城区。2020 年，撤销新华社区、湖稍村，设立白鹿湖村，以原新华社区、湖稍村行政区域为白鹿湖村的行政区域。2021 年 10 月，耿车镇辖 1 个社区、7 个行政村。

耿车镇刘圩村新貌

2022 年，耿车镇辖耿车居委会 1 个社区，红卫、五星、三义、大众、刘圩、大同、白鹿湖 7 个行政村。镇域面积 35.01 平方千米，总人口为 3.66 万。

蔡集镇

明崇祯十三年（1640年），蔡统宣兴集建市，名称蔡集。清乾隆三年（1738年），为五图。咸丰元年（1851年），因废黄河决口，造成水患，集市贸易从蔡老庄迁至义勇圩（距蔡集东北0.5千米，即现址）。民国初期，行政区划为六市，曰义勇。1927年，国民革命军北伐后，属淮阴行政督察区。1929年，改为第七区，1933年，改为第一区，区政府在义勇镇。

中华人民共和国成立后，设蔡集乡，隶属杨集区。1956年，属耿车区。1957年，撤区，由蔡集乡、杨集乡组建蔡集乡。1958年，改为蔡集人民公社，辖东风、火箭、劳动、永联、民主、上游、红光7个大队。1961年，东风分为张庄、孟湖；上游分漏河、牛角；劳动分杨集、施圩；永联改蔡集；火箭改樊湾；民主改田洼、红光改徐洼。辖蔡集、徐洼、杨集、樊湾、孟湖、漏河、牛角、田洼、施圩、张庄等10个大队。1980年，从蔡集大队分出渠南大队（后更名集南），从徐洼大队分出农科站（周油坊大队），从樊湾大队分出闸口大队，从孟湖大队分出朱李大队，从杨集大队分出刘庄、王庄大队，从田洼大队分出王马路、吴楼大队，共18个大队。1983年，人民公社恢复乡制，大队更名为村。1995年12月，蔡集撤乡建镇，镇政府驻蔡集，隶属宿迁市（县级）。

1996年7月，隶属宿迁市宿豫县，辖蔡集、集南、徐洼、周油坊、小刘庄、大王庄、杨集、施圩、闸口、樊湾、朱李、孟湖、张庄、漏河、牛角、田洼、王马路、吴楼18个行政村。1998年，蔡集、集南、闸口改建居委会。2000年，闸口居委会合并樊湾村为樊湾居委会，周油坊村合并集南居委会为集南居委会，田洼、王马路、吴楼3个村并为田洼村，朱李村合并孟湖村为朱李村；张庄村更名为张油坊村，大王庄村更名为王庄村，小刘庄村更名为刘庄村。2001年7月，按照区委、区政府实行村级区划分调整后，辖蔡集、集南、樊湾3个居委会和徐洼、杨集、朱李、张油坊、漏河、牛角、田洼、施圩、刘庄、王庄10个行政村。2004年2月，隶属宿迁市宿豫区。

2013年6月，宿迁市委决定将宿豫区蔡集镇划入宿迁市宿城区托管。2017年7月，为进一步规范蔡集镇各村（居）名称，经镇政府研究同意，将全镇13个村（居）名称统一命名为蔡集社区居民委员会、集南居民委员会、樊湾居民委员会、漏河居民委员会、牛角居民委员会、徐洼村民委员会、刘庄村民委员会、王庄村民委员会、施圩村民委员会、杨集村民委员会、朱李村民委员会、张油坊村民委员会、田洼村民委员会。

2021年3月2日，根据《省政府关于同意变更宿迁市宿城区宿豫区和沭阳县部分行政区划的批复（苏政复〔2021〕16号）》同意将宿豫区蔡集镇划归宿城区管辖。蔡集镇下辖共13个村居、124个村民小组，常住人口超7万人，其中户籍人口46624人。蔡集镇辖1个现代农业产业园（蔡集镇古黄河现代农业产业园）、1个工业区（蔡集镇工业园区）、13个村居委员会（5个社区居民委员会和8个村民委员会），分别为蔡集社区居民委员会、集南社区居民委员会、樊湾社区居民委员会、漏河社区居民委员会、牛角社区居民委员会、徐洼村民委员会、刘庄村民委员会、王庄村民委员会、施圩村民委员会、杨集村民委员会、朱李村民委员会、张油坊村民委员会、田洼村民委员会。

2022年，蔡集镇辖蔡集1个社区居民委员会，集南、樊湾、漏河、牛角4个居委会，徐洼、刘庄、杨集、大王庄、施圩、朱李、张油坊、田洼8个村委会。

中扬镇

中扬，原名中央庄。清光绪十四年（1888年），陈寿鹏兴集，取“央”字的谐音“扬”字，称为中扬庄，后称中扬。

民国初，属泗阳县临河市。1940年，为中陈区。1943年，改为中扬区。1948年，中扬二次解放，属中扬区，后属淮泗县。

1949年11月，划归泗阳县。设中扬区人民政府。辖中扬、范集、熊楼、耿桥、营门、共和、唐莫、闸河、五昌、岭桥10个乡。1957年12月，撤区建乡，设中扬乡。1958年9月，设中扬人民公社。1960年2月，撤销姚圩公社，原姚圩人民公社的高圩、岭桥、许码、五昌4个大队划入中扬人民公社。1963 年年初，泗阳县区划 11 个区及 4 个县属公社，中扬公社属临河区管辖。1970 年，恢复中扬人民公社。1983 年 6 月，复置中扬乡。

1996 年，随泗阳县划入宿迁市管辖。1999 年，中扬乡下辖中扬、毛集、耿东、耿西、毛庄、滑圩、唐庄、莫圩、南张圩、李宅、王宅、程宅、范集、范庄、槽坊、高圩、刘范庄、蒋宅、熊楼、饭棚、双河、闸河、傅庙、肖河、吴圩、南庄滩 26 个行政村。2000 年 5 月，泗阳县林柴场并入中扬乡，辖 30 个行政村和 1 个林柴场。2000 年 7 月，撤乡设镇。2001 年 6 月，调整村区划，全镇辖付庙、饭棚、熊楼、毛集、耿桥、唐莫、程庄、蒋刘、岭桥、二里 10 个村委会，中扬、南张圩、范集 3 个居委会，1 个林柴场。

2004 年 2 月，中扬镇划入宿城区，辖付庙、饭棚、毛集、耿桥、程庄、蒋刘、熊楼、二里、岭桥 10 个村，中扬、南张圩、范集 3 个居委会，1 个林柴场，共 207 个村民小组，11043 户，5.2 万人。

2022 年，中扬镇下辖中扬、南张圩、范集 3 个居民社区，傅庙、饭棚、毛集、唐莫、耿桥、程庄、蒋刘、熊楼、二里、岭桥 10 个行政村，1 个林柴场，人口 6.7 万人，全镇面积 142.1 平方千米，其中耕地面积 6544 公顷、水域面积 8334 公顷。

陈集镇

清代陈姓在此兴集，得名陈集。

清代，属桃源县陆城乡。抗日战争期间，属淮北泗宿县金镇区鲍河乡，后属泗阳县。中华人民共和国成立前期泗洪建县，鲍河乡归泗洪县，属安徽省。1955 年，随县划入江苏省，由淮阴地区管辖。1957 年，撤区并乡，金锁镇以北的红庙、龙潭、河东、陆圩、陈集、伏尧、鲍河 7 个小乡合并设陈集乡。1958 年成立陈集人民公社。1984 年 5 月，恢复乡村建制，陈集人民公社改为陈集乡；11 月，因原淮阴市有几个乡与陈集乡同名，经淮阴专区行署批准，将陈集乡更名为西陈集乡。

1999 年，西陈集乡下辖陈集，庙庄、王庄、仓圩、毕圩、鲍河、闸塘、曹桥、红庙、徐园、捐元、夏圩、龙潭、陈中、五堡、河东、伏尧、旗杆、仓王、陆圩 20 个行政村。2000 年 8 月，经省政府批准，撤乡建镇，更名为陈集镇。2001 年，红庙、闸口 2 个村析出，纳入洋河镇，并将其余行政村调整为 15 个行政村。

2004 年 2 月，行政区划调整，陈集镇划入宿城区。2005 年，全镇辖 22 个村，240 个村民小组。2006 年 5 月，拦马村划入洋河镇。2016 年，全镇辖龙潭、庙庄、陈中、五堡、河东、王庄、鲍河、徐元、陈集、仓圩、伏尧、闸塘、夏圩、旗杆、仓王、陆圩 16 个村（居），212 个村民小组。

2022 年，陈集镇下辖陈集 1 个居民社区和王庄、庙庄、仓圩、陆圩、闸塘、鲍河、徐元、龙谭、陈中、五堡、河东、伏尧、旗杆、仓王 14 个行政村。

屠园镇

明末清初屠姓来此落户种园，故名。

清代，属桃源县陆城乡。1912 年，属洋河市。解放战争时期，属泗阳县民主政权屠园区。1950 年 7 月，增置屠园区，辖屠园、旱李、冯桥、姜圩、要道、张稿、盛河、河西、胡庙、卓码、三张、古城乡。1954 年 9 月，机构缩编，撤销屠园区。1957 年，屠园乡、冯桥乡、张稿乡、盛河乡、要道乡、姜圩乡、曹李乡等合并为屠园乡。1958 年 9 月，称屠园人民公社，简称屠园公社。1982 年，下辖 24 个大队，分别是屠园、盛庄、农科站、五七猪场、前行、二庄、冯桥、沙圩、西俞、周石、解放、张稿、宋坝、谢庄、盛河、大王、要道、桃园、陈海、中楼、王洼、徐墩、姜圩、周力。1983 年，复名屠园乡，下设屠园、农林、盛庄、前行、二庄、冯桥、沙圩、西俞、周石、解放、张稿、宋坝、谢庄、盛河、大王、要道、桃园、陈海、中楼、王洼、徐墩、姜圩、周力 23 个行政村和屠园农科站。

2000 年 5 月，前行、冯桥、解放、沙圩、西俞、二庄、周石 7 个村划归洋河镇管理。2001 年 6 月，村居合并，调整为 11 个行政村居。

2004 年 2 月，行政区划变更，屠园乡由泗阳县调整至宿迁市宿城区管辖。2014 年，新路村、中楼村、陈海村从农村棚户区集体搬迁到镇区居住，并命名为古河社区。2016 年，屠园乡下辖古山河 1 个居委会和合兴、张稿、盛河、谢庄、新路、中楼、陈海、徐墩、要道、大王 10 个村，146 个村民小组。2021 年 3 月，撤销屠园乡，设立屠园镇。

2022 年，屠园镇下辖古山河 1 个居民社区和张稿、要道、谢庄、盛河、大王、古河 6 个行政村，总面积 62.98 平方千米，户籍人口 4.2 万。

幸福街道

明万历四年（1576 年），喻文伟迁宿迁县城至城北 2 里马陵山南麓。明末，宿迁县域内为 5 隅 5 乡 23 社 9 镇（集），城区为中隅。清代初沿明制。康熙间，改社为里，亦称图。原 5 隅为 5 里（图）。1912 年，县城内外及近郊地区为城厢市。1929 年，改为第一区。1945 年 9 月，中共军队第一次解放县城为泗宿县宿迁市。1947 年 4 月，并 8 区为 4 大区后为宿西区。1948 年 7 月，中国共产党第二次解放县城，恢复宿迁市建制，改属江淮二分区直辖市。

1949 年 5 月，宿迁市与宿迁县合并，宿迁市改名宿城区。1954 年，宿城区并 6 镇为 3 个街道办事处：永阳、北关、东大。1956 年 7 月，宿城改区为镇，设立中山、永阳、南关、北关、马陵、东关、平民、东大居民委员会和项里、釜山 2 个乡组成的 3 个高级农业社（项里和幸福一社、幸福二社）。1958—1959 年，宿城与井头合并为霸王人民公社，辖城内北关、东大、永阳 3 个分社和城外幸福、城西、敦吴、小墩、井头、陆庄、古城、十番、霸王、古北、闸东、矿山 12 个大队。1963 年，恢复宿城镇，废除 3 个分社，恢复中山、永阳、南关、北关、马陵、凤凰、新盛（平民改）、东大、关口 9 个居委会和城南（原霸王大队）、矿山 2 个大队。1981 年，建城北居民委员会，改“五七”农场为黄河农场，并以矿山、关口部分地区建城东居民委员会。1983 年，大队改为村。1987 年，运河以东的顺河、雨露，黄河以西的古城、古北、城西、西郊和傅庄、幸福、半窑9个村划归宿城镇。1996年，设立地级宿迁市，属宿城区，仍称宿城镇。

2000年5月26日，撤销宿城镇，设立幸福、项里、古城、河滨4个街道办事处。幸福街道办事处下辖幸福、矿山、马陵、中山、东大、新盛、北关、凤凰、城北、城东10个居民委员会。2001年6月，宿城区实施幸福街道辖区整合，合并马陵、中山为马陵社区居民委员会，新盛、北关为新盛社区居民委员会，凤凰、城北为凤凰社区居民委员会。整合后辖幸福、矿山、马陵、东大、新盛、凤凰、城东7个社区居民委员会。

2013年10月，宿城区实施幸福街道、项里街道相关居委会区划调整，黄运路北侧项里、永阳社区部分划归幸福街道，黄运路南侧幸福城东部分划归项里街道，并将幸福居委会分划为幸福、阅湖2个社区居民委员会，将矿山、凤凰2个居委会划分为矿山、凤凰、上城3个社区居民委员会。

2022年，幸福街道辖幸福、矿山、马陵、东大、新盛、凤凰、城东、上城、阅湖9个社区居民委员会。常住人口6.23万人。

项里街道

项里街道得名于西楚霸王项羽出生于域内梧桐巷，取项羽故里之意。

1996年7月，设立地级宿迁市，项里街道属宿城区。城南大队、黄河农场分别更名为项里居委会、黄河居委会。2000年5月，成立项里街道党工委、项里街道办事处，由原宿城镇永阳居委会、南关居委会、关口居委会、项里居委会、黄河居委会、付庄居委会和原果园乡合并成立的街道。原果园乡朱闸村、申徐村、三场村、渔汪村、果树试验场（托管在果园乡）区划至项里街道。是年，项里街道办事处辖5个城市居民委员会、5个城郊农业村民委员会、1个果树试验场。

2001年，5个城郊农业村实施整合，朱闸村、申徐村合并为十番居民委员会，三场村、渔汪村合并为果园居民委员会。2002年5月，原宿豫区三棵树乡联合村（朱黄村、陈庄村、酒店村合并）、黄河村（刘桥村、张庙村合并）划转到项里街道；10 月，联合村更名为红星村，黄河村更名为双河村。2007 年，红星村更名为红星居民委员会，双河村更名为双河居民委员会。2015 年，项里街道办事处下辖 10 个居民委员会、1 个果树试验场。

2022 年，项里街道辖果园、十番、南关、永阳、黄河、项里、关口、付庄、双河、红星 10 个居民委员会。

古城街道

古城街道因辖区内有秦时下相古城遗址得名。

1949 年，为古城区。1954 年，撤销。1950—1956 年，古城、古北、城西先后成立初级社、高级社，属古城乡管辖。1956 年 5 月，古城乡撤销，并入双庄乡管辖。1958 年 6 月，成立人民公社，将高级社改为大队，命名为古城大队、古北大队、城西大队。1960 年 3 月，古城大队、古北大队划入新成立的霸王人民公社管辖，城西大队划入中国农业科学院甘薯研究所管辖，更名为甘薯研究所试验场。1963 年 12 月，甘薯研究所迁入

古城街道辖区

徐州，试验场撤销。1964 年 1 月，恢复城西大队，划入霸王人民公社管辖。1964 年 8 月，霸王人民公社撤销，古城大队、古北大队、城西大队划入井头人民公社管辖。1980 年 12 月，城西大队分为城西、西郊 2 个大队。1983 年 4 月，井头人民公社更名为井头乡，4 个大队分别更名为古城村、古北村、城西村、西郊村。

1987 年 2 月，区划调整，4 个村划入宿城镇管辖。1998 年 3 月，城西村更名为楚苑居委会，西郊村更名为新苑居委会。2000 年 5 月，宿城区实施新一轮区划调整，撤销宿城镇，设立 4 个街道办事处，古城街道在原宿城镇的楚苑居委会、新苑居委会、古城村、古北村和双庄镇的道口村、魏井村的基础上组建而成；7 月，古城村、道口村、魏井村整编制地划入宿迁市经济技术开发区管辖。2000 年 9 月，古北村更名为府前居委会。2013 年 8 月，区政府对 4 个街道社区布局优化调整，古城街道由 3 个居委会调整为 5 个社区居委会，原楚苑居委会分设为楚苑社区居委会和富康社区居委会，府前居委会分设为府前社区居委会和项王社区居委会，新苑社区居委会的区域范围进行微调。

2022 年，古城街道辖楚苑、新苑、府前、富康、项王 5 个社区居委会，楚街、宝龙 24 街 2 个街区，辖区内共有商、居小区 35 个。

河滨街道

河滨街道因紧邻古黄河与京杭大运河得名。

1996 年，地级宿迁市设立后，原县级宿迁市原种场划归宿城区管辖，辖石篓、药材、篓前 3 个行政村。2000 年 5 月，宿城区实施区划调整，撤销原种场建制，设立河滨街道办事处。将原宿城镇的河滨、府苑 2 个居委会和半窑村及原种场的石篓、篓前、药材 3 个行政村划归河滨街道所辖。2001 年 6 月，经宿城区人民政府同意，街道对部分居委会的区域进行调整，撤销篓前村，将篓前与石篓居委会合并，名称为石篓居委会。8 月，经区政府批准，撤销府苑居委会，将其并入河滨居委会。2013 年 9 月，经区政府关于同意 4 个街道社区布局优化调整的批复批准，将原河滨社区居委会拆分为府苑、河滨 2 个社区居委会。2015 年，河滨街道辖河滨、府苑、半窑、石篓、药材 5 个社区。

2022 年，河滨街道辖石篓、药材、半窑、河滨、府苑 5 个社区居委会。行政区域面积 13 平方千米，常住人口约 4.1 万人，共有 9 个居民小区。

双庄街道

民国时期海郑公路（今徐淮公路）西侧有臧姓、史姓 2 个村庄，后群居连成一庄，遂名双庄。

1949 年 10 月，属古城区。1954 年 7 月，撤销古城区，改属杨集区。1956 年，改属耿车区。1957 年 1 月，白堡、新民、树仁等乡的部分村庄并为古城乡。1958 年 7 月，改为古城人民公社。1964 年，改为双庄人民公社。1982 年，辖 15 个大队，122 个生产队，102 个自然村，2.8 万人。1983 年，改为双庄乡。1990 年，辖 15 个村委会，123 个村民小组，乡人民政府驻双庄村，全乡有 6687 户、33567 人。

2000 年 5 月 26 日，区划调整，支口、双庄 2 个乡合并为双庄镇，镇政府驻董坝村。双庄镇总面积为 58.88 平方千米，总人口 4.61 万人。2002 年 6 月，朱圩、梨园、前庵 3 个居委会划归宿迁市经济技术开发区。7 月，魏井居委会由宿迁市经济技术开发区划入双庄镇。2011 年，全镇总户数 7428 户，总人口 3.53 万人。2013 年，全镇总户数为 8824 户，总人口 3.59 万人。

2015 年，双庄镇辖双庄、靳塘、牌坊、魏井、陆刘、探楚、康堡、董坝、支口 10 个居委会，镇域面积 41.78 平方千米，常住人口数约 5.86 万人，总户数为 13882 户。

2017 年，撤销双庄镇，分设双庄、支口 2 个街道，以原双庄镇的靳塘、白堡、魏井、牌坊、双庄 5 个居民社区为双庄街道行政区域。2022 年，双庄街道辖白堡、双庄、魏井、牌坊、曙光、靳塘 6 个社区居委会。

支口街道

因原支口乡政府驻原支口村境内得名。支口原为支河口，系清朝康熙年间靳辅开凿，后习惯简称支口。

中华人民共和国成立之初，属皂河区支河乡。1956 年，属耿车区支河乡。1957 年，撤区并乡，由支河乡和晓店区河北乡组建支口乡。1958 年，称支口人民公社。1959 年，撤销，并入皂河人民公社。1961 年，原种场划入该地，又改成了良种繁育场。1962 年，从皂河公社析出，恢复支口人民公社。1983 年，复乡，称支口乡。1996 年，支口乡辖九龙、康堡、陆刘、董坝、支口、上坝、探楚、岔口，共计 8 个行政村。

2000 年，撤销支口乡、双庄乡，成立双庄镇，以原支口乡、双庄乡行政区域为双庄镇行政区域。2001 年，原 8 个行政村合并为 5 个行政居。2017 年，撤销双庄镇，分设双庄、支口 2 个街道，以原双庄镇的探楚、支口、董坝、陆刘、康堡 5 个居民社区为支口街道行政区域。

2022 年，支口街道辖支口、董坝、陆刘、探楚、康堡 5 个社区居委会。

洋北街道

洋北街道因地处洋河镇之北，故名洋北。

清代属北仁乡，民国初属洋河市，后属第四区，又属第三区。抗日战争和解放战争时期，属泗宿县苏圩区。中华人民共和国成立初，属宿迁县苏圩区。1957 年，撤区并乡，由洋北、镇北、合作、团结、卓码等乡的部分村庄合并成立洋北乡。1958 年，更名为洋北人民公社。1983 年 8 月，复名洋北乡，辖船行、张庄、七里、蔡河、桥北、赵圩、卓码、佘圩、导淮、涧南、下口、老庄、后张圩、罗庄、友爱、徐圩、槐树共 17 个行政村，155 个村民小组。

1996 年 7 月 19 日，地级宿迁市设立，洋北乡隶属宿豫县管辖。2000 年 2 月，撤乡建镇。2004 年 2 月，区划调整，洋北镇划归宿城区管辖。

2011年4月，洋河新城挂牌成立（2013年6月更名为洋河新区），洋北镇的桥北、赵圩、卓码3个村划归洋河新城管辖。2013年11月11日，市委、市政府成立运河宿迁港产业园，洋北镇整体托管，仍属宿城区管辖。2021年3月13日，宿城区部分行政区划调整，撤销洋北镇，设立洋北街道。以原洋北镇的行政区域为洋北街道行政区域。

2022年，洋北街道辖槐树1个社区居委会和罗庄、老庄、下口、涧南、七里、张庄、船行、蔡河、友爱9个村民委员会。区域面积43.85平方千米，人口3万人。

（作者简介：张用贵，宿迁市历史文化研究会理事，宿迁市作家协会会员。参与编纂《酒都宿迁典故》《宿城古黄河》等十多部著作。）

一份洋河镇老地名“档案”，请查阅！

闵强荣

一个老地名，或许承载着一个古老的故事，或许镌刻着一段不平凡的历史。在中国酒都宿迁核心区的洋河镇，老地名就像人们身边的活化石，讲述着人世间的过往。

西门社区

西门、平安是洋河古镇西部两个毗邻的社区，1948 年洋河解放后的几年里，还同属一个“西圩乡”。它们都在“洋河圩”外，村落的名称有相同的特点，如以居民职业命名、以地形命名、以建筑物命名、以姓氏及其他元素命名等。

西门原称西圩，也称西小圩，是在洋河圩外另筑的一个圩。明初，“望之若洋”的白洋河就是从这里流入古黄河，明代诗人邹缉诗中写这里“岸上居人才数家，茅茨深处见桃花。少妇河边汲新水，老翁门前看雏鸭”。那时，这里是白洋河畔的乡村。明清两代，白洋河淤废前后，江南和外省人陆续迁居淮北，这里称为白洋村。20 世纪 80 年代后期，洋河人还以“白洋村”地名申领白酒成品商标，在白酒市场被消费者热捧。

西门社区的地名大多来源于清代的自然聚落。

中家巷

凡到过西门社区的人，就会看到一个非街非路的地方，居民家门上铭牌曾标为“白洋村某号”。据洋河乡贤何永兴先生介绍，它并不是行政村，而是由几十户人家组成的村落名称，是名副其实的村中之“村”。白洋村位于今洋河酒厂旅游区“知味停车”牌坊对面的酒坊路东旁，现在还有十几户人家，称为中家巷。

䴬（chǎi）子营

西门社区有个䴬子营，解放前此处所居人家，多以磨豆䴬子（䴬子是粮食加工成的颗粒，如洋河人常说的“大秫䴬子”）为业，碾碎了的豆䴬子，可用来做糕点或熬粥等。因村庄地势较高，像座磨盘，故称䴬子营。还有一种传说，清朝淮扬右营（又称洋河营）官兵驻扎洋河镇，䴬子营的居民给他们加工军粮，故得此名。

古代洋河镇农民加工豆䴬（绘画）

小月堤

是古时在黄河堤防险工段临河或背河一侧修筑的形似新月的堤，又称圈堤。明代河道总督潘季驯提出：“缕堤之内复筑月堤，盖恐缕堤逼近河流，难免冲决，故欲其遇月即止也。”洋河新区古黄河段月堤随处可见，宿迁被称为月堤的有许多地方。市湖滨新区骆马湖畔洋河滩附近也有月堤；洋河镇的黄桥村、赵圩村和西门社区境内都有称月堤的自然村落，它们是明清时潘季驯、靳辅等河督为使洪水不影响明祖陵或河道安危所筑水利设施的遗存。

武后园

相传明洪武年间，太祖朱元璋推行“洪武赶散”新政，苏州吴江武姓家族因曾资助张士诚，被迫迁徙来洋河镇垦荒。后来武氏在此兴农桑建家园。

苏祠堂

洋河镇苏氏家族规模宏大，其家族渊源主要是从北方京郊燕山一带迁徙而来，另一部分是明朝推行“洪武赶散”时，被迫从江南遣派来苏北垦荒的苏氏富户。苏氏家族首在洋河西小圩门外置地，建立苏家祠堂。每逢节庆，苏家老少，都要进祠堂祭祀先祖，重温家风祖训。

何洼、蝎子洼

何洼由明代万历年间《宿迁县志》编纂者何九州的后人在此居住，因地势低洼，长年积水灾害频发，称何家洼。蝎子洼，紧挨着何家洼北边大路，凤凰河穿越其间，河的对岸有个洼塘外形恰似一条“蝎子”，于是得名。

平安社区

太平市

兴起于清初，繁荣于康乾盛世。咸丰年间为防匪患袭扰，在洋河大圩外又筑太平市圩，圩墙外有圩河，周边是四面环水的街区。

太平市人崇文重教，不论是客籍还是土著，稍有积蓄，一是置办田产，二是让家中子弟入塾读书。民国初年街上就有两家私塾馆，分别由江云彪和尹元松两位先生执教。前街上还建有医馆，被人称“李侉”的山东滕县籍医生李庆云声名远播。

太平市前街

南北走向，北头与中大街打铜巷相连，中间隔着圩河，河上有大圩南门吊桥。这里称为“三步两桥”，来历不得而知。前街的尽头是太平市南门，南门外也有吊桥。太平市南门与中大街南圩门不足千米，南门外可直达通京大道（即徐淮公路）。

太平市后街

西傍明末抗清名将史可法为抵御清兵所开的拦满河。这段河道上筑有五座桥，平均不到200米一座，可见人流稠密。五座桥从北向南以数字命名，依次为一桥、二桥、三桥、四桥、五桥。如今除了三桥，其他四座桥仍在原址。

太平市的前后街的布局建筑多以商铺为主，街依房建，房与街齐，从南到北屋脊相连，店铺林立。各家店铺檐口都出五尺左右厦檐，为行人遮光避雨形成临街长廊。一般都是前店后坊，院落不深，房屋也不大，一色青砖黛瓦构成了街市的整体美。

蒲包庄

地处吕祖庙南首与拦马河西岸第五桥边。当地有个芦苇水荡，水清鱼肥，长满蒲草芦苇，当地人就地取材用蒲草打理成蒲包。蒲包与老百姓日常生活息息相关，捕鱼捞虾、做豆腐、做生意装粮食样样少不了它。他们还用芦苇编织成的柴席、存放粮食的折子送到街上出售，人们便把这里称作蒲包庄。计划经济时代，打席子、打折子是平安的一大产业，半数人家都以此作为家庭副业。

彭家井

清末民初，太平市经商从业者渐多，市场繁荣。以宰杀生猪为业的彭贵勤、彭贵珍兄弟诚实守信，生意做得风生水起。二人家中院内有口古井，水质甘洌，水源长年不涸。此井周边还有几户依靠井水生豆芽并上街叫卖为生的摊贩。久而久之人们把这里称作彭家井。

小磨香油

地处拦马河二桥、刘祖庙西边。据洋河乡贤李仰来，清道光年间太平市街上的赵绍斌在此开芝麻油作坊，因他经商诚实厚道讲信誉，严守古法工艺从不掺杂使假，赵家的小磨香油远近驰名，后来人们把这里就称为小磨香油。

茶庵

清代，拦马河第五桥东边有座尼姑庵。庵内修行的尼姑心善，看到路上引车卖浆者为了谋生奔波劳碌，就免费为他们提供茶水，于是，人们便把此庵称为茶庵庙。

农业合作化时期，太平市及周围村落组建高级社，取太平市的“平”和茶庵庙的“庵”的谐音“安”字，组成“平安”一词，为高级社命名，后称平安大队，“平安”作为村级组织名称一直沿用至今。

大圩社区

地处洋河古镇核心区域地段，现在是洋河新区最大的居民社区之一。

大圩的名称来源于洋河镇的“圩”。洋河圩是清代咸丰十年（1860 年）修筑的，“大圩”是相对于洋河其他“圩”而言。除了大圩，洋河还有东圩、西圩和小圩等。

大圩东至双栅栏巷，西至西大圩门（拦满河），南、北至圩河。这里是桃源、宿迁两县白洋河镇最繁华的地段，镇内的中大街店铺林立，商贾云集。沿街两侧有双栅栏巷、财神巷、新集街、当铺巷、晏庙巷、小济堂巷、打铜巷、北滩巷、竹竿巷。

大圩曾经有过两个并列的村居行政组织，即大圩大队和大圩居委会。农业合作化时期，有土地的居民组建了大圩高级农业社，后改为大圩大队。大队以下是生产队，以数字命名，从东到西依次为一、二、三、四、五生产队。没有土地的居民则成了市民，也就是非农业人口，组建成大圩居委会。居委会下属单位是街，也是从东到西依次是新集街、向阳街、兴无街和红旗街（西门的红旗街交大圩居委会代管）。街实际上是居民小组。

直到 2000 年洋河镇行政区划调整，大圩居委会并入大圩村，居民编为大圩六组和七组。

北滩子

是洋河圩西北角的一块洼地。明清时期，有山西客商和当地士绅在这里开设糟坊酿酒，其中罗家糟坊称为北滩糟坊。这个糟坊是洋河酒厂的前身。

北滩巷

是洋河中大街西段北侧最西面的一条巷子，与街南的竹竿巷相对，两巷与中大街十字交叉。它是中大街通往北滩子的通道，现在是洋河酒厂老大门内的厂区主路。

竹竿巷

在中大街西段，是与北滩巷相对的巷子。靠街的北段住户是胡、张、叶、陆等乡绅富户，近圩河的南段住户多为工匠艺人。1920 年，胡明柏从北京大学文学院毕业，人称“胡二先生”，是洋河镇第一位北大毕业生。白酒泰斗梁邦昌的夫人叶秀英家也在竹竿巷。

“文化大革命”时，竹竿巷改称兴无街。

济堂巷

又称小济堂巷，位于洋河中大街西段北侧，与街南的打铜巷相对，是北滩巷东边的一条巷子。巷口东面有小济堂，是清初山西商人为了救助穷人而设立。它免费给逝者提供棺木寿衣，此善举受到人们广泛赞誉。

济堂巷西边是洋河名人薛梦梅的府邸，人称举人府邸。薛梦梅是清末拔贡，北洋政府时任江西省财政厅厅长，国民政府时期为交通部秘书。抗战胜利时，举人府邸是洋河市政府驻地，陈毅元帅曾在这里召开会议。中华人民共和国成立初期，这里是洋河镇人民政府驻地。现在，已建成洋河酒厂贵宾馆。

打铜巷

位于中大街西段街南侧，与街北的小济堂巷相对。相传，一批手艺人聚集在此谋生，所以称为打铜巷。辛亥革命后建立民国，人们把此巷称为大同巷。此巷终点是洋河圩南门。通过圩河吊桥经太平市可以直达通京大道（即徐淮公路）。

现在的酒家路，就是在当年打铜巷的基础上改建的。

当铺巷

位于中大街中段北侧，因洋河首富罗家在此开当铺得名。当年还流传“东当铺、西当铺，东西当铺，当东西”的顺口溜，从侧面反映了富人开当铺，穷人日子难熬典当东西活命的情况。

晏庙巷

在中大街核心地段南侧，与当铺巷相对，一百多米的巷子两边多是大户居民。此巷因向南通往晏公庙而得名。晏庙巷内路面青石板铺筑，经过多年风雨洗礼，如今路面青石板略显斑驳陈旧。巷子深处有口古井，现在的井水依旧清冽甘甜。

财神巷

位于中大街繁华地段北侧，因巷内的财神阁得名。

旧时，财神阁非常热闹红火。商家正月初一起暂停营业，初四夜三更时分祭祀“财神”，燃放爆竹。祭品有猪、羊、鸡、鹅、鲤鱼五种，猪羊多以头尾代替，鸡鹅鱼必须成双，酒杯要摆五只，敬“五路财神”。正式开业时，对第一位到店的顾客，要呈茶点恭候，买卖不论大小均给予优惠，交易额大的，店主称谢后，还要到财神像前祈祷焚香卜签一年好运。

新集街

地处中大街东段南侧，与财神巷相对。这是洋河唯一称街的巷子。清代，此巷辟为街道，住户开门经商改称新集街。新集街紧挨着草市、猪市，是乡民当年上街赶集的首选之地。

洋河镇人民政府曾驻此街巷内，巷口西侧是洋河镇老人民医院，东侧则是泗阳县公安局洋河派出所。“文化大革命”时，新集街一度改名新华街，不久，恢复原来的名称。

双栅栏巷

与大街十字相交，分为栅栏南巷和栅栏北巷，是桃源、宿迁两县的分界线。

元至正八年（1348 年），朝廷以宿迁县桃源镇析置桃源县，两县分立。那时候，洋河已是大运河上的重要商埠，为了平衡利益，淮安府将洋河一分为二，分属宿迁、桃源两县管辖。

明万历元年（1573 年），白洋河镇发生私移界碑事件，两县诉讼争斗五十年，直到天启七年（1627 年），经淮安知府宋祖舜裁定界址。两县都在属于自己的界址一侧设栅栏，所以，就成了双栅栏。直到洋河解放，双栅栏巷都是泗阳、宿迁两县的界址，以此为界，东边称桃地，西边称宿地。

中华人民共和国成立后，双栅栏巷成了洋河镇大圩和东圩两地的分界线。

船塘

位于中大街中段，原罗家花园北面。它原为借黄行运的一段漕船通道。相传，有艘装满奇珍古玩的船舶行到白洋河镇时，遭遇特大风暴倾覆沉入河底。后来黄河改道，这里却没有淤塞，成为一个深不见底的大水塘，人们称为船塘。船塘之水清澈透底，从不干涸。20 世纪 80 年代，船塘被填平后建成居民区。

圩墙巷

是洋河圩西围墙内的通道巷子，被中大街分成两段，长约 3000 米。

东圩社区

魁楼

魁楼是魁星楼的简称。魁星是我国古代星宿的名称，在神话故事里它主宰文运，在儒士学子心目中，具有至高无上的地位。洋河镇的魁星楼始建于明末，是古镇最高建筑物。

据民国《泗阳县志》记载，魁星楼是明朝末年由邑儒葛应、夏同、夏鹤算、夏则久、夏则大等建立，内置文昌阁三间。整体共有三层，一层为通道，二层会文堂乃莘莘学子开蒙启智的场所；三层为藏经阁、收藏历代名儒经卷画册。魁星楼一直被洋河人视为“精神文化圣土家园”，可惜后来毁于战火。其旧址在洋河镇东圩社区二组。

东校场

洋河镇中大街向东的延伸段为“东小街”，街东有个校军场，人称东校场，是清代洋河营士卒训练的场所。

清乾隆《桃源县志》记载，康熙十六年（1677 年），河道总督驻清江浦，设淮扬河标，其中河标右营（后改称洋河营）设游击一员驻洋河镇，称淮扬河标洋河游击署，统一管辖桃源、宿迁、邳县三地河防。洋河游击署衙门设在洋河中大街与财神巷子交会处，当地人把此衙门叫大老（爷）衙门。

箭道巷

在东圩社区七组，是一条斜巷。东巷口在中大街东大圩门处，出圩门可达东校场。西出口在米市街，是过去洋河游击营官兵的专用道。

准提巷（小楼巷）

地处中大街东段北首，西边毗邻栅栏北巷，因巷因有准提阁而得名。准提阁是佛教寺院，又名准提禅院。早年，阁内供奉准提菩萨和十八罗汉，后因战乱被毁。

准提菩萨又称准胝观音，是佛教观音菩萨的一世化身。每到农历六月十九日，逢观世音菩萨成道日，准提阁都会举行祈福法会，住持法师主持，法会庄严殊胜，十里八乡信众也都欢喜参与。

准提巷临中大街处，有一座跨巷阁楼，人称小楼。巷内住户从楼下通过就到了中大街。

当年，东圩曾有两个并列的基层组织——东圩大队和东圩居民委员会。居委会的居民小组称为街，小楼是其中的一个，称为小楼街。

关口

洋河镇段的古黄河，曾经是漕河（大运河）的一段。明朝末年，朝廷把黄河上征税的钞关从三岔迁到白洋河镇，称为洋河关。洋河关隶属朝廷户部的淮关，在黄河航行的船只要通过此地，须交纳桅税，完税后发给桅封贴在桅杆上，有效期一年。

中运河开通后，黄运分开，船舶多不经过洋河，税关改设在宿迁县城中运河段，称为东关口，洋河关也就退出了历史舞台。人们把洋河关旧址叫为关口，在今东圩村八组的古黄河边。

磕桥口

地处米市街中段今东圩村七组。说起磕桥口的来历，民间传说虽有不同的版本，但都有一个相同的情节，那就是一个底层的穷人，得罪了豪门绅士夏老爷，最后被逼当众在米市街桥头磕头赔礼。自那以后，这座桥被称为磕头桥，桥头路口称为磕桥口。

新南园社区

新南园社区由车站和庄西两个行政村合并组成，通过协商，新的行政村采用庄西村的原名“南园”加上一个“新”字。组成“新南园”一词，作为新的村名。实际上，两个村只是名义上合并，至今仍分开管理。

南园

明清时期，洋河圩外的连片耕地称为园，这里处于桃源县白洋河镇的正南，所以称为南园。南园土地肥沃，村民精于耕作，素有种蔬菜的传统，一直是古镇的“菜篮子”。在泗阳县城厢街道也有个南园，不过此南园是地理史学界大家张相文的故里。

庄西

农业合作化时期，南园农户成立了几个初级社，其中最早的是村庄西头家户成立的叫庄西社。1956 年，南园成立高级社，因与泗阳县城厢的南园重名，经过社员商量，决定用“庄西”作为高级社的名称，称为庄西高级农业合作社。“庄西”一词作为行政村名沿用至今。

车站

清代，白洋河镇南边有一条通京大道，民国成立后，改称海郑公路，开始有汽车运行。1927 年，通京大道初通客车，全路无站。路边店代售客票，旅客露天候车，人们把这里称为车站。

成立高级社的时候，社员公议，命名为车站高级农业合作社，车站地名沿用至今。

米市街

是一条南北走向的大街，北接东西向的中大街，南至通京大道（今徐淮公路），长约 0.7 千米，是桃源县白洋河镇的经济文化中心。明清至民国时期，这条街以稻米、食盐、粗布、日杂货买卖集散地闻名遐迩。

米市街上有许多古建筑，多为昔日商贾大户的宅邸。现在，街上还有竹器作坊、酱园等传统行业。

当年，车站大队和米市居委会都在米市街上。

铁钟地

因曾有一口铁钟而得名。铁钟旁有石马，它们都放置在玉皇阁与鱼篮庵（又称奶奶庙）庙门之间。每逢正月十六、冬至、腊八节，人们都会结伴前来上香祈福。

后来，洋河酒厂扩建，镇里把铁钟地的一部分调整给大圩大队，为五队拆迁的社员建新村，因此《泗阳县地名录》中，把铁钟地作为大圩大队一个自然村名。

朱波

位于洋河镇车站大队二组，现在改造成为洋河酒街。

相传清末民初，从山东曲阜逃荒而来的朱氏四兄弟在此落户谋生。四房头只有一户添丁，其余的都是女娃。无奈只好将汪、杨、徐外姓男丁，招赘作为养老女婿。有人笑称其是“猪一窝”，后来觉得不雅，改称朱波。

昔日的朱波水塘，如今蝶变成洋河酒街

其实，当年这里地势低洼，形成一个大汪，汪边居住的多是姓朱的居民，所以，人们就把它称作朱波了。

（作者简介：闵强荣，洋河新区人，编著有《布衣乡土随笔》，参编《酒镇洋河》《洋河九老诗文选编》《洋河八景诗书画》等著作。）

第三章 老街旧巷

宿迁历史文化街区新盛街溯源

刘云鹤

新盛街是老宿迁至今遗存年代最久远的街道，始建于明朝隆庆年间的新路，万历初期县城北迁后命名新街，后日渐兴盛，清朝初期遂名新盛街。经400多年的历史变迁，如今该街迎来了新生，宿迁市政府已将新盛街改造成为历史文化街区，旧貌换新颜。

一、宿迁地理形势及新街方位

宿迁地处鲁南丘陵与苏北平原过渡带，丘陵马陵山自北逶迤南下，宿迁境内高程相差60多米。马陵山脊两侧缓缓低下。东侧是浅水湖泊（史载名侍丘湖，清初淤为平地）。西侧濒临南流的古黄河，西北是季节性湖泊（史载名骆马湖）。马陵山尾坡以南是平原地带。这是宿迁自古以来没有大变化的地形地势。

元朝复立的宿迁县治，在今项王故里的南侧，距境内北向的马陵山区的三台山（今国家森林公园）数十里之遥，距马陵山尾坡的荒山野岭仅三四里。因地势较低，屡遭黄河水患。故明朝万历四年（1576年）知县喻文伟将县治北迁至马陵山尾坡，另建县城。万历五年（1577年）《宿迁县志》卷之二记载，县城内外开辟14条街道。即："成平街、宣仁街、聚秀街、云路街、太平街、通云街、永宁街、奠安街、长乐街、三元街、河清街、驻骢街、通岱街、还定街。以上十四街皆万历五年知县喻文伟建。"

该志"旧县治图"（指尚未北迁的位于今项王故里南侧的县治），标有万历年间所建14条街道之外的新街字样。该图左上方的山脊上标有"玉虚观"三字，其位置即今宿城区的老城区马陵公园宿北大战马陵山革命烈士纪念塔基座。图中部上方的长方形线框里标记新街二字，其在山脊玉虚观的东南方位，与新县城东北隅直街即今新盛街址正吻合。这说明新街是新盛街的前身无疑！

二、新街始建于明隆庆年间

明朝万历五年（1577 年）《宿迁县志》“街市”条记载：“新街，知县宋伯华建。”查该志《秩官志》“县秩官表宦迹”中云：“宋伯华，山东益都（今青州市，潍坊市代管）人，由进士隆庆二年任本县知县。性禀谆谨，政令宽和。不剥民以奉上”“不依法而凌下”“清苦之操可以孚神明，仁厚之化业以致祥瑞。诚万姓之父母，一代之良吏也”。言简意赅，从中可窥其“裕国安民”之宦迹。

明穆宗朱载垕年号隆庆，在位仅六年。隆庆二年（1568 年）宋伯华任宿迁县知县，万历元年（1573 年）升职。次年江西南昌人喻文伟接任。宋伯华在职五六年，为宿迁施行诸多善政。他“升职方近三年，而宿之士民去后常见思，立石以昭永久”。恳请当年县学训导陈鸣凤作《宋侯去思碑记》。

据万历《宿迁县志》“学秩官表”记载：“训导，陈鸣凤，浙江永嘉（今温州市下辖县）人。由岁贡问学弘硕，丰神潇洒，风流儒雅，一时所未睹也。”他于隆庆元年（1567 年）任宿迁县训导，万历年间仍在职，对知县宋伯华“知最悉”。他“素慕侯（宋伯华）之德宿风之厚”，欣然命笔。

《宋侯去思碑记》千余字，概括了知县宋伯华“初下车即以学校为首务，考校之余，知诸士中有贫不能自给者，思有以赈之”，拨“响场地”“永为学田”。修校舍，养寒士。隆庆五年（1571 年）间，“修河岸有得钱若干万献县”之事，即修黄河堤岸时，民工挖到钱币石方之多，全部献于县府。知县宋伯华悉数用于本县“修学”“自文庙以至室古，焕然一新”，余作其他公用。倡导“士知礼”“民向义”“俗还淳”。其善政他如“赈灾伤”“慰烈女”“减逋负”“迁水次之仓”“开湖沟以备旱潦”“助河工以资转漕”“筑新路以便民”。“廉明”“宽信”，可谓政绩卓著！

其中“筑新路以便民”句，印证了县志所载“新路，知县宋伯华建”。可知早在隆庆年间，原县城北郊马陵山东侧与侍丘湖之间已经开辟了新路。此无形之中为继任知县喻文伟将县城北迁予以启发。万历五年（1577 年）《宿迁县志》将新路命名为新街，迎来了新的发展机遇。

三、新盛街的兴盛与衰败

伴随着新县城内外开辟的 14 条街道，新街建房首先是周聚源糟坊。该糟坊主人周侃，是明朝嘉靖年间从苏州举家迁移到宿迁县城（今项王故里南侧）谋生的。曾在一山西人开的聚源糟坊打工，多年后将该糟坊盘下为己有，更该糟坊名为周聚源糟坊。其家族亦从苏州迁居宿迁县城经营酿酒行业，生意蒸蒸日上。万历二年（1574 年）遂入了宿迁籍（据《周氏宗谱》）。越二年，随县城北迁至新街，乃另建周聚源糟坊。糟坊三进院落，分别为作坊、库房、晒场。随后又北隔一邻家建周家大院，作家族居所。该糟坊所酿之酒淳美声誉远播，周侃侄儿周惟贤是著名酿酒师，后至京城任光禄寺署丞，主管大内酿酒事宜。万历《淮安府志》载“淮酒乃天下之名品也”。淮酒实为淮安府辖宿迁县城周聚源糟坊所酿之酒。至有清一代，周氏糟坊垄断宿迁县城，远销大江南北。县辖洋河镇广泉泰罗氏糟坊（今洋河酒厂前身），不敢望周聚源糟坊项背。

清朝康熙年间开凿中河（今京杭运河宿迁段），给新盛街等街道带来生机。新盛街北端西旁的天后宫（妈祖庙，俗称娘娘庙）应运而生。天后宫南北两进院落。南院东侧临街建大门，门旁植两棵椿树。院内大门南旁建面西戏台一座，后墙紧靠新盛街西。南侧、西侧建房数间。院内植两棵银杏树。北侧朝南建前殿，铺设绿琉璃瓦葫芦顶。北院建正殿，铺设黄琉璃瓦葫芦顶。两侧建东、西厢房数间。其壮观规模堪与皂河镇乾隆行宫不相伯仲。至清末，闽商福建会馆设于天后宫南院头进院落。官商人等多会于此。

清顺治《世祖实录》记载：淮徐兵备道经整饬为“宿迁兵备道，顺治元年九月置，初驻宿迁，旋移徐州”。清康熙《圣祖实录》记载：“分巡淮徐道……康熙十七年正月，迁驻宿迁县”。清乾隆《江南通志·舆地志》记载“宿虹河务同知署在宿迁县”。以上三处史料所载朝廷派出至宿迁的官衙，其具体方位无从考定。但联系明末至清前期百多年来，宿迁县城内外建造诸多街道中，具备再建官衙条件者，唯有新盛街是最佳选址。

清康熙年间在朝廷做过翰林院侍读、著名诗人书法家徐用锡别墅，就在城隍行宫西南旁草园拐（后世改为徐氏宗祠）。清道光年间誉满大江南北著名藏书家、著作家王相，在自己诗文序跋中，曾写到他出生在宿迁县新盛街（晚年移居县城内云路街即富贵街）。王相的外甥钱侍辰家族也居住新盛街。此外还有一些政客、文人或定居或寓居于此。

新盛街两端建有防土匪骚扰的木桩栅栏。南北长距 276 米（住户叶波涛老先生曾两次亲自丈量核实过）。该街南端在路西清节堂门旁路口。南接清节堂南巷。东往吴先生大汪。西往老猪市东大街。北端路口往北通火神楼凤凰墩。在东通下街，沿途有福寿堂（回民王氏家）三官庙，直达东圩沟及运河西岸。往西通保婴堂灶君庙敕封显佑伯行宫（城隍行宫）、演武场（校军场），直达敕赐极乐律院（极乐庵）、马陵山玉虚观。该街风貌独特，四通八达，优势为其他街道所不能比肩，集政治、经济、宗教、文化为一体，可以看作是穿越历史文化时空的老宿迁缩影。

随着国运衰弱，新盛街逐渐式微。清末民初周聚源糟坊遭土匪两次抢劫，元气大伤，濒临倒闭。天后宫也烟火断绝，门庭冷落。加之战乱频仍，新盛街沦落为一般民居街道。新中国成立以后，由于人们缺乏历史文物保护意识，天后宫两座壮观的宫殿等设施，也没能保留下来。因城市建设需要，新盛街南段也为新建的市府东路所取代。至地级宿迁市成立，新盛街仅剩余北段了。

四、历史文化街区新盛街的复兴

地级宿迁市成立以来，随着城市建设规模的日益扩大和经济社会发展，宿城区的老城区遗存的新盛街北段，面临何去何从的命运。2014 年下半年之后的几年， 曾一度出现拆旧建新的动议并启动前期的相关工作。为慎重起见，时任宿城区委主要领导安排区委宣传部部长牵头，邀请部分文史方面的专家组成调研组，对新盛街的历史文化遗存进行比较详尽的考察，并专门到外地学习取经，撰写了《新盛街历史文化街区保护性开发调研报告》上报。市有关领导从善如流，经过慎重研究，对原有方案进行了科学论证和优化调整。

2021 年 1 月，新盛街历史文化街区保护项目被列为年度中心城市建设重点工程项目。在街区周聚源糟坊遗址、天后宫遗址幸存的一棵 250 年树龄大椿树等基础上，拓展囊括西邻的灶君庙、念念大楼、卓家大院、敕封显佑伯行宫、 敕赐极乐律院等明、清、民国初期建筑遗存，并新建祈福楼、集贤阁等仿古建筑民居。对老街区进行现代元素的更新改造，提升街区颜值，实现历史价值和现代价值的融合，形成“两纵两横七巷”的格局。该街区改建历时两年完工，于 2023 年 1 月开街，揭开了新盛街新的一页，成为跨越不同时空的生命印记。继项王故里、乾隆行宫之后，又增添新的历史文化旅游景区。

新盛街历史文化街区的保护开发，是功德无量、惠及子孙、利在千秋的好事。目前，宿迁市地方志办公室已启动编写《历史文化街区·新盛街志》工作，将保存新盛街 400 多年的历史脉络和文化积淀，为宿迁市创建历史文化名城、赓续历史文脉、谱写时代华章，作出不朽的贡献！

（作者简介：刘云鹤，江苏省原县级宿迁市地方志办公室主任，副编审职称，县级《宿迁市志》总纂。）

探寻老沭阳城百年老街旧巷和藏于其中的人间烟火

杨鹤高

沭阳，建县已有两千多年的历史；沭阳城位于沭水之阳而得名。明正德七年（1512 年）始建土城，二十二年（1594 年）建砖城。后多次维修，建承晖门、宣义门、聚奎门、迎董门，四角建敌楼，整个城池蔚为壮观，气宇轩昂。

沭阳城内有一条东西长街，街道名称分为三段，即东关大街、城内大街、西关大街。昔日民众用“东关到西关，十里不转弯”来形容大街之长，而实际算其长度是东自上寺庙起、西至王二庄（今沂河大桥南头以西）。当年大街狭窄，皆青石板铺成。街道两侧是各类店铺、酒肆等，房屋青砖小瓦，有的是砖雕，刻上图案，古色古香，文化气息很浓。

在主街道两侧有许多小街窄巷，这些巷道有的因人而名，有的因事起名，也有的因姓氏、因物冠名。如骡马街因农历四月十二日赛骡马得名，街北端有一大圈门，上方书有“淮海通衢”四个大字。此道路北通海州，南达清江浦，是南北交通要道。“淮海通衢”北头有一驿站，有对联书写在驿站两旁，联曰：“通道轮行商埠外，长途跋涉旅行中。”

老街两侧巷子众多，从东到西有沙家巷、岳家巷，以沙姓、岳姓命名。有澡堂巷，早在 20 世纪 20 年代巷子里有三星池澡堂、第一泉浴室，此巷故称澡堂巷。三星池澡堂的对联为：“石池春暖人宜浴，水阁冬温客更多。”

澡堂巷西边是淮南巷、管钥巷、屠桥巷，据传此巷的桥头住几户杀猪屠，故名屠桥巷。程祠堂巷，在清巨商程震泰家祠堂边上，故名。西边为藕池巷，这里原为藕池沟。郝巷是郝姓绅士族人居住，故称郝巷。紧靠的大元头巷，巷北端是仲氏旺族仲白春家上的坟地和大菜园，坟地上有十三座古墓，今为宿迁市文物保护单位。大菜园有半个体育场大，民众称大园，这条巷子便称为大元（园）头巷。

大元头巷往西为四老巷，清代典狱官人称四老爷，住在此巷，便称四老爷巷、四老巷，巷门有大石龟，传说故事甚多。另外，附近还有山神庙巷、仓房巷等。

县衙西边马巷，因巷内姓马居多而得名。巷内北端有上马石，南头有下马石，石头砌成，共 3 个台阶。日军占领沭阳城期间遭毁。马巷向西有红土庙巷，还有金家巷、洪东巷、洪西巷，城西至宣义门。

东关大街南侧往西有赵家巷、戚家巷、糖坊巷、王家巷、黄元巷、汤家巷，西边有文峰巷和紫阳观巷。紫阳观巷又称紫阳街，相传宋代一张姓道人在此修建紫阳观，后张道人炼丹结束乘鹤而去。当时，紫阳观气势雄伟，威武壮观，此处为沭阳八景之一的“紫阳夕照”，历代文人墨客留下许多诗句。

沭城老街不仅老巷多，而且店铺特别多，特别在明、清时期，这里商贾云集，游客不绝。明万历年间，沭城出现酿酒业，到清代后期，西关有山西人创办承记糟坊，后被程开聚（程震泰）收买。另外，山西人还创办沭泉公糟油坊和钱云惠糟油坊，均在西关。沭阳人在屎河埃开办宝聚元糟坊，在东关有信和裕糟坊，另有许家油坊等。

山西会馆：在城晖门北侧，山西商人创办。大门有对联：“万木逢春生生不已，百川汇海源源而来。”

宝聚缘酒店：临近山西会馆，青砖小瓦，建筑考究，雕刻大门，古朴典雅。大门对联曰：“东不管西不管酒管，乐也罢哀也罢喝罢。”

当铺：清代巨商程开聚（程震泰）开办，坐落在东关大街中段，坐北朝南，三间门面房。大门对联为：“天时地利人和长长久久，德厚信重心诚妥妥安安。”在当铺的二道门上对联曰：“祥信无欺言九鼎，鹏托为重诺千金。”

百货店：位于东关大街，在当铺西侧，货物较多，在沭城老街为大店。大门上的对联为：“货有高低三等价，客无远近一样亲。”

小杂货店：临近百货店，虽名曰小杂货店，但货物杂而全，大大小小，生活用品甚多。其对联是：“勤能立业，和则兴家。”

酱油店：位于东关大街，坐南朝北，经营酱油、醋为主，兼营食盐及火纸等。大门上是魏碑体书写的对联：“金鼎酸咸同嗜好，玉缸滋味强研求。”

震泰布店：位于东关大街西端，坐北朝南，25间门面房，布匹摆放考究，布种齐全，为全城最大布店。大门对联曰：“一片诚心胜似千言万语，三尺柜台紧连万户千家。”

磨坊：位于城晖门北侧，程家大院西北角，对联为：“石齿粼粼星移物换，金粳粒粒粉碎花消。”

棉布店：位于东关大街屎河埃巷东侧，经营棉布、棉花等。大门对联曰：“经纶有绪原同锦，衣被降生总赖棉。”

丝绸店：紧挨棉布店东侧，坐南朝北，货店不大，却很雅致。对联为“丝纶阁下文章静，罗绮丛中花样新。”

到清代和民国时期，沭城老街的各种行业非常多，市场十分繁华。如

沭城老街

粮行、肉行、柴行、鲜鱼行、花果行、铁器行、扎作行、雇衣店、锡箔业、剃头业、挑夫业等应有尽有，遍布沭城老街。

同兴客栈：位于大南门内西城根张伟宗家的后宅，吴印咸故居东边，坐西朝东。房屋不多，供顾客食宿。大门有对联：“草席布衾迎远客，粗茶淡饭款嘉宾。”

沭水风月酒馆：坐落在屠桥巷东侧的东关大街。清乾隆年间，酒馆青砖小瓦，带外檐，门面房前插一面杏黄三角小旗。大门上贴对联为：“入座三杯醉者也，出门一拱歪之乎。”另一旁是酒肆，据传是外地人开办，与沭水风月酒馆竞争，大门上用木料刻上对联：“酿成春夏秋冬酒，醉倒东西南北客。”

醉八仙酒楼：位于东关大街与骡马街相交的迎恩桥北首。这里有东兴河，从沭河东岸的屎河埃流向马厂入港河，向北流入海州入海。康熙八年（1669 年）建醉八仙酒楼，木质两层小楼，大门对联为：“沽酒客来风亦醉，卖花人去路还香。”因小酒楼临河而建，小厅甚雅，所以多有文人墨客来此饮酒，谈诗论文。据说乾隆八年（1743 年）大诗人袁枚任沭阳知县时，曾与沭阳的文人在此饮酒，交谈甚欢。酒楼旁边还办茶馆，茶馆有对联：“凝成黄山雾质，飘出九华露香。”

沭城老街的老店众多，据《江苏老店》一书刊载，沭阳共有两个百年老店。

韩氏牙科：20 世纪，东关大街韩永华、韩永富兄弟二人在扬州投靠亲戚学习牙科技术，回来后在西关大街开办韩氏牙科。今沭城的韩虎牙科、韩惠明牙科皆为韩氏后人开办。

三和药店：又叫三和公，也称孔三和药店。从清末民初到中华人民共和国成立以后，沭阳境内的中药铺众多，如全生堂药店、陇善堂药店、太乙堂药店以及福聚成、同德昌、存仁堂、寿昌隆、俊得堂、春和堂、福元生、青芝堂、崇德堂、同春堂、德元堂、长生堂、爱春堂、同济堂、惠和堂、义生堂、王家药店、三先生药店、健民药店、松茂斋、孙圩中药店等。其中最大的是三和药店，其经营时间长、从业人员多、业务范围广、社会影响大，为沭阳之冠，被誉为“沭阳第一家药店”。

三和药店的老板孔仲庵、孔庆康是河北武安人，经营药材。于清光绪十五年（1889）在沭城东关大街淮南路东侧开办三和药店，坐南朝北。临街七间门面房，正大门上方写“三和药店”楷书店牌，灰底金字。门市有四架大药橱，1600 多只大小药罐药瓶。大院两侧有东西廊房十余间，后面七间正房，共 30 余间，店内人员有 30 余人。民国年间，又在新浦、宿迁开办分店，经营火红。1935 年《新江苏报》载文称三和药店为沭阳六大家中药铺之首。

沭阳城内的庙宇较多。县衙东侧有文庙，庙联为：“发挥七代陶镕万品，经纬三极冠冕百王。”城北有关帝庙，庙联为：“赤面赤心扶赤帝，青灯青史映青天。”县衙后边是城隍庙，庙内有戏台，戏台两则有戏联，是清末沭阳廪生潘进修所撰，戏联为：“人生如戏剧或君或臣或父子或朋友，仔细想来无非是生丑净旦；戏剧似人生有荣有辱有喜怒有贵贱，曲折演出不外乎离合悲欢。”

在沭阳城内，老街上不仅店铺甚多，而且文化教育场所繁荣。演出场所遍布全城，除去城隍庙戏台，还有程家祠堂戏楼、升平舞台、天后宫戏楼、财神庙戏楼、火神庙戏楼、乐天戏院、大众剧场等。这些场所，常年有演出活动，丰富民众的文化生活。

古董店：清末至民国期间共有两个较大的古董店，一是陈四古董店，坐落在东关大街屠桥巷东边，经营各类古董、字画等，并到乡间收购古玩，有时到扬州交易，赚到钱在七雄（官田）农村买地。另一家是杨氏古董店，地址在东关大街东头。中华人民共和国成立以后，古玩收藏家章杰在城晖门（东城门）外摆地摊，经营各种文物，并收购古玩、金石。后来在城内大街中段开办聚宝斋门市，收购经营古玩、钱币古石、字画等，经常到全国各地参观学习并与文物专家学者交流情况，经营不断扩大，成为本地规模最大、文物种类最多的古玩店铺。

鼎仁书店：位于城内大街大元头巷前端。1933 年由文人张棣华创办，经营书籍、文具和报纸。如《申报》《新闻报》《时事新报》和鲁迅、巴金、老舍、冰心、丁玲、郁达夫、郭沫若、张恨水等文化名人传略及他们的著作。每年春节时，鼎仁书店的大门上要贴对联，一年一换，内容更新，如“鼎力如山大，仁心似水平。”“鼎立千秋业，仁义万世基。”“鼎新世界，仁义春秋。”有关抗战的对联如：“鼎力驱倭寇，仁心爱国民。”1939年侵华日军占领沭阳城时，书店遭毁。

怀文书院：始建于清乾隆二十九年（1764年），初名厚邱书院，知县钱如恭建。当时书院建在明伦堂之东，尊经阁为讲堂，两边有忠义、节孝二祠，共20余间。乾隆三十四年（1769年），知县倪学洙修建得到发展。道光十三年（1833年）知县王梦龄移建于县署西北城内后街头，建堂、楼、厅、房共30余间，县试时作考棚。同治年间，知县张兴甲整修。后，知县杨凤朝聘著名学者王诩（举人）主讲书院，培养张庚铭、李映庚等有真才实学人才。光绪二十七年（1901年）扩大书院，三十年（1904年）为公立沭阳县高等小学堂，书院名遂泯。

沭城老街名人宅第较多，影响较大。

程家大院：是清代世商程开聚（程震泰）家大院，前后共五进，厅、堂、厢房、转厢楼等大小房屋数百间，砖雕木雕工艺精细。正大厅悬挂皇帝赐封的“资政大夫”匾额，院中树木花草甚多，院后有花园和祠堂。程开聚经营布业发家，到嘉庆、道光年间有土地1600多顷，海边盐池千余块，另有27爿店分布在沭城、清江浦、海州等地，资产淮北为冠。道光二十一年（1841年）英国侵犯中国，时国库空虚，程开聚捐助军饷20万金，朝廷授予正二品资政大夫。

吕府：坐落在城内大街大元头巷西侧，坐北朝南，三进，府内有厅、堂等，府院后为花园，即现在的城北公园东部，并有吕氏牌坊。吕又祥原为平民，因有真才实学而被时任沭阳知县袁枚举荐出仕，历任同知、县丞等，官至湖南常德知府。其子吕昌际任山西平阳、太原知府。其孙吕士淑任江西吉安府知府。吕氏祖孙数代共有10位知府（州），皆为清官，勤政为民，清正廉洁事迹感人，受到皇帝赐封。吕又祥退休后回沭城，在恩主袁枚资助下建吕府宅第，“吕府”二字为袁枚亲题。

李映庚故居：坐落在西关大街马巷内，坐西朝东，进士李映庚在清末历任天津、永平、大明、正定等知府，以清廉著称。退休时只带回八只书箱，其他钱物皆无。他是中国军乐创始人，曾反对袁世凯称帝复辟。

骡马会：在清代，东关大街一带十分繁华热闹，商贾云集，客人来往不断。大诗人袁枚在乾隆年间任沭阳知县时，曾有“白草黄沙一望宽，最繁华处是东（三）关”的诗句描摹这里的景象。每年农历四月十二日这天逢骡马会，山东、海州、淮阴、宿迁、邳州以及镇江等地的商贾纷纷云集而来，在大会上进行骡马比赛和物资交易。在骡马比赛时，骑马者身披白纺大披风，头戴白竹布大凉帽，后有两根飘带，马头上挂红缨穗子，马脖上挂铜铃铛，比赛时马跑起来十分威风。赛马的地点西从骡马街北首的岳王庙起，东至上寺庙。比赛场两侧围观者人山人海，马赛跑时呼声此起彼落。赛马的目的是选出好马出售，在骡马棚里进行交易。除去骡马交易外，另有其他牲畜交易，如猪、牛、羊、狗等，另有农具和家庭生活物品或用具交易。同时还有卖吹机、小木刀、小花棒、小木碗、小铃铛之类儿童玩具。一些民间文艺活动也在这里开展，如玩簇骨驴、拉大洋片、卖百膏药、卖糖球、花刀子、焚香供佛、玩马戏、唱工鼓锣、打扬琴、唱小戏、玩花船、套圈子、算命打卦、黄雀抽签、玩手彩（即魔术）、吹糖人，还有卖各种小吃的，应有尽有。在骡马大会上物资交流是主要内容。后来，一年一度的骡马大会成为沭阳的传统庙会，沿袭数百年，成为重要物资交流大会。

（作者简介：杨鹤高，沭阳人，国家二级编剧，中国戏剧家协会会员、江苏省戏剧家协会会员、宿迁市戏剧曲艺家协会副主席、宿迁市历史文化研究会理事。）

西大街，古青阳最早的一条街

孙洪然

青阳，古国名，黄帝孙少昊青阳氏分支子于此，所以得名。后为泗洪县县政府驻地，隋唐大运河（古汴河）穿城而过，北宋时，建木桥一座，横跨汴河两岸。

古青阳共有 12 条街，西大街是其中之一。西大街因水得利，筑临水码头，随之繁荣兴盛，是最古老、最繁华、规模最大的一条街，成为政治、经济、文化中心。

西大街位于汴水北岸、睢水南岸，两河交会的一个三角地带。这不规则的四边形集市，在隋堤烟柳掩映下，遗存丰富、文化灿烂、人杰地灵。西大街，东西长 100 余米，东至敝巷街，西至城隍庙，路宽约 5 米，街面用青条石铺成，光滑照人，街道两侧店铺琳琅满目，幽深古朴，多为青砖灰瓦的两层楼房、瓦房，也有草房，错落有致。各类商铺、银楼、药铺、当铺、客栈、茶房、酿酒糟坊、油作坊、酱醋厂等，星罗棋布，也有官吏、市民居住的烟火人家。根据史载，分封于此的青阳氏是黄帝（轩辕）之子，那么最早在这里居住的该是皇亲国戚了吧。

为迎接南来北往的官吏，街内还建有规模宏大、宽敞华丽的驿馆，白居易、欧阳修、苏轼都曾在此停留过。有诗为证：“汴水流，泗水流，流到瓜洲古渡头，吴山点点愁。”唐文宗开成四年（839 年）夏秋时节，大诗人白居易携爱妾柳枝乘船南下杭州，路过青阳，当晚住在西大街驿馆客房时，临窗远望滔滔汴水，想到另一条河流泗水，二水皆入淮水，经邗沟流入长江，遂有感而发，作《长相思》词一阕。

西大街，曾有过“汴水清波、隋堤烟柳、汴河渔火”等景观，靠西有城隍庙，也叫隋炀行宫，它前临汴水，背依濉河，三面环水，有前殿、正殿、后殿、僧用配房、钟亭，均为砖瓦结构，还有廊庑、花园等。每逢年节或农历三、五、八、十逢集日，八乡四邻的香客，从东入口走过湿滑的西大街，来到靠西的城隍庙，云集于此，烧香、磕头、许愿，祈求平安。农历四月初八，一年一度的庙会，更是人山人海，盛况空前。与河水之南的皇姑庵遥遥相望，靠北有玄帝庙、江氏祠堂，靠南还有碧霞宫（又名奶奶庙），西大街的整个天空，梵音袅袅、仙气缭绕、水汽蒙蒙。

西大街很早就有官府，有大牢，也有戏园子，到了清代，街内住家达800余户，大多是许、石、江三大家族。民国时期，运河古道上游已废弃，只剩青阳至临淮头段依然水流幽深，可以通航，人们还可以顺着汴河水逆流而上，来到西大街，渔民提着竹篓来卖鱼虾，农民挑着担子来卖蔬菜，湖边上的人来卖莲藕、柴草。

新中国成立后，西大街上很多老建筑改成了行政机关、宿舍，这里有公安局、检察院、法院、税务局等。20世纪80年代时，青石板的路还在，路边的小水沟还有清清的水在流，飘散着浓浓的烟火人家气息。

站在公安局大门前，还依稀可以看到白云落影、柳枝拱合、浓荫匝地、旭日筛林老汴河美景，远望着夕阳垂辉，烟村耕耘，白帆竞发景象，远古的诗意会时时盘绕在脑海深处。

1996年起，西大街先后3次房屋拆迁，1000多户居民搬迁，所有建筑物被拆除。2000年在西大街原址上建成了世纪公园，用于市民休闲娱乐。城隍庙遗址上新建了高高的千禧塔，迎接着新千年钟声敲响，翘望着新千年一轮红日升起。一条宽敞的水泥大道，从东到西直通千禧塔，大型浮雕等园林景观，错落有致地散布园内，构成一幅幅瑰丽美景。公园内乔灌相拥、四季

世纪公园

花开；丘陵起伏、阡陌纵横；湖水清澈、小溪蜿蜒；竹影斑斓、大树参天。游人漫步其中，心情愉悦宁静，是休闲度假的绝佳去处。靠近东南侧的铁门里锁着万里长城、悉尼歌剧院、埃及金字塔、法国凡尔赛宫、卢浮宫、巴黎铁塔、英国白金汉宫、美国白宫等微缩建筑，世界各地的景观都浓缩在这万国园里，走一趟就游遍了全世界，给游人留下美好的回忆。

中间是个游乐场，有海盗船、过山车、碰碰车等大型玩具，每到星期天就是儿童乐园，璀璨了一代人的童年。节假日就是情侣们谈情说爱的场所，碰碰车里传出一阵阵欢声笑语，树荫深处、水边廊榭、竹间小径，留下他们一同踏下的欢快脚印，一同坐过的石椅，成为见证爱情的永恒，记录他们爱的甜蜜。

万国园旁边建有一座小品园，园内保留一口青阳古井，据说原为城隍庙僧人所掘，隋朝时为隋炀帝行宫专用，后为古镇青阳的主要水源井，园中有雕塑造型的男人从水井里提水，女人在洗衣服，两个孩童开心地玩耍，再现了明代西大街的市民生活。

靠北，一片青翠茂密的竹林后，建有护国禅净寺。在夕阳余晖的照耀下，明黄的院墙，闪着冷冷的光晕，围挡住一方神秘的净土。每日梵音从院内飘出，叮铃作响，净化着人们忙碌的凡心。

2014 年，世纪公园提升改造，那些曾经的景观再次消失，从东入口至千禧塔，建设中心景观轴，两侧建成“社交广场、文化休闲、礼佛修禅、亲子游乐、塔映水秀”五大功能区。同时设置了“青阳记忆”景墙、神兽印章、古泗州城地雕、古青阳十景浮雕、古井小品等景观，进一步彰显了地域文化特色。园内草坪常绿、花开四季、乔木高大，绿植遍地，被确立为永久性公共绿地。

世纪公园一次次重生，在时间的洗礼下，越来越好。回眸西大街，她的曾经过往，她的繁华兴盛，永远镌刻在历史的记忆深处，让人们一回回在梦里走进她的世界。

（作者简介：孙洪然，泗洪人，教师，江苏省作家协会会员，作品发表于《青年作家》《参花》《散文百家》等报刊。）

金锁古镇的那条老街

徐其崇

“大茴香，小茴香，出在云南桂之乡，能熬鱼又能熬肉，能包饺子能下豇豆。同志们，买的买，捎的捎，五毛钱能买一大包……”年逾古稀的耿道祥老人家住泗洪县金锁镇的老街上。问及金锁老街往日的情景，这位退休老教师站在老街中央，模仿起他小时候在老街上时常听到的叫卖声。

金锁老街

老街还在，这种叫卖声已经远去了。听了耿大爷模仿的叫卖声，街上老居民们的脑海里仿佛又呈现出老街昔日的情景。金锁镇金锁居党总支部副书记宋前兵已年过半百，他说，金锁老街留下了当地一代又一代人挥之不去的记忆，蜿蜒的金锁老街虽然没了往日的繁华，但是，如今老街还在，有关老街的故事，在当地居民中口口相传。

走在悠长的“S”形金锁老街上，可以看到沿街家家门口都悬挂着写有“金锁老街”字样的灯笼，还有一户人家门口挂着“石磨香油坊”的幌子。宋前兵说，金锁老街位于镇区西侧，处于金锁镇行政经济核心区域，老街北侧为建设路，南侧为金安路，东西两侧分别为金新路、人民路，西侧紧邻徐洪河，地理条件优越，是苏北地区少有的保存完整的老街。“以前的青砖瓦房保留不多了，后来当地居民翻建的房子，依然按照老街的走向建造，可以说老街的样子没变。”宋前兵说。

金锁镇历史悠久，兴于唐代，曾隶属于桃源县（今泗阳县）。金锁镇历史上被称之为“南来北往之要冲”。《泗阳县志》载：圩（老街）为清同治元年（1862 年）陈临惠所筑，五百余户，设重兵守之，取名公安镇；另《淮阴市志》记载：同治五年（1866 年），清军在此镇压农民起义军，改公安镇为金锁镇，又名金锁关。金锁镇在清同治三年（1864 年）属桃源县，民国时为泗阳县的西大门。1928 年，中共地下组织在此成立青阳北第一个党组织——白庙党支部；1940 年成立金锁镇区委、泗宿工委，次年 6 月属泗宿县委；1942 年归淮北泗阳县；1949 年 4 月成立金镇区属泗洪县；1957 年撤区成立金镇乡；1958 年成立金镇人民公社；1983 年恢复金镇乡；1989 年撤乡建镇，复称金锁镇。

金锁老街过去是什么样子？耿道祥老人说，在他的印象里，金锁老街每逢农历一、三、六、八逢集。过去，老街上有杂货店七八家，有中医诊所 4 家，有 4 个铁匠铺，有染坊、油坊各 2 家，有 5 家木匠铺，有邮局、银行，还有旅店七八家。老街上有猪行、牛市行、羊行、鸡鸭行、粮行、木器家具行等等。老街上，做豆腐的、炸馓子的、修表的、烙饼的、磨香油的以及大小饭店很多家，还有一家酿酒厂。“金锁老街是周边六七个乡镇群众赶集的地方，逢集的时候，街上人山人海，数以万计，各种叫卖声此起彼伏，还有街边露天摆场唱苏北大鼓的、苏北琴书的好几处，那不是一般的热闹。”耿道祥老人说，金锁镇过去是交通要道，附近有水旱码头，历史上，金锁老街上有车马店，南来北往的人经常在这里落脚。

走在 1.5 千米长寂静的老街上，依然能够寻觅到老街往日的烟火。这里，现在还有豆腐坊 3 家，炸馓子、磨香油、修手表各 1 家，烙饼铺子还有 2 家。

“打铁的铺子已经有两年没生烘炉了，因为打铁的人年纪大了。”耿道祥老人情不自禁地模仿商贩销售五香大料的叫卖声，坐在自家门口晒太阳的几位老人说：真像，当年逢集的时候街上就是这样的叫卖声。

漫步在春风微醺的金锁古镇，老街上的一砖一瓦仔细地打量着过往的人们。一个个氤氲成串摇曳着的红灯笼，点亮在每个街角、门楣。令人欣慰的是，从 2018 年开始，金锁镇政府陆续投入 400 余万元对老街进行全面整治，对老街周边环境进行提升改造。先后整治老街水系，水体清淤，铺设道路，新建绿化，栽植栾树、水杉等绿化苗木 200 余株，新建亲水平台，管线入地改造，建设停车场，配套完善雨污水管网 2000 余米，全部接入镇区雨污水管网。通过水系提升改造、生活配套完善、绿化工程实施，进一步改善了老街周边环境，人居环境实现了“清绿美”，方便了周边群众的生活，提升了居民的生活品质。下一步，金锁镇政府将结合老街红砖红瓦的街道特点，进一步挖掘老街文化底蕴，建设一条还原往日特色的儿时老街。

（作者简介：徐其崇，从事新闻采编工作 30 余年，《宿迁日报》社退休记者。）

双沟老街

程果儿

双沟三条街，东大街，西大街，中大街。东西两条街，二三十年间陆续盖成临街商铺、平房或是小楼，擎起各色招牌。中大街最有风情，那是我念念不忘的老街。

老街曾集小镇繁华之大成，布店、毛线店、香油店一应俱全，连修鞋的都选这儿扎根。早些时候，店铺的门还是几条木板搭成，早晨，睡眼蒙眬的店主一块块拿开木板，晚上再放回去。

中大街跟东西路交会的十字路口一段叫“小街口”（街念“该”音），地势高拔。双沟的路坡度特别大，从小街口往西看，那段路像个稍稍缓和的“U”字。骑自行车大撒把下去很过瘾。

从小街口往南去，有许多好东西。首先是几家食铺。卖馄饨那家，精瘦的女人坐在门口桌边，挑一点儿馅料抹到薄薄的皮子上，随手一团，一个馄饨就包好了，手上动作快到看不清楚。还没吃，就已经叹服。胡椒装在两头堵死的塑料管子里，上面锥孔，像笛子。随手一抖，几点黑色，配着葱蒜的碧绿跟星星猪油光亮，勾人食欲。

双沟人管馄饨叫“猫耳饺子”，叫起来的音是“毛饺子”。有挑着卖的，一头是包馄饨的担子，下面放馅料皮子，上面是案板。担子的另一头，是热腾腾的锅灶，水随时可以沸腾起来。吃馄饨要配擦酥烧饼或茶叶蛋。饼就一小团面，抹上油，来回搓弄，烤熟后有丰富的层次跟金黄的色泽。

再往下，有一家名为“大华零店”（只记得读音，不确定是不是这样写）的国营商店。面西，但夕晒从来照不进去。我念过书的双南小学就在更下面一些，上下学，几个女生常常拐到店里走，冬暖夏凉。80年代末90年代初，店里面的顾客从来不多，售货员闲闲坐着，打扮得比我们的妈妈都精致好看。做店员，是许多女孩子的心愿。店里的空间非常大，长，带着转折，有台阶过渡。柜台是暖黄色的，一面墙壁上有只雪白的大兔子，那是奶糖的广告。

从店里出来就到了电影院。高大的两层礼堂，外墙上端有一颗硕大的红五星。这条街上，曾经保有小镇年代最久远的建筑。最精致的老公社楼，有百年历史，灰墙红瓦，门楣呈圆弧形，非中非西，韵味十足。馄饨店对门的小诊所，也是有年头的房子，有带柱子的回廊。电影院最年轻，“文化大革命”后盖的，水泥墙经历了多年风雨的吹打，少了跋扈轻浮，透出庄重严谨。

在这些临街建筑的夹缝中间，还有许多小巷，更多人家掩蔽其后。天光亮起来的时候，小巷里一点一点吐出人来，男人们骑着自行车去上班，顺着老街一径往南，到淮河边上，那里是双沟酒厂。女人提着篮子去市场里买菜。一帮小孩子，呼啸着去往各自的学校。

西大街慢行步道

现在，老街一点点儿拆除，盖起一批仿古建筑，尚余一家老邮局和一段老旧墙体。那家邮局，承载着我多少童年回忆，双南小学的西门也开在这条老街上，那时，放学后，我们时常到邮局看文具、杂志和磁带，但是很少买，光是看着，已经非常快乐。

原先的陈毅纪念馆已经和双沟酒厂的老厂区合为一体，成为4A级旅游景点。从酒厂正门进入，景点出口恰就开在老邮局对面。那日我出了朱红大门，一下子撞见了老邮局，鼻子就忽地一酸。折转身子往小街口去，那里，还有一家擦酥烧饼的摊子。三十年前，做饼阿姨的母亲躬身给我递过许多块饼，那样金黄的颜色，在阿姨的手底，依然没变。

（作者简介：程果儿，江苏省作家协会会员，多篇作品刊发于《中国青年》《中国青年作家报》《中国教师报》等报刊。）

第四章

城镇档案

两宿分家

杨学军

1996年，国务院在关于调整淮阴市行政区划新组建地级宿迁市的批复中，有两句关键性的表述：一是“撤销县级宿迁市，设立地级宿迁市”，二是“宿迁市设立宿豫县和宿城区”。这就意味着，原县级宿迁市将不复存在，取而代之的是新组建的宿豫县和宿城区。

说是重新组建，实际上是一分为二。如果把宿豫县和宿城区比作兄弟俩的话，那么，这兄弟俩还是有“长幼之分”的。用时任市委副书记朱玉振的话说，宿豫县是“长子”，宿城区是“幼子”。朱书记说得没错。省市两级在实施原宿迁市的区划时，是按照“原县级宿迁市更名为宿豫县”的口径来办理的。作为“长子”的宿豫县，不仅分得了老宿迁市的大部分土地和人口，也继承了原宿迁市的历史，以至于十几年后，各县区进行二轮修志时，宿豫区理直气壮地修了个通志，上限一直修到远古。另外，其人大、政协的届次，也是延续原县级宿迁市的届次排了下来的。而“另起炉灶”的“幼子”宿城区，则成了全市历史最短的行政单元了。

如此看来，宿豫区似乎占尽了天时、地利，应该是得风得雨，大展宏图了。其实不然，看一看当时“两宿分家”的清单，便不难发现，宿豫县这个“长子”，得到的只是个空头名分，非但没有占到什么便宜，相反却吃了不少“亏”。十多年后，当年亲自主持“两宿分家”的朱玉振同志，对当时的宿豫区主要领导介绍说：“当时，我是县区区划调整的组长，周立新（时任市委常委、秘书长）任副组长。市里经过反复权衡确定的指导思想是：厚区薄县。也就是说，分家的天平，尽量向宿城区偏。这并不是对宿豫县不心疼，而是从政策上、从长远考虑问题。按照当时的财政体制，新组建的宿豫县在财政上如有困难，可以直接向省里‘哼哼’，而宿城区有困难，则需要市里协调解决。问题在于，地级宿迁市自身也刚刚组建，自己吃饭都成问题，哪里有财力来扶持宿城区？怎么办？只能通过分家的机会，为宿城区多争一点‘家底’。一来有利于缓解宿城区的先天不足，二来可减轻市里的财政压力。”正如朱玉振同志说的那样，分家这把“刀子”，对于宿豫县来说，真可谓刀刀见血。

首先，原宿迁市宿城镇划给了宿城区。这可是一块“大肥肉”！也就意味着，原来的宿迁城连同一切文化商业设施都归了宿城区。其次，在工业企业的分配上，也没有“一碗水端平”：与城市功能相关并且盈利的企业，大都划归宿城区；而那些“农字头”的或亏损的企业，都留给了宿豫县。三是几乎全部的离退休人员都分给了宿豫县，无疑增加了一块刚性财政支出。据说，首任宿豫县委书记王元奎同志见到分家方案时，差点没哭出来。作为宿豫县的当家人，他一面要说服下属面对现实，做好过苦日子的准备，一转脸，又恳请市里能够体谅宿豫县的难处，尽可能地给一点照顾和倾斜，但得到的回答是否定的。

负责分家的朱、周二位领导，都在原县级宿迁市担任过主要领导，他们对宿迁的这点儿家当，谁家锅大碗小都已了如指掌。无奈手心手背都是肉，鱼和熊掌不可兼得，一切只能从大局出发。对宿豫县的苛刻，也是不

宿豫杉荷园景区

得已而为之。王元奎憋了几天，提出了最后一个要求：把经济效益尚可的宿迁玻璃厂划给宿豫县。最终，得到了认可。就这样，王元奎手中的这把“牌”，总算有了一张带“花”的。

“僵卧孤村不自哀，尚思为国戍轮台。”宿豫县没有享受到“长子”的待遇，却在尽着“长子”的义务。在建市之初的那几年里，宿豫县在市内一些重要指标的排名中，一度居于四个县末位。但是近百万宿豫人民不气馁、不放弃，励精图治，奋起直追，逐渐缩小着与兄弟县的差距，甚至大有后来居上的气势。

到 2012 年年底，已成为宿豫区的“宿豫县”，小康指标得分已跃居全市首位。2013 年 11 月，退休后担任市历史文化研究会会长的朱玉振，再次考察宿豫区时，由于司机找不准路线，在宿豫区的地盘上“瞎转”了一番，“歪打正着”地看到了宿豫区的城市建设和企业面貌，老领导禁不住吁叹不止。在与区领导座谈中，他又听说，宿豫区正在建成六个百亿级企业，一个千亿级产业带，更是备受鼓舞。他不失幽默地说：“当初，是我把咱们宿豫的锅给砸了，把你们逼上了绝路，就像当年的项羽破釜沉舟。”时任区委书记张晓伟说：“也许正是这一逼，才把宿豫逼上了生路。”正是：

一门兄弟俩分家，轻重何容半点差？
莫怨小苗根太浅，得风得雨也成花。

（作者简介：杨学军，先后任市政府办副主任、市委党史工办主任、市政协学习文史委主任。著有诗词集《三岁集》等，编著有《新宿迁之路》《宿迁援建志》《宿迁：建市之初的那些事儿》等。）

忆宿迁城第一家照相馆——水华轩照相馆

郑陶宾

清光绪三十二年（1906年）夏天，照相技术传入了宿迁县。当时，照相的确是件新鲜事物，因为世界上发明照相是在清道光六年（1826年）至道光二十一年（1841年）间。照相传入中国是咸丰七年（1857年）以后，只是在皇宫里为慈禧太后和光绪皇帝等权贵照相，上海仅有一个外国人开设的照相馆；20世纪初才逐渐传到南京、北京等大城市。宿迁第一个照相馆的创始人，就是我的父亲郑耀庭。

水华轩照相馆的创立

我父亲于清同治六年（1867年）生于广东香山县（今中山市）。清光绪十一年（1885年）跟随一位老师傅学习油画画像，从广东到福建，再到上海、镇江、扬州等地，沿途以油画人像为生。后到上海学习了照相技术。清光绪十二年（1896年）由扬州到淮阴，为淮阴道台的父母画了两幅挂像，得了二百两银子，购来一架照相机及冲洗用具，开始照相。1906年，淮阴道台介绍我父亲到徐州去画像，途经宿迁，因无川资，就在宿迁火神街上一个客栈里住下，挂起“水华轩照相馆”的招牌，从这个时候起宿迁城里才有了第一家照相馆。可是，照相招牌挂出好多天，也无人问津，眼看就要断炊。适逢小南城门外有个姓陆的，把我父亲找到他家里，为他全家照相。从此，照相馆里才有一点生意。后来，我父亲逐渐结识了几个朋友，他们帮助我父亲在小南门内郭氏祠堂里另找一个地点，并帮助解决建馆和生活上的困难，这所照相馆才算稳定下来。

随着社会的进步，照相的人也逐步增多，我父亲认为生活尚可维持，也就不再去徐州而在宿迁落户了。之后，我父亲和母亲结了婚，先后生我们四个姐妹和四个兄弟，都以照相为业。直至1966年3月，我父亲因病去世，享年99岁。由于我父亲是宿迁照相事业的创始人，所以至今人们还都说我父亲是宿迁照相事业的“鼻祖”。

照相技术的改进与提高

照相技术的改进与提高，是迅速而有趣的。在我父亲刚到宿迁照相时，采用的是很复杂的初级制作方法。如有人来照相，临时把感光剂现配现涂在一块玻璃上，然后拍照，随照随冲洗出底片；等底片干了，再用感光纸进行晒相。所谓“晒相”，就是把感光纸和底片相对后，在日光下曝晒，然后通过冲洗烘干，成为一张相片，如果是阴天，就不能晒成照片了。

在照相时，照相人坐在像理发椅子差不多的一种椅子上，椅子上端安装一个放头的卡子，把头卡住。因为感光时间较长，约需二三分钟，恐怕头部摇动，影响照片质量。由此可见，照相是很不容易的。此外，我们用的感光材料全部依靠进口，价钱很高，所以生意很少。到了20世纪20年代，英国创制干板，美国制造了爱素纸，感光比湿板快了好几倍，冲洗也有了改进，业务量也就有所增加了。在新中国成立前，我国照相材料均依靠进口，所以技术的改进与事业的发展都不快。新中国成立后，我国开始有了感光厂制造底片相纸：在50年代，上海、广州、厦门、天津都开设了制造底片相纸厂；60年代，江苏省的无锡、常州，山东的青岛、河北的保定等地先后开设了感光厂；同时，上海、北京更开始有了天然彩色照相。1974年我在马陵公园照相馆，到苏州、上海、青岛等地去学习彩色照相，曾于1975年开始对外营业。后来，由于操作手续繁复，材料特贵，又没有掌握这方面的技术，因而中断了一个时期。

1980年以后，彩色照相有了突飞猛进的发展。原来冲洗底片需要65分钟才能完成任务，此时只需12分钟；过去洗一张彩色照片，需要45分钟，此时只需9分钟，而且质量有了较大的提高。宿迁从1981年正式开展彩色照相业务。1983年，世界上最先进的彩色一步成像，只要一分钟就可以得到一张不用冲洗的彩色照片。宿迁西郊照相馆已开始营业。不过，这种先进的彩色照相材料，是依靠美国、日本进口，成本较高，售价约四元一张，因此业务量很小。当时，我国也正在研究，已有了初步成果，一旦国产普及，价格上要低得多，到那时彩照才有可能普及。总的来讲，照相历史不过一百多年，技术的改进日新月异。我们必须不断学习，努力钻研，不断改进，跟随着时代的发展，大踏步地前进。

多灾多难的宿迁照相事业

宿迁照相事业的成长与发展，其道路不是平坦的，也不是一帆风顺的，而是多灾多难的。

首先是军阀政府对我父亲的迫害。据父亲说，1916 年，袁世凯梦想做皇帝，在全国范围内对革命党人进行大搜捕。当时我父亲因与孙中山先生同乡，也被宿迁县衙当作革命党人捉拿入狱。我家的左邻右舍及所有亲朋，手持大香集中到县衙去哀求，都说我父亲是好人。但没有求下来，相反却被押解到东海军阀白宝山部，眼看就要屈打成招，审判定罪。适巧，这时有个宿迁县人名叫胡石侬，在白宝山部下当一名文书，当时由他担保，并且也因查无实据所以才被释放回宿。否则，宿迁的照相事业有可能夭折。1925 年，孙中山先生逝世时，我父亲写了这样一副挽联来吊唁孙中山先生："只因切近同乡我几牵连党祸，尚未完成革命天胡不假公年？"

其次是封建思想的阻挠。当初，照片修底是用涂红的办法，就是把底片上凡是有皮肤的地方都涂上红颜色，目的是使晒出的照片干净漂亮一些。可是当时的群众缺乏这种科学知识，谣传照相会把人的血脉吸去。有时小孩子来照相，碰巧回家发生感冒，其家长会误认为是照相照来的病，有的竟于晚上打着灯笼，抱着孩子到照相的地方叫魂。这种封建迷信思想的谣传，吓得人们多不敢来照相。

再次是国民党反动政府和日寇对照相事业的摧残。1936 年，国民党政府对乡下农民的私人枪支发枪证，枪证上要贴本人照片，我们照相的同业人员都认为这是一笔可观的生意。不料，当时的反动政府把城内照相的水华轩、凌云阁、光华、马陵、兄弟等照相馆召集在一起进行开标，就是谁家最便宜，就由谁家照。当时光华每份 1 角，凌云阁每份 9 分，兄弟、马陵每份为 8 分，我们水华轩为 7 分，于是我家就担任了这次照相任务。没想到我家随他们出发照相时，每份还得提 2 分钱给他们作办公费，我们只得 5 分钱，而成本就值 5 分，不照还不行。因之，我家去两个人，连照加洗共计三个多月，未挣一个钱回来。

1940 年，日军占领宿迁，要求所有黎民百姓都要办良民证，良民证上都要贴照片，按理说照相馆又来了一笔生意。可是日本特务及警察机关横行霸道，我们每照一个人，必须给他们三分之一的提头，我们落一番大忙，却苦不到钱。特别是不仅特务照相从不给钱，而且日本宪兵对每次照的相片都要验收，在验收时，常把女子相片扣下。为了减少日本宪兵对女子相片的扣留，每次送相片时还得给翻译官送礼，否则相片很难拿回来。因此，照相事业在日寇的统治下受到更大的摧残。

照相事业的飞速发展

在旧社会里的种种灾难，并没有完全阻碍宿迁照相事业的发展，仅仅放慢了发展速度；直到新中国成立，宿迁的照相事业在党的领导和关怀下才得到突飞猛进的发展。

宿迁的照相业，起初只有我一家创办的水华轩照相馆，1936 年又增设了凌云阁、光华、马陵、兄弟 4 个照相馆。到了 40 年代，由于照相材料的进步，操作程序日益简便，冲洗时间缩短，干照相的人也多了，所以宿迁城内又开办了天真、新光、胜利等照

水华轩相片袋

相馆。总计在 40 多年漫长的旧社会里，宿迁城内的照相馆已由一家发展到 9 家。

新中国成立后，有的照相馆已改为别的行业，其余的在镇党委的领导下联营起来，定名为艺群照相馆。1973 年马陵公园照相馆成立，并开始进行风景照相。除这两个国营照相馆外，以后又开办了集体和个体经营的西郊、大桥、青春等照相馆。全县 29 个公社（即乡镇），每个公社都有了照相馆；另外还有个体户散跑流动照相者约二三十人。几年时间，全县照相营业额约为 15 万元。充分反映了宿迁县工农业生产的发达，人民生活的提高。

马陵公园照相馆拍摄的全家福

1983 年 4 月，宿迁县成立摄影科研协会，并举办了一期技术培训班，为各厂矿、部队、农科各方面培养摄影人才，以便更好地发展摄影事业，积极地为“四化”建设服务。

（本文选自 1983 年《宿迁文史资料》第二辑，有改动）

我所经历的宿迁摄影行业的几次转变

王晓风

郑陶宾老先生撰写的《忆宿迁城第一家照相馆——水华轩照相馆》真实地记叙了宿迁摄影行业从无到有的发展历程，同时也如实记录了在旧社会风雨飘零的时代里，手艺人饱受欺凌的境遇。作为宿迁摄影行业的晚辈，对于本行业在中华人民共和国成立前后的那些历史也曾有所耳闻，而对于改革开放以后这一行业的发展，基本是亲身经历。现谨以我个人经历回溯宿迁城区（含市区乡镇）照相行业改革开放至今的发展历程。

父亲出生在旧时宿迁四大名镇之一的窑湾镇中宁街北首，家中从事面粉（面坊）和面点生意。但父亲成年后却喜欢上当时极为新潮的摄影行业，他与窑湾镇上的跟他年龄相仿的叶尊荣拜徐州城里的英俊照相馆老板为师。而这位老板的手艺出自上海大华照相馆。1948 年，二人出师，父亲的师哥在窑湾镇上开了一家照相馆（新中国成立后成为窑湾供销社照相门市），而我父亲就来到邻近的皂河镇开了一家大华照相馆（新中国成立后改为县商业系统皂河大众照相馆），地址在通圣街北陈家大院以南的张家楼房里（老镇政府所在地）。父亲母亲结婚后，便安排我的母亲学习照片后期修版（类似于今天数码图片的修整美化人像的工作）、修片、着色等工序。母亲具有一定的文化水平，心灵手巧，所以她的修版技术十分过硬。在后来的宿迁县同行业评比中，我母亲的修版技术名列前茅，得到过许多同行的称赞。1958 年，全国实行工商业改造，这家由我父亲开创的照相门市，便以公私合营的方式并入了宿迁商业系统。而我父母二人也同时进入这一系统工作，继续从事摄影，为集体勤勤恳恳地工作数十年。

由于在年轻时候受过十分严格的学徒训练，父亲的摄影技术十分精湛。改革开放以前，这一行业还属于技术性行业，因而有很多人想要学习。无论是上级分配来的学徒还是社会上想要学手艺的年轻人，父亲都毫无保留地传授手艺。在 20 世纪 70 年代末期以后，他的徒弟遍及宿迁西北片各个公社，甚至远到睢宁县和邳县都有他徒孙辈的摄影师。

黑白→彩色

对于那一代的摄影行业从业者来说，最具有标志意义的一件事是全国第一次颁发身份证，具体时间是在 1984 年 5 月。

那个时候，县内商业部门已经允许职工个人承包集体门市，每年上缴一部分管理费就可以了。原本和父亲一起工作的大徒弟率先出去单干，成立了迎春照相馆。随后，父亲也申请承包了原来的照相门市，承包后不久就赶上了这次全民颁发身份证。当时的宿迁县公安局将各个乡镇照相从业人员组织起来，到淮阴市商业干校进行培训。对身份证照片的尺寸、人头脸的大小占比、影像的对比度（反差）、拍摄者的衣着打扮等方面都作了具体规定。同时，在培训以后，还根据各人的考试成绩，颁发了宿迁照相行业历史上第一次职称证书。这个证书的颁发标准很严，仅有一小部分人取得，还都是中级摄影师证书。

培训结束后，在公安系统地统一组织和调配下，全县各个乡镇的照相馆都开始了紧锣密鼓的拍摄身份证照的业务。我父母所在的皂河大众照相馆负责皂河镇东片和骆马湖乡居民的证照业务，他徒弟的迎春照相馆负责皂河西片及赵埝乡的拍照业务。大家忙了一年多时间，虽然每一份照片只收三毛钱，但总体算起来，却是一份很可观的收入。这次任务完成以后，一般乡镇照相馆大概都有万元左右纯收入。

之所以说第一次身份证照片拍摄业务是宿迁摄影行业一件重要的大事，不仅是从业者在这次业务中挣到了钱，而且从这个时候开始，大家手里有了钱，纷纷考虑更新换代照相设备，宿迁城乡的照相业务从此告别了黑白时代。

我记得我们家第一部拍摄彩色照片的相机，是镇上一个从美国回来的丁姓华侨卖给我父亲的，花了几千元人民币。当时很多乡镇照相馆大都使用国产海鸥135单反和凤凰单反，条件好一些的用进口的美能达、尼康、富士等相机。镜头多以大变焦为主。影室灯光也都淘汰了黑白照相的固定光源，转而使用伞式闪光灯、同步影室灯等设备。

在彩色图片输出的制作流程中，当时的宿迁市（县级市）起初只有艺群照相馆设立了彩扩部，由于设备和技术都不太好，扩出的彩片经常出现偏色现象。像大兴、埠子和我家等生意较好的照相馆，往往都去淮阴市长途车站对面的柯达彩扩部。于是就有人瞅准了这一商机，在宿城投资了一家私人彩扩部——友谊彩扩部。

友谊彩扩部的成功，在当时的宿迁是一个传奇。其老板姓李，是浙江人，他来到宿迁时可以说是一文不名，在当时宿迁驻军里服役。此人业余爱好美术和摄影，市文化馆和艺群照相馆是他常来常往的地方。他发现艺群彩扩部每天都有照相馆在排队等着取片，觉得这一市场的前景可观。于是就在退役后留在了宿迁城，东挪西借数千块钱，买了一套国产“友谊”牌彩扩机和冲卷机。虽然这套机器工作效率较为低下，但由于他扩冲胶卷认真细心，服务周到热情，很多客户都被他拉了过去。他很快就在宿迁的照相业中站住了脚，并从中赚取了第一桶金，于是就更新换代，加大投资。以日本富士的设备代替了原有的国产“友谊”设备，但友谊这个字号一直沿用下去。后来小李又认识了一位在宿迁从事理发业的温州女孩小谢，两人结婚后没有离开宿迁，继续在这一行业深耕，成为百万富翁。最后在2003年前后将原有彩扩部转让他人，其夫妻二人就此离开宿迁，到上海继续创业。

在此期间，宿迁城区又增加了数家彩扩部。其一是水利彩扩部（在宿迁城北水利商场一楼营业，经营者庄强），其二是富士太郎彩扩部（起初在市招待所以南，经营者朱向东），其三是蓝晓春彩扩部（起初在市文化馆一楼，经营者蓝晓春），其四是教工彩扩部（在河滨新村东首），其五为爱民彩扩部（在宿支路附近，经营者王爱民）。此外还有城区数家影楼也自备了小功率的图片输出设备，扩片业务也对外进行。随着从事彩扩的商户增多，这一行业的竞争很快就变得非常激烈，各家彩扩部都争相拉拢客户，争相压低价格，设备更新换代，药剂更换及时，彩扩质量越来越好。

蓝晓春彩扩部全面进口柯达彩扩机和冲卷机，使用柯达相纸和柯达药液，加之彩扩技术人员精心操作，彩片出品的色彩还原度及饱和度都达到一流水平，其彩扩业务量一度在宿迁独占鳌头。但此时，宿迁境内尚不能开展大幅彩片（16 寸以上至 72 寸）精放业务，各个彩扩部可以扩印的彩片最大只能放到 16 寸。各个照相馆摄制或收揽的大幅图片和巨幅图片，均需发至南京或徐州有关商家制作。直至 2007 年前后，大型数码彩喷设备面世，境内才出现大幅彩片输出业务的图片制作机构。

我进入这一行业是在 90 年代初期，此时虽然已经是照相行业的彩色时代了，但由于当时的身份证及其他的证件照片都强调要用黑白照。因而，我一方面大量开展彩照业务，也同时兼营黑白照片。这个状态应该是那个时候大部分照相业同行的常态。从某种意义上来说，这一批从业者算是这个行业中最后的摄影师。

摄影行业内的摄影师与现在的摄影师概念完全不同。在我们照相行业的传统观念中，一个真正的商业摄影师，按下快门的那一刻只能算是摄影流程的开始，后期所有的业务包括冲片、修片、扩片、印片、出片都能由摄影师独立完成。即使你不负责这一流程，也必须掌握这一门技术。在当时中国各大城市的照相行业，虽然大都采取影室工作和暗房工作分开的流程，但大多数都是轮岗制，以防摄影师对各个流程技术生疏。

而现在的摄影师只是负责按一下快门，后期所有的工作全都交给彩扩部或电脑。这样只懂得按快门的摄影师在行业内是不被认可的。而我父亲那一辈，除了我说的这些，还需要划玻璃的技能。因为他们早期采用的是玻璃底片，照好冲好底片后，必须一张张用玻璃刀划开，才能继续用晒箱印像，用放大机扩片。摄影师还必须懂得如何把一大堆如硫代硫酸钠、溴化银、对苯二酚、米土尔等几十种化学药品，调配成不同季节、不同比例且冲片、印片各不相同的显影药、定影药。那个时代，一个照相技师如果使用成品显影药剂会成为业界的一大笑话。

我当时选择继承父辈的行业和手艺，一方面是因为父母年事已高，无力继续从事这一行业。虽然我有兄弟五人，但几个兄长都考取了大学，早已分配工作，守在皂河老家的只有我一人。另一个原因，也是当时的政策鼓励政府工作人员离岗创业或停薪留职。加之我妻子所在的企业濒临倒闭，因而我便让她到照相馆里学习摄影，她学习以后竟然很喜欢这一行。这几方面因素加起来，我便决定从政府部门辞职，和妻子共同开设一家照相馆。

我从事这一行以后，首先从影室的布景开始改革。将宿迁境内普遍使用传统布景改为无缝布景，并运用自幼学习的摄影技术和美术功底，亲自上手更新布景和灯光设备，由投影灯光改为无影灯光，由普通布景转变为立体布景，由室内布景转变为庭院布景，由其他同行的一年一度更新布景，改进为一个月更新一次。加之我的妻子对顾客服务态度热情周到，照相馆的生意蒸蒸日上，一个月的盈利就相当于我在职时一年的工资。

这样，在不到两年的时间里，我们的照相业务很快扩展到周边乡镇。乃至临近县其他乡镇很多年轻人和毕业季的学生都慕名赶来，旺季的时候，每天都要营业到半夜，每天的普通照相都达到三至六个胶卷（每个胶卷 36 张）。从 90 年代后期至 2005 年数年间，我们照相馆的业务量在全市稳居第一，照相馆的从业人数也由原先的三人增加到后来的六人。

2000 年，为了扩大营业，我买下了镇政府拍卖的乾隆行宫西侧食品站一千平方米的营业大楼，将其改建为仿古风格的建筑，作为照相门市。其室

位于皂河乾隆行宫西侧的皇宫摄影中心

内面积足够开辟成为三个大规格影室，加之宽阔的庭院和可以借景的乾隆行宫名胜风光，使得我们的业务更上层楼。我经营的照相馆字号也从原来的大众照相馆改为皇宫摄影中心（借乾隆行宫取名）。当时的江苏省摄影行业协会主席亲临我处给我颁发江苏省摄影行业协会会员单位牌匾，赞叹这是他所看过最大的传统照相馆。

传统摄影→数码摄影

一般来说，从事摄影行业的大致分为两类。一类是以搞新闻摄影为主的摄影记者或地方通讯员等，这一群体中除了专业的新闻摄影记者之外，还有一大批爱好者，即日常生活中的摄影发烧友也与此相关，这些人的组织为各级摄影家协会。而我们所称的摄影行业，主要是指商业摄影的从业者，包括各地的传统照相馆、图片社、影楼及影像输出业务的摄影师、摄影机构和图片制作机构；这一行业的组织是省、市各级摄影行业协会。而这两个市级协会在初创阶段，又都吸收了我作为创始会员（理事）。当然，无论是摄影家协会还是摄影行业协会都属于松散型民间社团组织，对于团体成员并无强制性约束力，也并无任何可资凭借的资源产生吸引力。故而，宿迁市的摄影行业协会迟至2005年才开始摆上议事日程。

2005年夏，宿迁市区50余名从业者，参加了由省劳动部门和摄影行业协会在南京古林宾馆举行的摄影理论考评和实践能力测试。考试结束后，我和其他30余名从业者被授予国家高级摄影师证书，另有十余名年轻人被定为中级摄影师。

2006年，江苏省摄影行业协会在张家港馨苑度假村隆重召开全省代表扩大会议，1000多名会员参加了这次大会。我被省摄影行业协会指定为行业代表做典型发言。向全省同行介绍我们的经营经验。

然而，也就是从这个时候起，摄影行业又一次面临着一个重大的转折：数码时代来临了！

数码影像时代的来临，使得大多数从业者猝不及防，这项具有划时代意义的崭新技术完全颠覆了我们的传统认知。无需胶卷，可以无成本持续拍摄；无需布景，可以与任何背景合成；无需专门技术，任何人都能操作影像的获取和输出。

在江苏省摄影行业协会的会议上，有关专家向全省从业者呼吁，要高度重视数码时代对于传统影像业的冲击，传统照相行业要么迅速转变经营方向，兼营文印打字，把原来的主攻方向艺术照转变成证件快照。要么加大投资，将原有的照相馆的经营方式转变为婚纱影楼，谋取照相行业的边缘利润，才能继续存活下去。

数码技术的发展一步步印证了当初专家的预言，数码摄影确实成为传统摄影行业的终结者。更为重要的是，随着智能手机的普及和发展，手机附带的数码摄影质量越来越高。现在的智能手机拍摄的图片，无论是数码像素、自动对焦还是人物面部美化等各方面的功能，都超过了我在数码兴起之初数万元购买的富士 S3、S4 等数码人像专业相机。任何人都可以低成本地获取高质量、个性化的影像，人像制作和输出作为一个服务行业，已经失去了商品价值和存在意义。也许有人会觉得现阶段仍然有很多婚纱影楼经营得风生水起，但婚纱影楼与传统的照相行业关系并不十分紧密。简单来说，传统的照相行业是纪实，而婚纱行业是造梦；传统的照相行业的商品是终端的照片，而婚纱行业的商品是摄影的过程。从传统照相行业的角度来看，婚纱摄影与传统照相业基本属于两回事。

在传统摄影时代向数码时代转型时期，宿迁城区这一行业中有三位值得一提的有影响力的人物。

第一位是被业界和社会上公认为宿迁城区商业摄影技术最好的柏春先生，他和父亲是老友，我们两家算是世交。他原先从业于国营艺群照相馆，艺群倒闭后，便在工人电影院以西开设了一家柏春摄影工作室，经营业绩颇佳。但由于年事已高，大约在 2008 年前后退出业界。

第二位名叫丁志春，如果不是深谙行业内幕的人，大概很少有人知道他，其人社会历练颇深，理论水平很高，对于宿迁境内摄影机构的建立和经营模式的改进，以及摄影企业的业务拓展及企业文化的建立、提升都有很大的影响力，因而数次被市内影像机构聘为顾问和高参。其摄影技术和摄影理论水平也很高，对于很多专业技术疑难问题都有别出心裁的处理方式。在 20 世纪 90 年代后期一度与我个人过从甚密，多次到我的照相馆予以技术和经营策略等方面的指导。

最后一位名叫蓝晓春，也就是现在的蓝晓春彩扩部和影楼的创始人。其人前半生经历坎坷，为人豪爽，对于新生事物和科技行业十分敏感。他进入本行业较晚，原先曾在南菜市及宿迁城西搞过摩托维修培训，至 80 年代后期才转型投资摄影行业，成为美国柯达公司江苏省总经销商的宿迁代理商。其经营业务有彩扩、照相器材、婚纱摄影、团体拍照等，彩扩业务的市场占有率一度在宿迁独占鳌头。由于我的扩片业务量很大，蓝对我也很重视。2000 年前后，他斥资购买老客运南站的商业门面，以扩大摄影经营范围，开业的时候，郑重邀请我与一些市、区领导共同为之剪彩，并致辞祝贺。

以上所说这三人，名字中都带个“春”字，因而，当时同行在一起开玩笑给他们取的外号就叫“宿迁三春”。

《红楼梦》中有一句名诗，曰：“三春去后诸芳尽，各自需寻各自门。”这句话恰好暗合了宿迁传统摄影行业最后的境况。数码时代全面来临以后，三位名字里带着春天气息的名人和老人陆续在这一舞台上谢幕离去，而宿迁传统的照相行业最为辉煌的时代就此一步步地走向了没落。原先这一行业的从业者也都各自寻求其他的谋生门路。

恰巧也在这一时期，因为乾隆行宫景区拓展与皂河旅游景区开发，我在乾隆行宫西侧的营业大楼不得不拆迁，不久我便告别了摄影行业。

今天，随着高科技的飞速发展，图片获取方式更加方便快捷，智能手机彻底取代了照相机。而我的心态也早已恢复平常，从原先满满的失落感转变为乐见其成的态度。我知道，社会和科技的发展正是为了满足人类的各种需求，个别行业的没落，却印证了全社会的发展。不仅仅是摄影行业，其他很多行业也都如此，传统社会中的很多专业技能都被打落神坛，如司机、外语、写作、电脑操作。和摄影一样，这些技术原来都是作为一种专业技能存在，而随着社会发展，大多数都演变成为普通人的基本生活技能。这当然是科技和社会发展所带来的巨大成就，而这些成就，更是时代赐予我们普通民众的幸运。

以上内容，零零散散记叙了笔者作为照相行业从业者的一段亲身经历，算是从我个人的角度，对本市传统摄影行业的一个回顾。年深日久，加之并无档案资料可资参考，具体细节和时间节点都难免有记忆误差之处，还望其他知情者和方家予以指正。

（作者简介：王晓风，宿迁市历史文化研究会理事，中国大运河文化建设研究院宿迁分院研究员，湖滨新区历史研究会副会长、作协副主席。）

关于沭阳老汽车站的一些记忆

王长武

我是在汽车站氛围里成长的。我的母亲、大姐、三姐都曾经是交通系统的工作人员。大姐于 20 世纪 70 年代初期就是从沭阳汽车站走上工作第一站的。在我很小的时候就有机会经常到沭阳汽车站玩，因此对沭阳老汽车站过去的场景，我有自己的一些了解与记忆。

沭阳老汽车站，又叫 60 车队，那时候还属于淮阴汽车运输公司，原址在沭阳县城人民中路，现在那条城中之路也还叫人民路没有变，只是沭阳汽车站经过几次往东、往南、再往东，现在的新汽车站离沭阳城区越来越远了。人民路东西走向，汽车站在路南，居于沭阳老城区的中心位置。

说到汽车站，就必然会联想到那些标志性的路段。以前，沭阳老城区有三条东西走向主干道，从南到北分别是人民路、南京路、城内大街路。南京路与城内大街路都是商业街道，路边店铺林林总总，一般不走大客车或者货车。人民路乃是一条名副其实的县城中心要道。沭阳有句老话“东关到西关，十里不转弯”，说的就是这条路。它东起东关口，西至淮河大堆，对沭阳城来说是重量级的道路。它是老 205 国道沭阳县城段，南来北往的全国车辆都要经过它。从南往北由 205 国道，也叫沭淮路（沭阳至淮阴），就进入沭阳东关口，再左转弯就进入沭阳人民路了；从北往南浩浩荡荡——沂河水向东流的新沂河上，新沂河大桥亦是沭阳一个标志性建筑，它始建于 1967 年 5 月，1969 年 6 月竣工，桥长 1269.26 米。在当时沭阳人的心目中那是一座神圣的桥，一座承载骄傲的桥。车窗外浩渺的大沂河风光也是沭阳人民的共同乡愁回忆。新沂河大桥是在新沂河上建桥最早，当时是我国最长的一座双曲拱公路桥；下桥不远再经过后来的建陵市场原址上的一段东南向道路，就左转弯换道到了人民路上……

老汽车站布局紧凑。大门在东边，是带有那个年代风格的两侧门垛上有三面红旗浮雕样造型的大门；西边就是候车大厅，从候车大厅西边门进入，迎面就是售票窗口、小件寄存处等；汽车站的核心位置就是居于候车大厅西面中心处的停车大广场了，每天汽车进进出出的，完成着南来北往的旅客吞吐。晚上汽车归巢，整整齐齐地排列于院子里，煞是壮观；这样说来与现在的汽车站布局也没有什么区别，但是再往里面也就是家属区、职工宿舍、职工食堂了，现在的汽车站已经没有这样的建筑设置了。过去是工作区与生活区两大区块，现在汽车站一般只有唯一的工作场所。

沭阳老汽车站

我的大姐是车上的售票员，每天都要穿梭在各个乡镇，那时候车辆虽然相对现在来说不算太多，但是工作人员也相对较少，所以每天的行程都安排得满满当当。大姐每天挎着写有金黄色“为人民服务”字样的军绿色帆布工作包，精神抖擞地活跃在条条乡镇公交线路上，风雨无阻。

那时候农村公交线路道路颠簸，而且车门也较笨拙，不是自动开关的气门，都是售票员用一种叫“门把子”的L形钥匙手动开的，需要力气与技巧。风和日丽的时候，到了招手站，售票员从车子里面直接开了就行，遇到上车人多的时候，就要动身下去维持秩序，门都不容易关上，有时候还得由旅客协助。如遇极端天气的时候，开关门就更加不容易了，一番安排停当，说话声音要大，为了赶时间动作要快！女孩子久而久之也就锻炼成了“女汉子”。记得有一次，突降大暴雨，大姐从乡镇回来，浑身上下被风雨瓢泼得像个落汤鸡。人们常说湿的仅剩下一口牙了，但我觉得大姐当时好像一口牙都是湿的，浑身上下往地上倒水，那天得是多么大的倾盆大雨啊！好在大姐年轻啊，回到宿舍，一番麻利地洗擦之后，一会儿她又立马投入下一班车的正常运行。而我就坐在大姐的宿舍里，透过窗户望着外面的雨，静静地等着大姐下班归来……大姐特别勤劳能干，干起活来雷厉风行，作为售票员，她还要负责跟班车子的卫生工作。大铁桶一拎，车子前前后后的刷洗，汽车运输公司都知道我妈有一个特别能干的大闺女，驾驶员都喜欢与大姐搭班，没有后顾之忧，一切都被她收拾得干干净净、妥妥帖帖的。

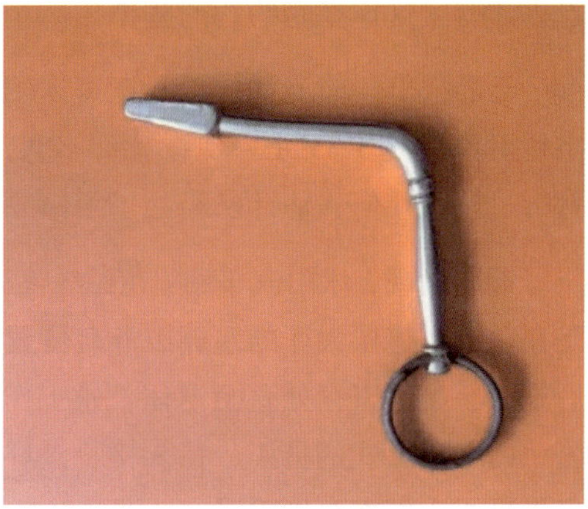

门把子（开车门的钥匙）

老汽车站食堂的饭菜很香。中午食堂里做的米饭是一绝，它不是把米放在锅里和水一起蒸的，而是放在一个小小的紫砂碗里蒸的，蒸熟后又把两个碗扣在一起，当看到饭堂师傅从笼子里取出两个扣在一起的、老远就闻到香味的紫砂碗米饭的时候，我就产生一种好奇，它是如何做出来的呢？现在想来简单了，饭堂师傅们无非是出于一种经验：每个碗里放一定量的米、一定量的水，不会因为放米、水多了而溢涨出来，米饭熟了之后，再不厌其烦把两个碗、两个碗地扣在一起，一方面起到保温的作用，一方面能包住香味。汽车站的驾驶员、售票员因为工作的特殊性，风霜雨雪，有时拖班不能正常时间回到食堂吃饭，恐怕也是饭堂师傅们于工作中总结出来的一个小妙招吧。沭阳老汽车站的中午的紫砂碗里的米饭香，于我，是一种岁月深处的沁香一瓣，永远不会抹去。那种在历史深处历久弥香的味道，我觉得至今都没有再吃过那香糯的大米饭了。

老汽车站有一种晚上开会的传统。记得一次大姐带我与他们一起乘车去61车队（货车队，统属于淮阴汽车运输公司）开会，61车队在沭阳县城北，去的时候我在车上优哉游哉的，开会的时候我就睡着了，回来的时候说是大姐的同事抱着我回来的，具体的我都不大记得了……而我的母亲在十字桥车站，晚上开年终总结大会，一屋子乌泱乌泱的人，主席台上那个站长声音洪亮，总结、表彰一年之中为城乡人民安全出行作出贡献的行业模范，母亲几乎年年都是先进。我也是因为害怕深夜不见母亲的身影，一定要跟着去才有了这样隐隐约约的些许记忆。

云卷云舒，时光如梭。我记得沭阳到十字桥当年的票价是2角钱，十字桥到淮阴是1.35元。现在我都多久没有坐公共汽车去淮安了，也没有打听过票价几何，估计已经翻了十倍以上了。

近期发现，沭阳汽车站（东站）曾经一度消失的小件寄存处又恢复了，是在一进入售票大厅的左侧服务台位置。我的三姐先也是在农村公交线上，后来调至小件寄存处直至退休。她工作认真负责，勤勤恳恳，是运输公司公认的老黄牛式的员工，待人接物淳朴厚道，她也与我母亲一样是公司的老先进。小件寄存别看是个小小天地，节假日、春节的时候特别繁忙，而且是一个关乎诚信之所在。现在是大数据时代了，它的回归是否表明有较多的事例数据显示这项服务的刚需呢？

由沭阳老汽车站，想到沭阳老东关、沭阳老新沂河大桥……因为它们是那个时代，小城交通的三点闪亮的坐标式的星星，随着岁月的流逝，如海边的沙子被海浪冲刷而去，掩映于一片繁华之下，淹没在时光更迭的汪洋大海之中！

嗟乎，为历史勒石、标注上乡愁的系马桩吧，让游子好认得回家的路……

（作者简介：王长武，沭阳人，江苏省作家协会会员，著有诗文集《沂河儿女》。）

三匹马、沈括像……
昔日沭阳县城那些有名的“大转盘”和雕塑

王路

从宿迁沿 324 省道到沭阳县常州路交叉口，映入眼帘的是大家熟知的红色花篮“大转盘”，这是沭阳县城保留不多的转盘路之一。在交通管理自动化不够发达的年代，为了更好维持交通路口秩序，沭阳老城区的很多路口修建了“大转盘”。这些“大转盘”有个共同的特点，那就是转盘中心都会矗立一座雕塑，比如三匹马、沈括像、石榴仙子、虞姬像等。这些雕塑曾经一度成为沭阳县城的地标，有的一直沿用至今。随着经济社会的发展，大多数转盘路已经逐渐被效率更高的红绿灯替代，但关于这些转盘路的记忆，已经深深地印在了沭阳人的脑海里。

三匹马

几个“大转盘”中给人印象最深的就是三匹马转盘路，位于如今的人民路和北京路交叉口。沭阳人民是善于起名的，三匹马指的就是转盘中间的三匹红色大马雕塑，朝着三个方向马首高昂、四蹄腾空，作长嘶奋进状，十分醒目。沭阳老汽车客运站就在三匹马转盘路东边不远处，沭阳影剧院、蓝天市场都在转盘附近，印象中沭阳最早的苏果超市、华联超市都开在三匹马路口，旁边的五交化市场曾经也是生意红火。曾几何时，很多人坐公交进城，售票员问到哪里下车，乘客都会回答“三匹马”。

三匹马的渊源可以追溯到 20 世纪 80 年代。当时的县委、县政府为了推动沭阳发展，开展了轰动一时的整治老沭河活动。工程浩大，不仅包括新开淮河头至茅湾的新沂河、建淮河头的沭河船闸，还包括建造城区八座交通桥、

河道清淤、河坡铺设护坡石等。整治的费用除了上级补助的配套资金外，其余均由县政府自筹。由于财政紧张，县政府动员全县人民出钱、出力，很多在外地的沭阳人纷纷慷慨解囊，甚至不少已经退休的老干部也踊跃捐款。1988 年沭河整治完工后，县委、县政府为表彰捐献者的功绩，决定在沭城中心建立纪念碑，写碑记、刻铭录，以作纪念，所以从某种意义上讲，三匹马也算是沭河整治纪念碑。

过去的三匹马转盘路

三匹马雕塑是沭阳人民艰苦奋斗的历史见证。20 世纪 90 年代，由于沭阳经济发展滞后，征收费用繁杂，社会矛盾较多，老百姓将原本象征奔腾向上的雕塑戏谑为："三匹马，没方向，一匹北京去告状，一匹南京去要账（当时沭阳是贫困县，常去省城要扶贫款），一匹下乡去扫荡。"

2008 年 8 月，三匹马雕塑被拆除，转盘路不复存在，三匹大马也不知所踪。有网友说曾经在沭阳县扎下镇看到过其中一匹，被遗弃在路边，令人唏嘘。

沈括像

沈括，字存中，生于浙江钱塘，曾做过沭阳县主簿，后历任东海、宁国、宛丘等县县令。在担任沭阳县主簿时，沈括主持治理沭水工程，组织几万民工修筑渠堰，不仅解除了水患问题，还开垦良田几千顷，一改沭阳面貌。

1988 年冬，沭阳县十字乡领导和百姓在沭水河畔修建沈公亭、立沈公碑，继而沭阳县政府在沭城中心立沈括高大塑像。沈括像大转盘位于今天沭阳城区人民路和上海路交叉口，也就是现在中央商场所在位置。多年前，沭阳老百货大楼位于雕塑北边，是全县老百姓采购商品的重要场所；21 世纪初，沭阳生意最红火的万德福超市也在此处，很多人相亲都会选择在万德福超市见面；加之沭阳老人民医院和中医院都在沈括像周边，因此，沈括像附近人山人海是常态。

过去的沈括像转盘路

2009 年左右，沭阳在推进东部城区发展过程中，修建了以沈括著作命名的沭阳梦溪植物园。在城区闹市矗立了 20 多年的沈括像被迁至此处，沈括手捧长卷，放眼远眺，流露出对沭水沿岸这片土地的深深眷恋。

石榴仙子、虞姬像

石榴仙子转盘位于三匹马北侧，在今南京路与北京路交叉口，建于 20 世纪 90 年代初，由国家一级雕塑师吴显林教授塑造。整座雕塑通体白色，造型为一位仙女拂袖从石榴中飞出。传说武则天称帝期间尤其喜爱石榴花，命全国各地种植石榴树，其中沭阳地区的石榴花开得尤其旺盛，百姓盛传是得到了石榴仙子的庇护，时至今日，石榴花仍然是沭阳的县花。2006 年，石榴仙子雕塑被迁移至沭阳南部新城的花木博物馆。

现在的石榴仙子雕塑

虞姬像位于现在天津路和南京路交叉口，是为了纪念楚霸王项羽的夫人虞姬修建。2004年，因城区道路拓宽被迁至沭阳城北公园内，城北公园遂更名为虞姬公园。

过去的虞姬像转盘路

三匹马代表了沭阳人民自力更生艰苦奋斗的拼搏精神、沈括像表达了沭阳人民对造福一方好官的追思和怀念、石榴仙子寄托了百姓对美好生活的向往、虞姬像彰显着“虞姬故里”“花木之乡”的历史底蕴。随着经济社会的发展，昔日几座转盘路雕塑已不复存在，但其中蕴含的精神必将在沭水之阳代代相传。

（作者简介：王路，沭阳人，现在宿迁工作，希望用文字让更多人重拾美好记忆。）

泗阳赋

张卫如

“年来谁上状元墩，墩外桃花不计村。莫道避秦还有地，愿从花里叩柴门。”这是清康熙年间，桃源知县萧文蔚面对城郊大片桃林写下了赞美泗阳的诗。状元墩北面是古废黄河，当时泗阳所处南北通渠咽喉要道，废黄河两岸大堤自然成了人们陆行的必经之路，堤上翠柳万株，夭桃千顷，十分壮观。清代诗人储善闳题《翠柳万行》诗曰：“浊浪高低柳树平，枝枝夹道向人迎。折来马上添行色，半向江南半北京。”诗人把当年桃源盛景与江南、北京等地相提并论，可见当时的桃源风景之秀丽、壮美。古桃源，今泗阳，声名遐迩，一以贯之。如今泗阳是“泗水古都、美酒之都、林海绿都”。拙笔以“可爱家乡，敦厚纯朴”为韵，作《泗阳赋》以赞美之：

文明古国[①]，生态故乡。秦封凌郡[②]，晋属淮阳[③]。接江淮之沃土，毗吴楚之风光。翠柳千行，听林海幽亭之鸟语；夭桃万顷，嗅黄河故道之花香。苏北四时之仙境，运河千里之天堂。

泗阳妈祖像

诚乃置县汉朝[④]，更名元代[⑤]。水顺[⑥]未长，桃源[⑦]犹爱。章华台畔[⑧]，灵王窈窕之欢娱；崔镇驿前[⑨]，丞相凄凉之感慨。三庄汉墓之浮光，泗水王陵之逸态。

况是瓜洲古渡[⑩]，绿岛芳坤。莺飞清晓，蝉噪黄昏。漫步隋堤，望朱墩[⑪]之遗址；留连商埠，寻骡马[⑫]之古村。大道[13]迎宾之喜悦，长桥[14]待客之诚敦。

观夫笔落轩窗，诗吟花朵。世学为船，人才是舵。淮海戏，梨园绽放之奇葩；古琴书，街巷结来之异果。灯前就读于茅庐，月下聆听于麦垛。相文[15]办学，书声乡下则传闻；卢祖[16]织丝，工艺江南乃认可。韩恢[17]报国之艰难，陈毅[18]扫顽之红火。

闻夫天妃[19]临泗，妈祖安家。雕梁画栋，玉树琼花。是则前宫静，后殿华。千里来祈之佛意，四时往拜之神纱。海晏河清，浩浩仁心昭之日月；民安物阜，巍巍圣像灿之烟霞。游客随缘而作赋，闽商乘兴乃品茶。

泗阳膘鸡

若夫泗水佳宾，洋河美酒。开坛则十里醇香，入口乃千樽绵厚。举杯高咏，五里井[20]香四季之花；对酒放歌，美人泉[21]醉三春之柳。膘鸡味美，笑迎四海之人；羊肘肉香，欣接八方之友。成功拼搏之寸心，致富勤劳之双手。

然则青山迎客，绿水养民。白杨挺立，菡萏纯真。鸟飞于湿地，舟漾于水滨。浮影悠桥，静谧杉林之蔼蔼；亲晴草岸，喧哗潭水[22]之津津。成子湖之秀美，运河水之清纯。八垒云屯[23]，杨树沿堤而拂曙；三台雾锁，桃花夹道乃迎春。湖岸晚烟之夜景，沙滩渔火之游人。

夕阳下的成子湖

嗟乎！泗水繁华，民风淳朴。决胜于小康，运筹于帷幄。舳舻击水，商人漕运于京航；高铁穿城，旅客畅游于山岳[24]。民生保障，文明富裕而无忧；政务畅通，高效运行乃精确。运河竞渡之千帆，热土投资乃高卓。碧水环城，红霞映阁[25]。最美之桃源，千秋乃真璞[26]也！

注释：

① 指泗水国，西汉政区名。汉武帝元鼎四年（前 113 年）置，以古泗水流经郡境而得名。治凌县（今江苏泗阳县众兴镇凌城村）。

② 秦统一中国，施行郡县制，在今泗阳境内设置凌县，此为泗阳建城史发端。

③ 东晋时泗阳属淮阳郡。

④ 汉武帝元鼎元年（前 116 年）建泗阳县。

⑤ 元朝至元十四年（1277 年）始设桃园县，辖今泗阳县地。

⑥ 王莽新朝统治期间，泗阳县改名水顺县。

⑦ 桃源县名历经元、明、清三朝。

⑧ 楚灵王好细腰，传说灵城，细腰宫，章华台的地址就在今天泗阳史集，接近凌城地。

⑨ 宋末丞相文天祥抗金失败，被押解过桃源境内崔镇驿站，今临河镇废黄河北岸。写下《题崔镇驿》诗。

⑩ 源自唐白居易词：汴水流，泗水流，流到瓜州古渡头。吴山点点愁。思悠悠，恨悠悠，恨到归时方始休。月明人倚楼。

⑪ 朱墩遗址位于泗阳卢集镇成河村境内，成子湖北岸。

⑫ 指泗阳骡马街。

⑬ 指泗阳迎宾大道。

⑭ 指泗阳大桥。

⑮ 指张相文在城厢南园办学。

⑯ 指泗阳纺织先驱卢廷兰。

⑰ 韩恢（1887—1922），字复炎，江苏泗阳人。民国军事人物，曾担任讨袁军江北总司令。

⑱1941 年 10 月，陈毅带领新四军，在泗阳三庄程道口，发动歼灭国民党顽军王光夏第 7 旅的战斗。

⑲ 指天后宫、妈祖庙。

⑳ 指泗阳产业园区的五里神井酿酒景点。

㉑ 指洋河酒厂酿酒美人泉水。

㉒ 龙窝潭是泗阳城南一道靓丽的风景。

㉓ 指泗阳生态八景。

㉔ 指泗阳魏阳山。

㉕ 指泗阳运河边高耸入云的泗水阁。

㉖ 泗阳是一块待雕琢的美玉。

（作者简介：张卫如，泗阳人，军旅生涯 16 年，转业到地方工作后，长期从事党史和县志的编纂和研究。）

20 世纪八九十年代泗洪县城九大“地标”，满满的回忆

张克社

东风路

路，是城市的动脉，一条路，往往浓缩着一座城市的发展历程。说起泗洪县城的路，泗洪人就会想起东风路（现在的泗州大街、人民路），因为，东风路在不同年代的泗洪都是最宽敞、最繁华的街道，是泗洪的一道风景线，是泗洪人埋藏在心中挥之不去的一段段美好而温暖的记忆。

1980 年东风路（现在的泗州大街）

东风路是中华人民共和国成立后改造老城区街道时，在汴河南岸新辟的一条街道，建于 1955 年，长 3.2 千米、宽 40 米，东西向。随后又以东风东

西路为中轴线，开辟东风南北路 1.8 千米。东风路初为土路面，1961 年，改铺为石子路面。1975 年，东风路中段改为沥青路面，三块板式，道路红线 40 米，两条慢车道各 5 米，快车道一条宽 10 米，两条 2 米绿化隔离带，两边为 8 米的人行道和绿化区，占地面积 128000 平方米。1982 年 10 月，曾返修一次长 880 米快车道，余 2.32 千米于 1994 年铺筑成混凝土路面，这一段缩小绿化带，增加宽 12 米快车道。1984 年，对东风南路进行铺设改造。

20 世纪 80 年代的东风路，两侧是梧桐树，高大而枝叶葱茏，兴盛的生命力也曾让市政部门困扰，大树繁茂的枝叶总会在夜晚挡住路灯的光线。每年秋季，市政部门就会组织人去修剪。

东风东西路后改为泗州大街，因城市发展需要，两侧的梧桐树被移去，取而代之的是香樟树、桂花树等景观树。随着城市的发展，泗州大街也建设得更宽大，两边的建筑也造型各异、鳞次栉比。这里一直是泗洪最繁华、人流量最大的街道。

东风南北路后改为人民路，人民南路两侧的梧桐树保留至今，成了泗洪“网红”街，是游人的“打卡”之地。

花园口

不论何处，不论消失得多么长久，一些事物就在那儿，在岁月的深处，深深地镌刻在人的心中，像一首古老的歌谣，吟唱在人的记忆里。花园口，几代泗洪人的记忆，就像天空的星辰，不停闪烁着淡淡的乡愁。

花园口是早年位于东风路（现泗州中大街）中间的一处地名，因当初在十字路口的交会处植花园而得名。当时的花园并不大，但名气却不小，不用说泗洪人知道，从外地来泗洪的人也都知道。花园口的名气与花园口的建筑有关，也与花园口的交通便利、街道繁华有关。20 世纪 70—80 年代的花园口，东南侧是二层小楼东风饭店酒楼，西南侧是烟酒公司、第二百货和供销大厦，东北侧是文化馆，西北侧是花园商场、图书馆。可以说那个时候的花园口就是当时泗洪县城的商业中心和文化中心，是泗洪县城的新街口。

20世纪50年代，泗洪还很少见汽车或拖拉机，大街上牛车、马车、板车、独轮车就是街道上的标配了。不时地，还会有居民家的猪羊悠闲地在花园口行走。花园里种植着花草，起初种些本地花卉，比如月季，大黍花，蝴蝶花等，一到冬天，花园里基本上也就只有霜花、雪花了。当然，过年时还有烟花。花园口一度被人用木料芦席搭成类似天安门的样子，后又改了回去。花园原来是有栅栏的，开始是木栅栏，后来改为铸铁的，基座也由青砖改为水泥沙子混凝土。花园里那些花草也改成了冬青黄杨，老百姓也有三分奇怪，知道了不仅松柏在冬天不死，还有其他一些没有见过的植物。过了些年，车多了，花园口的花园也就改小了。又过了些年，花园口的花园就没有了，中间放了岗亭，有交警在上面指挥交通。再后来，岗亭也没有了，只在地上画上斑马线、直行线、转弯线、黄线、停车线，空中也安上了红绿灯。

20世纪90年代的花园口

许多泗洪人看着花园口的变化、记得花园口的变化，也有一些人对花园口有着自己不一样的记忆。或是东风饭店的美食，或是商场里的商品，或是文化馆门前一字排开的平板车，也可能是一个文学爱好者在文化馆经历的一次终生难忘的文艺创作培训。

进入21世纪时，泗洪县城长“大”了，楼房也长高了。原来的东风东西路改成了泗州大街，东风南北路更名为人民路。奇怪的是，泗洪人依然把那段十字街心称为花园口，不仅公交车站台这么标着，而且在几代泗洪人的心中烙着，挥之不去，成了泗洪人心海上一艘永不沉没的情感之舟。

泗洪电影院

每一次路过这里，都会驻足、观望，都会寻找那座老电影院的位置，回想那个售票窗口，回想那些刻印在记忆里的电影海报。还会想起一些影片，那些影片的画面是那样清晰，那些情节还一样让回想的人感动、向往。

泗洪电影院，面积 1665 平方米，这座建于 1967 年的 2 层楼房，播放的每一部电影都留在泗洪人的心里，连同每一排座椅，都是那样温暖，散发出当年的味道。

百货大楼

我们对一座城市的记忆，是一座城市的建筑，一座城市的风景，一座城市的美食，一座城市的遗迹。说起泗洪，我们还会想起那座商品琳琅满目、品类齐全的百货大楼。

百货大楼

百货大楼建于 1980 年，在花园口东侧，坐北朝南，3 层楼房，建筑面积 1200 平方米。在那个物资匮乏的时代，很多人泗洪人不管买不买东西都要进去凑个热闹，感受一下熙熙攘攘的人群，就这逛一逛，也让人有说不出的满足与惬意。

泗洪人印象中的百货大楼一直是走在时代最前沿的，永远都有时下最潮流的服饰用品，供来往客人进行着挑选、购买，然后传播并引领着当时人们新的潮流。家境好些的，会带着孩子到百货大楼里溜上一圈，看到那些漂亮的服装，孩子会吵闹着要买，大人也就咬咬牙为孩子购入一件新衣。孩子呢，会穿着新衣在小伙伴们面前晃悠，引得一群小伙伴无数羡慕的目光在新衣上停留，穿新衣的孩子更是不舍得脱下新衣，巴不得睡觉时都套在身上。

当然，百货大楼也是那个年代新人们结婚前必去的地方，一对彩壳的热水瓶、一只搪瓷脸盆、一床毛巾毯、一块手表，一台缝纫机或一台电视机……让无数新人们喜结良缘，成就了一对对美满幸福的婚姻。

泗洪商场

这是一座当时在四周县级商业区楼层最高的、面积最大的商业楼，是一座地标性建筑。所有的泗洪人都知道，包括那些刚刚入学的孩子，泗洪有一座 9 层的楼，是个商场。

泗洪商场，建于 1987 年，1988 年竣工，9 层，又被泗洪人称为“九楼”商厦，总面积 5871 平方米，为个体开发兴建。1988—1999 年，销售额达 118.07 万元，上缴税收 4.19 万元，工商费用缴纳 1.04 万元。这在当时，是很了不起的一件事。

1988 年，当商场建成开放之后，很快就成了泗洪人最热衷的购物地。有许多孩子都跟随着长辈们去“九楼”，一层一层地爬，爬得满头是汗，跌跌撞撞。

1989 年，泗洪首次出现抽奖促销活动，活动就是把一些稀罕、贵重的商品，如家电、自行车等，摆在“九楼”楼下，旁边兜售着 2 角钱一张的奖券，中奖的人都是当场带上红花，然后欢天喜地地将商品拿走。那时的促销活动不是太多，所以每次活动总是会围着许多人。

2001年5月20日，泗洪商场（“九楼”商厦）选择“切块出售”改制形式，将“九楼”商厦1—3层营业厅的资产、商住楼底层资产及工业路西侧商业用地（300.63平方米）的资产共270.22万元从总资产中切出，与其等量的债务270.22万元对应，以零价出售给企业全体职工。

2001年6月20日，泗洪商场（“九楼”商厦）以“切块出售”的形式组建成泗洪县九楼商场有限责任公司，组建后实行“自主经营、自负盈亏、自我发展、自我约束”的经营机制。

从国有到私营，“九楼”经历了12年。而今，又过去了20多年，“九楼”虽然还在那儿，却成了“文物”般的存在了。

东风饭店

在泗洪人眼中，当年的东风饭店就是泗洪的金陵饭店了，每个路过饭店的人，都有一种走进饭店的渴望。在那个物资匮乏的年代，如果能到东风饭店吃一碗面、喝一碗汤都是一种满足、一种骄傲，都会把那碗面、那碗汤的味道保留在记忆里许多年。

东风饭店建于1981年，2层楼房，250平方米，是当时县城唯一上档次的饭店。来来往往的人总会在饭店门前驻足、流连、张望，充满遐想，更多居住在农村的人大都只听说过东风饭店的名字，却从未见到过，更不用说进饭店。但是，所有泗洪人都知道泗洪有个东风饭店，也把东风饭店传说得美好而令人向往。

泗洪县汽车站

说起车站，泗洪人总有一种恍若隔世的感觉。

中华人民共和国成立前，泗洪境内是没有车站的，只有青阳、双沟有临时停车点。直到1951年，泗洪才有汽车站，不过，那时的车站不是单位的，是设在私人家的，起初是设在青阳镇湾子街居民潘德家，1953年又迁至青阳镇南小街20号苏忠友家。到了1956年，车站才划属淮阴汽车站管辖。1958年，泗洪车站从私人家中迁至桥南洼大路（工人路）工会对面灭蝗指挥部，泗洪才在真正意义有了独立的车站，时有站房5间，停车场约800平方米。

泗洪说的泗洪县汽车站，是1966年迁至东风西路4号建设起来的车站，当时车站占地4700平方米，建有候车室、售票室计300平方米。1977年，车站扩建，改原候车室为零担货房，增建简易候车室560平方米，售票室、寄存室、广播室56平方米，停车场3000平方米，修理工间330平方米。1986年又投资203万元扩建，新建售票厅370平方米，候车厅925平方米，停车场2000平方米，寄存室、广播室、询问处90平方米，油库120平方米，招待所600平方米；设置8个售票窗口及12个检票出口，添置电子显示仪。全站固定资产原值500万元。是年，经市批准，修理工间升为二级保养单位。

那时泗洪交通还不发达，泗洪县汽车站就是泗洪人南来北往唯一的交通枢纽，因而，泗洪人对汽车站有一种特殊的记忆。还有车站附近的大排档，是流动人群常常光顾的地方，3角钱一碗面，1元钱一碟肉丝，是那个时候旅客最佳的美味。

进入21世纪，泗洪交通事业蓬勃发展，泗洪客运站也日新月异。2003年，泗洪投入1500余万元，在徐宁路西侧高速入口处北侧新建二级客运站。泗洪汽车站从原来的东风路（后改为泗州大街）整体搬迁至新站。2015年，泗洪汽车站再度南迁，位于泗洪城郊省道245线及121线交叉口，按一级客运站规模建设。车站总占地面积66677.43平方米；其中建筑总面积30948.53平方米。候车楼建筑面积10301.52平方米，建筑三层；公寓楼建筑面积15892.26平方米，建筑15层，建筑高度80米；维修间建筑面积658.75平方米；总绿化面积20239.55平方米；站前广场面积9730.4平方米；停车场面积29742.49平方米；投资约1.5亿元。

因城市发展需要，泗洪又于2005年、2011年分别在城北、城东建设汽车北站和汽车东站2个三级客运站。

现在泗洪人出行非常便捷了，但人们还是会想起原来的汽车站，想起车站周围那些排档，想起那碗面、那碟肉丝的味道。

工人路

工人路是泗洪县的一条老街，是泗洪人主要购买生产、生活用品的地方。在泗洪人眼里，工人路就是一个繁华的“旧货市场”、一个人人都想去逛一逛的“义乌小商品城”。

早年的工人路，是从南大桥至建设路，路不长，货物却近乎齐全，生产用的、生活用的应有尽有。到泗洪的人，都不免要到工人路走一走，买点家里需要的物件。因为商铺门前摆满了摊子，加之人流量大，路上常常会堵，要好长一段时间，才能从东逛到西。

后来几经改造，工人路变长了，从青阳南路到衡山北路，街道变了，低矮的瓦房被高大的楼房取代，商铺门前变得宽阔，路面也变得宽敞，“旧货市场”也变成了家电水暖、玉器古玩、美食书摊。但是，我们就很难再见到那些手艺人，理发的、修鞋的、缝补衣服修拉链的……却也偶尔可以见到那些卖干货的，干鱼、干虾、坚果、炒货……似乎还有点儿当年的味儿，让人回忆、让人怀念……

工人路新貌

工人会堂

位于工人路与东风北路交叉口的工人会堂，建于 1956 年，建筑面积 500 平方米。经过半个多世纪的历程，过去的工人会堂早已拆除。但泗洪人却没有因为工人会堂的消失而忘掉它，那些曾经的热闹与繁荣，那些经典影片，还有那些精彩的演出都给泗洪人留下了不可磨灭的美好的记忆。

工人会堂是个多功能场所，在 20 世纪 70—80 年代，既是召开会议的会议室，也是播放影片、文艺演出的影剧院，还是青少年各种培训的场所。

（作者简介：张克社，泗洪人，江苏省作家协会会员、泗洪县第二届作家协会主席、大湖文学研究会主席。）

青伊湖农场变迁史

骆永生

建场之初：解放曙光 建设家园

1948年年底，随着全国解放战争形势的迅猛发展，人民解放军以排山倒海之势横扫国民党残余势力。沭阳县（当时叫潼阳县，县政府设在潼阳，即今天的潼阳镇）县委领导下的县大队武装力量也在斗争中不断地发展壮大，斗地主，打土匪，支援正规部队作战等，作出了很大的贡献。这时候，已先后荡平了盘踞在桑墟、赵集、上房等地的炮楼，肃清了流窜在沭阳、东海、灌云三县境内的土匪残余，打通了三县的交通要道，与陇海宿北的解放区连成一片。在这即将迎来胜利的曙光之时，县委领导一边平定匪患，一边紧锣密鼓建设新家园。潼阳县委依照解放区人民政府在东北、华北老解放区开垦荒地建立国营农场的做法，在潼阳也建了一个小规模的国营农场。

当县委书记王通吾等领导视察青伊湖北的蔷薇大堤时，看到这两县交界处茫茫芦苇荡与沼泽荒地，心中涌起了一个构想：就在这儿筹建一个农场！北依蔷薇河，南傍青伊湖，建设好了，不就是一个小“南泥湾”吗？王通吾书记决定把潼阳的农场迁过来作为总部，并命名这个农场为国营青伊湖农场。在得到上级部门的批准后就开始“招兵买马”，开荒拓土，建设家园。

农场由上级部门相继调派的一部分本地转业军人和青年大学生为骨干，组成领导班。管理实行场长负责制，建制性质是县团级单位。建设之初分别有郭志典（县委常委）、李甫军、徐龙（曾任宿迁县副县长）、丁得举（团参谋长转业）、王增训（参加过抗美援朝战争，担任营长，后转业来农场）、支兆贞（地方游击队干部）、薛剑云等担任过农场的场长兼书记。

第一批大学生有董其凤（江苏农大毕业，邳州人，担任下坊农场分队长兼农业技术员，后英年早逝）、陆鹤成（从农业技术员到科长、场长直到后来调到农垦局）、戎华生（从机械技术员到场长，上海人）等。

在沭阳、东海、泗阳、灌云、淮阴等县的热血青年纷纷前来报名，成为第一批建设农场的基层主力军。他们来了以后，有的动员自己的兄弟，

热血青年参加农业生产

有的动员邻居，有的动员好朋友来农场，这支建设队伍不断壮大。

第一代的农场人，从干部到职工，工作时同心协力，领导身先士卒，吃苦在前，可谓是“碧空飞翔领头雁，人字队形飞行远”。也正如俗话说的，火车跑得快，全靠车头带。第一代农场领导人为农场的建设作出了卓越贡献。

新中国成立后到60年代末，在荒芜之地分别建立起了以下6个分场：场部所在地依蔷薇河而建的分场叫蔷薇分场；坐落在青伊湖镇姚沟村东面的是汪荡农场（因为这里在建场时，每逢大雨必是一片汪洋，波浪浩荡）；紧傍青伊湖镇后乡村的取名叫垤庄分场（垤，小土丘的意思，在青伊湖没有完全消失之前，这儿地势要高些，这个分场就依湖而建）；紧依湖东镇

李场村的取名叫李场农场；在青伊湖镇蔷薇村与东海平明镇交界处的叫纪王魏农场（因这里的村庄有纪、王、魏三大姓得名）；离场部最远的是在高墟镇与灌云县交界处的下坊农场（因附近有一个下坊村得名）。

国营青伊湖农场在其历史发展的过程中，曾两度短暂划归地方政府领导，1979年春才又正式归属江苏农垦部门，成为全国7000多个国营农场大家庭中的一员。

探索之旅：艰苦奋斗　沧海桑田

国营青伊湖农场是在荒芜之地建立开垦起来的，所以在建立之初，充满了艰难困苦。第一代农场人开拓进取的精神，可歌可泣，感天动地。

其中开垦纪王魏农场和下坊农场尤为艰辛。

纪王魏农场当时由顾金蒙为队长，骆民为会计兼出纳及保管员的二人领导小组，带领一百来名职工去开发。那里灌木丛生，荒草连天加上一片沼泽。他们战天斗地，经过多年的奋战，开垦了4000多亩土地，让昔日的荒地变成了良田。后来，为了便于管理，经上级部门研究决定，把这片土地交由东海县政府管辖。

下坊农场建场之初，那里是几千亩盐碱地，不要说耕种庄稼了，几乎寸草不生。夏季时，火辣辣的太阳底下，是一片片白茫茫，让人错觉是“六月雪”。以老荣先为首的农场人决心对这片“雪原”进行改良。先后在这片土地上种植了田青、苜蓿等作为叶绿肥，等田青、苜蓿长出一人多高时，再用东方红拖拉机深翻耕到土地下。经过多年的辛勤耕耘改良，终于，下坊农场改良出了一万多亩土地，成为当时农垦的一个不可或缺的粮仓。

到60年代末70年代初，经过20余年的建设，国营青伊湖农场共下设5个农业分场、1个场带队（赵集村），全场有土地29469亩（其中场带队8413亩）、耕地20150亩（其中场带队5670亩）。到70年代，5个分场基本上实现了小麦耕种收割农业机械化，每到三夏大忙时，东方红拖拉机和康拜因收割机在金黄色的田野里日夜歌唱丰收之歌，解放牌跃进汽车在马路上来往穿梭……

花开花落，岁月流逝，从一片盐碱滩到万亩良田，我们的父辈为新中国的建设添砖加瓦，奉献了他们平凡而又绚丽的青春岁月。

改革之路：振兴农场 成果斐然

党的十一届三中全会以后，社会焕发出了勃勃生机，特别是当时的国家领导人华国锋提出一定要把国营农场办好的方针，更是让农场人充满了豪情。

1978 年以后，对原来的管理体制逐步进行改革。到 80 年代中期已实行的改革主要有：①扩大农场的自主权。在完成国家计划任务的前提下，农场可按照当地条件和社会需要，因地制宜地发展生产。②实行独立核算、自负盈亏。生产资金不足可由银行贷款。③实行多种经营形式。1978 年以来先后实行包产到劳、联产计酬和农场统一经营与大包干到户分散经营相结合的体制。1983 年 8 月以后，农场统一经营与职工家庭农场分散经营相结合的体制得到普遍推广。

1986 年以后，农场进一步深化改革，大胆调整产业结构，坚持“以农为主，全面发展”的方针。农业上主要是缩小粮食种植面积，扩大棉花等经济作物种植面积；工业上坚持以酿酒为龙头，大力发展农副产品加工业，产品结构趋于合理，逐步形成了农林副渔齐头并进，工商运建服务全面发展，种养加、贸工农一条龙生产的经济联合体。青伊湖农场气候温和，日照时间充足，无霜期长，特别适宜棉花生长，棉花产量为江苏农垦之最，先后多次获得江苏省人民政府颁发的棉花“丰收杯”奖。

场办工业始于 70 年代中期，当时有磷肥厂、酒厂、修理厂等，到 80 年代初，农场又办了面粉厂、砖瓦厂、粮油加工厂、水泥制品厂，场办工业有了长足的发展，基本上形成了酿酒、农副产品加工、化工、建材等多门类综合发展的工业体系，成为农场重要的经济支柱。

场办工业以酿酒业的发展速度为最快，以蔷薇酒的质量最为上乘。蔷薇酒厂建于 1976 年秋，当时年产量只有几十吨。到 90 年代初，已发展为年产 3000 吨曲白酒的中型酒厂，产品产量也在不断提高。自 1982 年 60 度蔷薇大曲在农牧渔业部农工商产品展销会上被评为优质产品后，连续十年保持部优称号。酒的品种也从单一的 60 度蔷薇大曲发展成为具有 38 度蔷薇特液、45 度蔷薇玉液、55 度蔷薇特曲等十几个品种的系列产品。38 度蔷薇特液相继获得了农牧渔业部优质产品奖，并被评为省优、市优产品；55 度蔷薇特曲在江苏省优质产品质量跟踪展评会上，荣获消费者满意奖；在首届中国食品博览会上，60 度蔷薇大曲和 38 度蔷薇特液双双金榜题名，荣获金杯奖；在第五届全国白酒评比中，38 度特液力挫群雄，以 91.7 分的高分进入“国优”酒评比的决赛圈。蔷薇酒香飘四海、誉满九州，不仅远销全国 20 多个省、自治区、直辖市，而且早在 1986 年就有少量特优产品打入东南亚国际市场。蔷薇酒以上乘的质量赢得了众多消费者的青睐，成为当时淮阴酒乡的又一朵奇葩。

蔷薇酒

第二代担任场长的领导人主要有孙步云（原岗埠农场领导）、王兆柱（原东辛农场领导）、贺庆龙、刘维金等，他们在改革开放中为农场建设作出了重要的贡献。

涅槃重生：困境突围　扬鞭新程

到90年代，由于误判市场形势，盲目投资酒精厂，农场资金严重短缺，结果是酒精厂胎死腹中，也给蔷薇酒厂带来了灭顶之灾。从生产到销售举步维艰，最终导致蔷薇酒厂错失发展良机，令人扼腕叹息。

2001年11月，国营青伊湖农场经省政府批准划归沭阳县属地管理，属地管理后的农场场长主要是由沭阳县政府任命。先后来农场担任场长的有县中层干部王昆、宋延飞、荣金等，他们到任农场后，在稳定民情、推进人事改革、发展农业现代化等方面作出了贡献，他们的成绩得到上级部门的肯定。

现在，青伊湖农场成为沭阳县街道性质的单位。但是，它的历史与共和国的成长史是共振的。它曾经为新中国建设作出的贡献不会随着岁月的流逝尘封，这片土地是我们父母辈奋斗的地方，是承载我们父母辈青春岁月的地方。牢记历史，记住我们的成长足迹；展望未来，肩负起我们复兴中华民族的使命。新一代的农场人应当担当起新的建设使命，奋发有为、砥砺前行，为强国建设、民族复兴贡献自己的力量。

（作者简介：骆永生，中学语文教师，喜欢读书，热爱家乡，热爱乡土文化。）

这是一个千年古镇，古泗州和桃源县曾以此为界

王克凯

界集，地处江苏泗洪县城东北25千米，东濒成子湖，西面与朱湖镇为邻，北面与曹庙乡接壤，南界与洪泽湖农场相望，面积96平方千米。境内水陆交通十分便捷，是龙集、太平、界集、曹庙、朱湖5个乡镇的重要物流中心和农副产品集散地。

大美界集

历史悠久的千年古镇

界集，原名叫沙砬口，又称界头集。北宋年间，此地埋有古泗州和桃源县的界桩石，也称界牌。一条南北走向的街道分属两地，南半部分属泗州府管辖，俗称“州地”；北半部分属淮安府桃源县所辖，俗称“桃地”。南宋与金国议和，淮北为金国统治，当年在街中沙砬口立一牌坊称界牌坊，桃源

县与泗州以此为界。到了清代嘉庆年间，天下太平，洪泽湖边的居民经常在这里贩鱼卖虾，慢慢形成一个较大的集市，人称界头集，一直到民国时候改称为界集。

界集是座闻名遐迩的千年古镇，历史悠久，人文荟萃，这里曾留下不少文物古迹和古营盘遗址。

据《桃源县志》记载，界集镇境内还有三国时期历史人物陆逊的庙宇，当地人称陆仙庙，庙宇位于安河北岸，离界集十八里。早年香火鼎盛，晨钟暮鼓不绝于耳，一年一度的庙会热闹非凡。由于这里长期发生战争，庙宇已毁于战乱，镇庙石龙 20 世纪中被人盗走，今遗址上尚可见残砖断瓦。

相传南宋岳飞领导的岳家军抗击金兵入侵，转战黄淮河流域，其中一支劲旅就驻扎在淮北界头集一带。古镇南头留下许多古营盘烽火台、烽火墩遗址，今境内仍有杜墩、王墩、曹墩、黄泥墩等地名。当年岳家军出师北伐，岳飞在校场点兵阅军，提出慷慨激昂的战斗口号“还我河山”。后来岳飞被赵构和秦桧以“莫须有”罪名害死于风波亭。人们为了纪念这位顶天立地的英雄，在岳家军战斗过的地方都立有“还我河山”的照壁、碑或牌坊，昭示全国上下永远莫忘收复中原、还我河山的救国大业。宋德祐二年（1278 年），文天祥被元军所俘，从岭南押解去北京，经过界头集，看到那块“还我河山”的照壁，不禁感慨万千，血泪奔涌。清朝末年，太平天国赖汉英率部北伐，路过界头集，界牌坊被士兵砸坏。对“还我河山”那块照壁，当地七八十岁的老人至今还记忆犹新。

人杰地灵的红色沃土

界集是一片红色沃土。抗日战争时期，刘少奇、邓子恢、彭雪枫、张爱萍、刘瑞龙等老一辈革命家都在这里战斗过。1943 年 3 月中旬，我新四军第 4 师 9 旅在当地群众大力支持下，于界集境内山子头一带，一举歼灭国民党反动军队 1000 余人，活捉了国民党江苏省政府主席韩德勤，击毙保安纵队司令王光夏，这就是著名的“山子头战役”。这次战役彭师长的指挥部就设在界头集。山子头战役的胜利，彻底粉碎了国民党顽固派妄想以韩、王两部东西夹击我军的阴谋，有力地保卫了淮北抗日民主根据地，使我新四军有更多的兵力、精力投入抗日战场和边区建设。

界集人杰地灵，名人辈出，历史上涌现出许多时代精英，他们为推动社会进步作出了贡献。

许联镖（1801—1867），界集许圩人，才智过人，武艺高强。嘉庆二十四年（1819 年）应试中武举第一，道光二年（1822 年）中武进士，授河南卫辉营守备，为道光朝“年轻才高之士，不可多得人才”。同年，许联镖奉命赴西北平叛。因战功显赫，多次受到道光皇帝的召见和嘉奖。

杨道南（1909—1982），界集杨岗人，年轻时便在家乡教书育人，抗战中毅然投身革命。先后任中共界集乡民政员、乡长，龙集区区长。后通过选举，任中共泗阳县参议长、副县长，为建设抗日民主政府鞠躬尽瘁。1946 年 11 月，国民党大军压境，淮北沦陷。杨道南被任命为泗阳县县长兼游击队大队长，率领部分队员留守洪泽湖，坚持开展湖上斗争，艰苦卓绝。后率队随解放大军南下，所向披靡，直抵四川。历任巴县县长，重庆市第四区副区长、区委副书记，九龙坡区党组书记、区长等职。1958 年，因工作出色，受到毛泽东主席亲自接见。

张道干（1923—2017），界集杜墩人，抗战老兵，1942 年入党。因战争原因，他失去了党员身份证明。但他初心不改，始终坚守自己的崇高信仰，

张道干故居

寻党七十载，历尽艰辛，矢志不渝，充分体现了一个老共产党员对党无限忠诚的赤子情怀。我市著名儿童文学作家胡继风的长篇小说《太爷爷的心愿》就是以张道干寻党为原型而创作的。张道干故居已被当地政府部门确定为市级党性教育基地和爱国主义教育基地。

裴昌彩，界集颜圩人。2005 年 4 月 28 日下午，任教于界集镇中心幼儿园的裴昌彩，在下班途中看到一辆失控的手扶拖拉机忽然冲向一名小学生，她丝毫没有犹豫，纵身上前，将小学生推向路边，自己却被拖拉机撞出数米，造成重伤，落下终身残疾。裴昌彩英勇救人的事迹，感动了无数人。她被授予 2006 年度“全国十大见义勇为英雄”称号。2008 年 1 月 29 日，裴昌彩当选为第十一届全国人大代表。

界集还是出文人的地方，戏剧家夏玉良算是一个。夏玉良，界集丁岗人，少年时便饱读诗书，才华横溢，青年时代独闯新疆边境，历经生死考验，仅此举就充满文人的勇气和诗情。他曾先后发表了 40 多部话剧、戏曲、歌剧作品，并多次获奖，创作的《古泗州遗恨》剧本手稿被印尼华商收购收藏。

物产丰富的生态公园

界集不仅土地肥沃，而且物产资源丰富，农业特色产品琳琅满目，举不胜举。

以界集南片的王滩、安东、吕岗、杨岗、李塘等村万亩优质粳稻为原料的“小雨点”“好外婆”牌大米，被省级评为绿色无公害优质粳米，年销售量 4000 至 4500 吨。由洪泽湖边的千亩荷塘出产的无公害浅水藕，已注册“界集”牌商标，年产量 2000 吨，个大白嫩、甜脆质细。食用菌生产基地年均出产蘑菇、平菇、金针菇等菌类食品 8000 吨，味道鲜美，营养丰富，绿色无公害。手工酿造的“恒润”牌酱油、食醋于 2003 年通过国家技术质量监督局颁发的安全食品生产认证，年产量 400 吨左右。以小麦精粉为原料，采用传统手工工艺，平底锅烙制的界集大饼，质地松软，喷香诱人。界集镇东濒成子湖，水面宽广，已投产建成无公害养殖基地，可用养殖面积 2 万亩，年产水产品近万吨。

几年前，界集的千亩荷塘曾是废弃的水塘，后因地制宜，结合现状地形，拓展水面空间，营造出以60亩人工湖为核心的生态水域景观体系，旧日臭气熏天的垃圾场蜕变成为居民健身休闲、运动娱乐的生态文化公园。公园通过入口牌坊、流芳阁、烟雨亭等景点串联，使历史文化、红色文化、农耕文化和生态文化在此交相辉映。

2014年以来，界集镇先后被评为全国重点镇、2016年度江苏省卫生镇、第三批江苏省农村电子商务示范镇、第二批江苏省生态文明建设示范镇、2017—2019周期国家卫生乡镇、江苏省乡村振兴先进集体、江苏省绿化先进乡镇等。

百尺竿头思更进，策马扬鞭再奋蹄。如今，界集已成为成子湖畔一颗璀璨的明珠，相信界集的明天一定会更加富饶美丽！

（作者简介：王克凯，泗洪人，中国散文学会会员、宿迁市作家协会会员。）

西南岗两个默默无名的村庄，何以成为“网红打卡”地？

王乃化

在距泗洪县城 40 多千米的西南方，有个美丽的乡镇叫天岗湖乡。过去，曾以贫穷闻名苏北，是江苏省脱贫攻坚重点地区。如今的天岗湖乡已是物阜民丰，被誉为生态林果之乡、养生旅游之乡、锣鼓文化之乡、绿色能源之乡，还有两处“网红打卡”地：古老的松林庄和多彩的西马庄。

天岗湖美景 （张连华 摄）

古老松林庄

松林庄的江淮古猿化石遗址，时代属中新世时期。位于天岗湖乡王集居松林庄西北约 500 米，面积约 5000 平方米。1979 年至 1986 年的八年间，中国科学院古脊椎动物与古人类研究所及南京地质陈列馆的考古学家、地质学家们在松林庄采石坑内共发掘到古猿牙齿 80 多枚，距今约 1200 万至 1500 万年。

1983 年，西德幸氏博物馆施托西博士在考察松林庄化石点时说：“中国有考古学家的两大乐园：一是耸立在中国西南冰山雪岭之巅的珠穆朗玛峰。

一是中新世化石动物群种类最多、最集中的江苏省泗洪县天岗湖。”

1985 年，松林庄青年农民潘茂冲在此发掘出一具古猿的下颌骨化石，上含四颗牙齿化石。经中国科学院鉴定，距今约 1500 万年以上。此外在该遗址还发现了大量的鱼、鳄、龟、鳖、鼠类、鹿、犀牛等 5 纲 9 目 26 科 65 种脊椎动物化石。有的在我国乃至东南亚为首次发现，有的填补了我国中新世地层的长期空白，有的则为我国中新世的最早纪录。

1985 年，美国考古学家、亚利桑那大学教授林赛自费从美国来到泗洪，当他考察过松林庄化石点后，称赞松林庄为世界罕见的化石动物群的“宝库”。

经专家考证，天岗湖的松林庄继云南开远、禄丰之后，已成为举世瞩目的“化石宝库”和“最古猿类的故乡”。

迄今为止，在我国的土地上，尚无比松林庄古猿更早的古猿化石被发现。1982 年，松林庄古猿遗址被列为县级文物保护单位。1982 年 9 月以来，美国、法国、德国等国考古专家也多次来此考察。

站在遗址上，极目远眺，数十个大风车尽收眼底，在蓝天白云下熠熠生辉。看着风车快速转动的巨大翅膀，隐约听到似雁群飞过呼呼的声响。天岗湖的滩涂及大部分湖面被一排排巨大的太阳能板覆盖着，在阳光下闪着耀眼金光。

近处的万亩桃树株株含苞吐蕊。青色、紫色、紫红的苞儿沐浴在春光里，尽情地享受着春风的轻吻、春雨的滋润，在某一个阳光明媚的早晨悄然绽放，让你惊喜万分，让你陶醉于无边的花海之中，整个松林庄也沉浸在这沁人心脾的花香之中。

为了进一步优化村民居住环境，提升生活质量。松林庄现在已经整体搬迁，取而代之的是万亩桃林和天岗湖乡林果服务中心。

今日的松林庄真是新柳育春意，花溪照桃红。这也让我想起了写出天岗湖景美、物美、人美的藏头诗来：

天蓝鸟飞翔，
岗上桃花香。
湖中水荡漾，
乡风正气扬。

多彩西马庄

从松林庄古猿遗址地出发，如果你选择开车，行驶在宽阔的柏油马路上，几分钟就可以到达另一个“网红打卡”地——多彩的西马庄。

天岗湖西马庄景区全貌鸟瞰图

当然，大部分游人选择的是步行。走在蜿蜒曲折的乡间小道上，尽情呼吸着乡野清新的空气，欣赏着各色野花。远离城市的喧嚣与忙碌，陶醉于大自然的宁静与安详。与友人或家人边走边聊，不知不觉间就来到了西马庄。

在西马庄，你能够看到凌空旋转的水车，潺潺流动的叠层流水；正房、厢房、前屋围合的苏北特色四合院，还有一眼百年的青砖老井——甘露井，汩汩清泉至今仍是清冽甘甜。

在这里，孩子们可以尽情地荡秋千、走荡桥、玩跷跷板、爬绳网，还可以玩石锁、推石杠铃。如果你来得正是时候，还可以在新建的乡村大舞台前听小戏、看表演。这里最具有乡野情趣的细叶芒、斑茅草、矮蒲苇、狼尾草足以勾起你美好的回忆，让你流连忘返。

到了西马庄，你最想看的一定是这里的一棵老榆树。这棵老榆树在村庄西北角，树龄近 300 年，树干直径约 1.5 米，树冠高大、树身沧桑、树根虬曲、枝繁叶茂，就像一部活的历史、一本厚重的大书。她承载着众多乡亲童年的梦想，见证了普通百姓生活的变迁。三年经济困难期间，她用榆钱、榆叶救了无数乡亲们的命。对这里的百姓们来说，这棵老榆树就是吉祥树、恩情树，也是母亲树，更是生命树。

天岗湖乡西马庄树龄约 300 年的老榆树

据西马庄老人回忆说：那时，谁家生个小孩，都要在树上系一块红布条，祈盼孩子像老树一样健康长寿。谁家有了病人，也要到老树下烧一炷香，磕几个头，希望得到老树的保佑。三年经济困难期间，老榆树帮助了村里的乡亲渡过了难关。在青黄不接的春天，家家无面，户户无米，人人面黄肌瘦。老榆树似乎知道了人间的饥荒，早早就长出了满树硕大的榆钱。人们小心地爬上老榆树摘下榆钱、捋下榆叶，一筐筐一袋袋地拎回家，掺一点山芋干煮成榆钱饭，虽不能填饱肚子，但也能维持生命。庄上许多老人都是因为这棵老榆树的叶子勉强活了下来。后来人们不再用榆钱、榆叶做饭，但人们还是在它的下面躲风避雨，消暑纳凉，诉说着家长里短，唠着生活的酸甜苦辣。老榆树也总是静静地听着，渐渐地老榆树成了小村的标志。在外出打工人依依不舍的回望中，最后消失的是小村的老榆树；在远行归人渴望的目光中，第一个出现的也是小村的老榆树。

乡音常听忆乡愁，思家念亲情悠悠。西马庄现在虽然鲜为人知，却是很多西南岗人梦里故乡：因为这里有昨天的故事，今天的美好，明天的梦想……

（作者简介：王乃化，泗洪人，小学教师，喜欢读书、爱好写作。）

“苹果黄河”记忆：宿迁市果树试验场的前世今生

刘成君

原宿迁县境内黄河故道两岸，被流沙冲积而成的土地一万余公顷，由于土壤表层缺乏有机质，碱性大，不易立苗，长期大面积荒废。新中国成立后，县委为整治废黄河滩想了很多办法。1957 年，省委下文同意宿迁发展果树产业。1958 年年初，国营宿迁县果园场成立。随后，县委确立了“玻璃城，水稻县，苹果黄河，葡萄山”战略目标。果园场在自身发展的同时，带动了黄河沿线果树生产。至 20 世纪 70 年代，黄河两岸果园成片，果林如带，成为闻名全国的果树生产基地之一。

苹果树

河滩创业

1957 年，以李柏为第一书记的宿迁县委领导班子多次带领农林专家到黄河故道调研，根据黄河滩“表层流沙，下层沃土”的土壤构成，以及灌溉、交通等方面的便利条件，决定进行以苹果、梨、葡萄等为主的果树栽培试验。1957 年 11 月 24 日，县委安排程百岗、张泰顺、胡泰昌等六人到泗阳农场参观学习，采集了一些果树产业基础数据。县委将发展果树产业的想法上报省委。12 月 12 日，江苏省委整编办公室在《关于今冬明春茶叶、果树、桑麻发展规划》中，明确支持宿迁实施果树产业规划。

1958 年 1 月 7 日，农历丁酉年冬月十八日，县委书记处书记李登先率领相关县委委员、技术干部、社主任等一行 11 人，到山东苹果产区考察。行程共 29 天，先后参观了昌潍专区的五莲、平度、益都县，莱阳专区的黄县、福山县，以及烟台、青岛 2 个市，涉 8 个农业社、4 个园艺场。以上地区不但热情讲授了果树生产技术，还对宿迁予以“及时雨”般的物资支持。不久，县委书记处书记严祖田带领又一批干部和技术人员赴山东省部分地区，重点对苹果生产和果树培育管理技术进行了深入学习。

李柏

县委在考察总结中写道：这次参观，为我们大搞果木树鼓舞了信心和决心，奠定了物质基础。相信宿迁县将在不长时期内，在栽培果木树方面获得很大成绩，以摆脱农村贫困面貌。

1958 年春，县委正式批准在以黑鱼汪村为中心的黄河滩上成立果园场。生产基地呈南北延伸的长方形，地势较为平坦。东至运河 2000 余米，运河有一缓水湾与黑鱼汪相连，并延伸至徐淮公路。西距故黄河约 1500 米。总面积 1710 亩，其中 1200 亩为沙壤土，其余 500 余亩为粉沙土。

筹建工作困难重重，不唯财力、人力、物力上的匮乏，技术人才更是空缺，甚至连办公地点都没有。场筹建小组发扬“勤俭办场、艰苦创业”精神，先借用当地农民的 3 间茅草房作为办公和工具房。没有机械，先挤出资金购置数头牛马作为畜力。缺乏人力，县委要求各乡分别派出 10 人支援生产。1958 年的春节刚过，县委协调驻宿城的军用卡车从山东接回树苗。果树栽培期间，县委领导班子带领机关全体干部，背着背包、网兜提着搪瓷碗、大茶缸，住进了黄河滩的大帐篷。不到一周时间，干部群众栽植苹果、梨、水蜜桃等树苗 2 万余株，树苗成活率 100%。由于果园地面高出黄运两河水面 7—8 米，引水开渠较为困难，至 1967 年果园场建好三级提水站之前，生产用水全靠人工挑、水车拉。

3 月，一棵棵树苗迎着春风绽放绿意，国营宿迁县果园场正式挂牌成立。首任场长赵炳富。

果园场场部（1987 年摄）

科技兴场

千难万难，最先需要解决的是技术上的难题。建场初期，十多名干部职工文化程度不高，更没有系统学习过果树生产技术。县委与山东五莲县商请，调来蒋力、焦安顺 2 位技术人员指导生产。为使他们能够全身心投入工作，县里为他们举家办理了落户，安置了住房，并为他们的爱人也安排了工作，子女办理了入学手续。各乡镇支援栽植树苗的劳动力部分就地转化为场圃职工，后期根据岗位生产需要再补充招工。场内将生产劳动与扫盲教育、技术培训同时进行。

1958 年 8 月，宿迁县园艺学校在县委的主持下开办。学校设在果园场，学制一年，实行半工半读。教学内容有果树栽培、育苗、果园规划设计、果园管理、植物保护等。首期 100 名学员，多为完全小学毕业，初中以上文化仅占 10%。师生们坚持边生产边学习，除了果苗繁育，还按计划完成了基础设施建设、土地增肥等各项工作，职工的文化与生产技术水平同步提高。至 1959 年，职工队伍发展到 283 名，其中女工占一半以上。来自顺河公社丰洼大队的女青年丰云英通过勤学苦练，日最高嫁接苗木近 1500 株，被评为技术能手并担任嫁接标兵组组长。她带领的标兵组嫁接平均数最高达到 1377 株，个人都在 1200 株以上。陆军等十多名工人在标兵组的带动下，日嫁接株数从 200 株提高到 1300 多株。

1958 年冬，国务院农林部门带领山东、河南、安徽等 8 个省代表来访参观，对果园场的工作成绩纷纷赞扬，并赠给一面写有“政治挂帅，克服自然灾害；技术革新，完成育苗任务”的大红锦旗。至年底，全国先后有 16 个省的代表前来参观学习果木嫁接与管理技术，场技术能手分别作了讲解示范。不久，丰云英出席了江苏省委召开的向“三荒”进军誓师大会，并加入大会主席团。1960 年 3 月，共青团中央第一书记胡耀邦率团参观果园场，专门接见了丰云英，对她的技术攻关和无私奉献的传帮带精神予以赞扬。

为不断提高技术水平，果园场先后与中国农科院果树研究所、南京农学院（后为南京农业大学）、泰安农学院（后为山东农业大学）等科研院所建立了技术协作关系。1960 年 4 月，宿迁县果树研究所于果园场成立。场内同时成立果树科技协会，发展科技会员 190 人。场党委书记余桐亲自负责技术攻关，向大专院校要课题，组织专职研究人员 5 人，助理 20 余人，常态化开展果树技术研究。各连队、共青团组织都建立了试验研究组织，群众性科研活动全面展开。研究项目包括遗传育种、育苗、栽培、病虫害防治、药械等多个方面，培养了有独立操作能力的技术工人 65 人。其中葡萄早期丰产、苹果开张角度等项目，参与科学试验的有 40 人。1961 年，参与科研的职工发展到 200 余人，占总数 75% 以上，两年完成课题 1100 余项，有力推动了果树生产。

1958 年，有 50 亩间作葡萄平均亩产 1500 斤，株产 20 斤，最高株产达 38 斤，取得了淮阴地区最高纪录。截至 1996 年，果园场先后完成市以上果树科研成果近百项，省以上科研成果十余项。其中，《苹果引种新技术》1980 年获江苏省革委会重要成果奖，《小国光高产稳产树体结构和生长成果形态指标》1981 年获江苏省农林厅三等奖。科研人员结合生产实际撰写的论文发表在各级学术期刊。如，《矮化砧苹果树体结构的指标与产量关系》1988 年发表在《江苏绿化》，《早酥梨果实木栓化褐变发生规律及防治试验》1990 年发表于《中国果树》。杨祖恒、徐遵标等技术工人逐步成长为省内知名的果树专家。

河岸果林

1958 年 11 月，中共宿迁县委在全县工作会议上正式提出“玻璃城，水稻县，苹果黄河，葡萄山”的奋斗目标。要求果园场在加快果树生产的同时，带动全县黄河沿线的公社、企事业单位共同发展果树产业。

1960 年，县委根据果园场生产发展和全县产业带动的需要，将黑鱼汪周边原属霸王公社霸王大队和十番大队的 12 个生产队划归果园场领导，组成果园大队。秋，县农林局在果园场召开果树管理培训会议，沿黄河的宿城镇及皂河、蔡集、王集、双庄、支口等公社都组织人员参加了培训，场干部蒋力、焦安顺、技术骨干丰云英等围绕苗木培育、嫁接、病虫害防治等技术进行了现场示范教学。1960 年，全县西起皂河、王集，东南至南蔡、洋北的百里黄河故道上，建起片片果园。全县果树面积从 1958 年的 1.16 万亩发展到 2.6 万亩，品种有金帅、国光、红星、青香蕉、红玉等。“苹果黄河”雏形显现。

果园场将有限的资金用于林木定植抚育、土地开发以及机械、房屋等生产性基建，努力发挥果树产业“带头大哥”作用。至1961年，共栽植苹果树3.8万株、葡萄1.3万株、水蜜桃4700多株，营造防风林十余里长。果树种植面积拓展到4537亩，其中场部1700亩。耕畜繁殖到149头。场房150间，其中砖木结构瓦房66间。1964年，全场有固定资产39万余元，包括房屋193间、水井1口、水粪池9个、排灌系统8条。1964年，在果树行间种植紫花苜蓿等绿肥500亩，次年扩至1000亩。为果树生长提供了充足的养分，且有效防治了黑痘病与炭疽病，苹果好果率占95%以上。

为尽快实现“苹果黄河”的目标，果园场对于其他果树生产单位时时予以无私援助。在技术方面，既组织培训，也上门指导。1965年，副场长焦安顺带领技术团队22人，分赴南蔡、洋北、王集、卓圩、陆集、双庄7个公社和宿迁中学、县林苗圃等有果树地区，指导帮助修剪果树及技术培训。仅12月，就修剪果树6000多亩24.14万株，培训技术果农340人。1965年，省农林厅在果园场召开全省果树单位负责人现场会议，果园场专门介绍了经验，受到与会者一致赞扬。之后，省内外相继有十多个单位来场参观学习。

1966年10月，宿迁县桑苗圃与果园合并，改为宿迁县果桑场，另设果桑场三树分场。在自身生产压力剧增的情况下，当年冬季，果桑场仍组织技术骨干分别到林苗圃、嶂山林场和蔡集、支口等5个公社21个大队的70个生产队（计占全县果树面积的60%），对果树实行逐棵检查，培训果树修剪能手170人。1967年，全县各苹果社队划片由场里的3个连队负责，实行“点对点”跟踪服务，场技术人员自带干粮，跑遍了全县每一个苹果生产点。场内还挑出160亩“好地”作为苹果样板田，划分为3块，共栽植果树4158株，选派专人对样板田进行精细化管理。依托样板田举办训练班，当年为社队培训了26名农民果树技术员。至此，全县各果树单位技术力量基本配足配强。1976年，果桑场生产各类果品103万斤，为历年之最。占全县水果产量31.7%。此后，果桑场（果园场）的果品年产量在全县基本处于“三分天下有其一”的份额。1968年，果桑场果品生产实现盈余1.4万元。1970年，全县水果产量为441.76万斤。其中果桑场完成产量130万斤，创产值21.7万元，上缴国家利润5.15万元。1970年，果园场确立了“立志学大寨，决心赶泰山，‘七一’两百万，‘四五’翻四番”的奋斗目标，并请求上级拨给汽车一辆用于运输水果。

1971年1月8日，果桑场组织技术、管理人员到山东、辽宁、河南及江苏徐州等地果园，进行了为期20天的参观取经。回来后又将新技术在全县巡回传授。1971年3月，桑苗圃及三树分场析出，果桑场恢复为果园场。仍有苹果树3万株、桃树2000株、葡萄5000株。秋，果品产量虽未达到200万斤，但达到了170万斤，比上年增产40万斤，占全县产量的38.4%。除了交售国家，还实现盈余3万多元。场内专门建了36间果窖用于储藏苹果（可储藏20万斤）。1972年春起，果园场繁育的树苗以成本价供应本县各果树单位。

60年代初，果园场生产的水果，大部分经果品站销往外省市，少部分由供销社代销，供应本地群众。1965年后，全县水果均由县果品公司包销。果园场指导各单位将水果分级包装。1980年后，果品公司不再包销，果园场与各单位联手打开销售市场。果品销往河南、安徽、南京、上海等地。

果园场对于全县水果产业的带动作用日益凸显，并成为全省三大果树生产基地之一。至80年代，大兴、仰化、丁嘴、保安等非黄河沿岸乡镇也在果园场带动下，大面积种上了果树。“苹果黄河”成为全县农民致富增收的重点产业。

果酒渡江

1971年暮秋，果园场千余斤次类苹果堆在仓库等待处理，因天气连续阴雨，时间久了，仓库竟弥漫出酒的香气。场领导从中受到启发，让技术人员到洋河酒厂请教酒窖发酵酒曲的方法，将所有“废果”进行发酵处理，过滤出香味浓醇的酒液。1972年，场内增上酒甑、锅炉等酿酒设备，请洋河酒厂的老师傅现场指导，经过反复试验，终于酿出了质量上乘的苹果酒。1973年，果园场在遭遇天灾的情况下，仍完成水果产量246万斤。利用次果烧制白酒8吨，配制红酒110吨。一经推出，供不应求，销售收入竟达 10 万多元。此举在全省开了先河，淮阴地区专门在果园场召开现场会，要求所有果树生产单位学习果园场的开拓进取精神，走科贸工农一体的企业化路子。

1974 年，果园场正式挂牌成立宿迁县果酒厂。以“黑鱼汪”为注册商标，生产白酒、葡萄酒、苹果汽酒、汽水等，销路由苏北地区逐步扩展到安徽、河南、山东、上海、南京、无锡等十多个省市。1974 年，场内建立良种圃母本园，系统引种辽伏、伏翠、富士等 7 个品种的苹果，果酒生产也增加了新品种。1975 年，果品总产量达 380 万斤，平均亩产 2500 多斤，比 1965 年增产 5 倍多。烧制白酒十余吨，配制红酒 150 吨，均销售一空。1975 年，场部将果园大队第四连队从农业生产中脱离出来，定向为运输、饲养和果酒加工队，为全场开发多种经营起到了“特区”示范作用。

1977 年，果园场水果总产量增至 400 万斤，1981 年跃至 487 万斤。1977 年含果酒销售、运输业等在内的总产值达到 234 万元，净盈利 37 万元，平均每个职工对国家贡献 1300 元，实现了历史最高水平。1982 年，场内又陆续引进乔纳金、安娜、早捷、秀水等苹果品种，亩产达到 4060 斤。果酒厂厂长、党支部书记王孝延，抢抓机会开发新产品，提高酒水的口感和营养成分，销售市场不断拓宽。外省市客户不再要求送货上门，而是主动带着车队、船队前来拖货，运河黑鱼汪码头常常是十几条大船排队等货。

红玉苹果酒

苹果酒

据王孝延回忆，因产品满足不了供应，他总是被客户们“盯得坐立不安”。后在县有关部门协调下，果酒厂派出专人在县内和周边地区大量收购葡萄、山楂、橘子等水果，增加了葡萄酒、汽酒、香槟酒、汽水等产量，情况才有所缓解。80 年代前期是果酒厂最红火的几年，1983 年，果酒厂为果园场全体职工买了一台 36 英寸彩电，放在场部文化站，这在全县企业属第一家。1983 年，船行电灌站搞基础建设，果酒厂无条件支援十万元人民币，又一次被称为“大手笔”。

1984 年，果酒厂再攀新高。根据发展形势，汽酒车间析出，单独成立国营宿迁县果园汽酒厂。从上海请进师傅做技术指导，量化生产葡萄、苹果、山楂、梨、桃等各种汽酒、汽水，产品仍以“黑鱼汪”作为注册商标。这些饮品不但酸甜可口，清凉解暑，而且价格大众化，深受老百姓喜爱。

1984 年，应南方消费者需求，果园汽酒厂在无锡市宜兴县、常州市金坛县设立分厂，派出管理和技术人员，开足马力生产各类汽酒、汽水，主要供应浙江、上海、苏南一带，产销形势一直旺盛。11 月 19 日，江苏省农林部门在南京召开果树生产和加工、贮藏座谈会，果园场重点汇报交流了酒水生产经营经验。“黑鱼汪”牌酒水系列产品成为全省知名品牌，在浙、沪一带有了稳定的市场。果酒厂、汽酒厂成长为全县重点企业，并带动了场内彩印厂、砖瓦厂、运输队等企业的发展。1984 年果园场实现综合产值 800 余万元，80% 的工人超产奖达到 1000 多元。

黄河东流

自 1957 年至今，果园场已走过了 67 个春秋。数十年间，众多干部群众为“苹果黄河”的建设呕尽心血。部分职工连续几代奋战在果园场。有的县领导去世前，仍然牵挂场圃的建设和发展。李柏（1951—1960 年任宿迁县委副书记、书记）1987 年 5 月去世前，要求家人把他安葬在场圃的苹果树下。其后，董宏才（1977—1980 年任宿迁县委副书记）、吴振文（1955—1982 年间断任宿迁县纪委或监委书记）去世后，也在果树林陪伴着李柏书记。

然而自 20 世纪 90 年代起，这个昔日的国有场圃不再持续辉煌，而是随着经济社会的变迁芳华渐落。1991 年，宿迁市（县级）经济开发区建设，果园场被征收数十亩土地及部分库房。6 月，果园场场圃撤销，更名为事业单位性质的宿迁市果树试验场。2003 年后，宿城经开区南区开始建设，试验场大部分土地被征收，果木被砍伐。截至 2024 年 4 月，场圃仅余土地约 200 亩，被列为随时可征收的国有储备土地。尚有苹果及桃、梨、李、杏等果木 400 余株，部分树龄为 50 年左右，数株为 60 余年。周边有建场初期栽植的防风林，现有水杉、银杏等 500 余株，树龄为 66 年。

果园果酒厂在 20 世纪 90 年代便因竞争压力大效益下滑，果树生产削弱后，生产成本增大，企业长期处于维持阶段，设在苏南的两家分厂相继撤销。2002 年，宿迁市果酒厂、果园汽酒厂合并更名为宿迁市神龙酒厂。后因管理不善，难以为继，遂于 2010 年停产。2021 年，酒厂场地被征收。

初期参与果园场创业的干部职工大多已离世，在世的退休职工尚有 170 余人。在册职工 20 余人，基本上是第二代、第三代“果园人”，因可做的事情太少，大部分职工离岗自谋职业。现试验场负责人胡关楼 80 年代初便扎根果园，其父亲 1957 年参与了果园场筹建。职工们对老果园场都怀有深厚的感情，“苹果黄河”成为他们心中永远难以磨灭的记忆。

（作者简介：刘成君，江苏省作家协会会员，宿迁市西楚文化研究会负责人、大运河文化带建设研究会特约研究员。）

大运河南船北马换乘点——顺河集的历史变迁

王冬

宿迁市宿豫区境内，古有中河集（顺河集）、顺河集大营、顺河集行宫，今有顺河街道、顺河（集）社区，历史上还有顺河初级社、顺河高级社的称谓，人民公社时，又称顺河大队，老百姓又常称为顺河老街。导航搜索"顺河"，出现的选项，距离都相差甚远，让外地人无所适从，很多本地人也搞不清楚为什么顺河街道还管不到顺河集社区。本文就"顺河集"历史变迁，谈谈顺河集的形成、兴盛和凋敝，兼顾解决上面这些问题。

顺河集的形成

顺河集的形成原因，还要从三百多年前的康熙皇帝说起。电视剧《康熙王朝》有这样一个镜头：康熙帝在亲政后，将"治河、漕运、三藩"六个字写在了乾清宫的柱子上。据《清圣祖实录》记载，康熙帝曾说："朕听政以来，以三藩及河务、漕运为三大事，夙夜廑念，曾书而悬之宫中柱上。"

这三件事中，有两件事与中运河有关——河务和漕运。实际上，漕运问题又有赖于河务问题的解决，因此，治理黄河、开挖中运河就成为康熙帝花费精力最多的大事。

当时的京杭大运河是国家的运输动脉，漕运的畅通与否事关国家安危。然而，治黄、治运一直纠缠在一起，在"遏黄保运""借黄行运"等一系列措施都不能彻底解决问题之后，康熙帝决定开挖中运河。

康熙二十七年（1688 年），中运河竣工，当时称中运河为"中河"。第二年，清政府调兵遣将，在宿迁城东中河东岸边显要之地，设置兵营，驻兵守中河，保护漕运安全。这兵营，就是顺河集大营。

随着官方的大营建设，漕船往来，商贾贸易，云集此处，人气兴旺，在顺河集大营附近，就形成了集市，这就是中河集，后来称顺河集。广义的顺河集，就是顺河老街附近的区域，狭义的顺河集，则是指因建立中运河的顺河集大营而形成的顺河集老街。

顺河集的兴盛

顺河集老街一共300年的历史，前200年，它见证了顺河集的形成和兴盛。

《清一统志·徐州府二》记载：顺河集“在宿迁县东中河东岸，南接仰化集，北达司吾镇，为往来孔道。本朝于此设有行殿，乾隆二十七年、四十五年、四十九年，有《御制顺河集行馆叠韵》诗、《顺河集行馆咏盆梅叠韵》诗”。

乾隆巡游图

这个记载，至少提供了两个信息：一是顺河集的位置，二是顺河集兴盛时期的标志——“设有行殿”。设有行殿就是建设乾隆帝的南巡行宫。

顺河集行宫遗址

根据考古勘察和历史地图，可初步得出顺河集行宫的分布范围及历史格局。顺河集行宫中轴线大致为南偏东 3 度，头宫门外中轴线分布有照壁、东西朝房。

有官方建设的大营行宫，有商贾往来的商铺客栈，顺河集日渐兴隆。当时的格局是南北长、东西窄，形象如同一只龟，头南尾北，沿中运河东岸而卧。当时的顺河集还有四座石桥，好像是龟的四足，它的右前足，正好指向西门的御码头。当年的御码头早已毁坏，后来经考证在原址复建。如今，在运河东岸宿迁运河四号桥向北大约 500 米的地方，还可以见到一块大石，上书“御码头”三字。据说，当年乾隆皇帝“南巡”，到达顺河集，就是从此地下船，前往行宫的。

码头的旁边还有标牌，上书八个大字“南船北马，舍舟登陆”。原来，中运河虽已开通，但是，黄河水位高，容易倒灌，淤塞运道，必须严控启闭，因此，此段水上运输能力无法与南方相比，只有运粮的漕船与三品以上朝廷官船在规定的月份，才能从水路北上。那么，普通百姓的船只，一律以此码头为终点。办法只有一个，上岸改雇车马陆行，所以有了“南船北马，舍舟登陆”的说法。

南船北马

在宿豫区盛世家园小区北侧，有顺河集行宫遗址。有关专家进一步考证指出，乾隆皇帝南巡，每次经过顺河集都有驻跸记载，共有 12 次，可见当时顺河集行宫的重要程度。

顺河集的凋敝

顺河集，作为老街最后一百年的历史，是逐渐凋敝、衰微的历史，是水患和战乱频发的历史。

顺河集行宫遗址石碑记载“顺河集乾隆行宫毁于水患和战争中”，其实，毁于水患和战争的，何止是乾隆行宫。据老一辈当地居民回忆，到20世纪50年代，原来的老街大多成为农田，也不再逢集。计划经济时代，这里只有顺河大队部，供应糖米油盐等物资。

据原顺河镇党委秘书张爱全回忆，顺河集一直都有，20世纪五六十年代还有老街，以前也是逢集的，但是肯定没有了之前的风光。当时的顺河大队的队部，就在顺河老街。当时的顺河大队的布局大致是，从井头向南开始数，分别是顺河大队一队和二队；接下来，就是老街，街北头是三队、四队，现在的乾隆行宫遗址就是三队或四队，街南头是顺河五队；再往南就是顺河六队，就出了老街；老街南边是顺河八队和九队，就是原来的化肥厂附近，也就是现在的众大上海城小区一带区域；在顺河集的东面，还有顺河大队的十队、十一队和十二队。

据原顺河村民王年同回忆，顺河集有老街，但是，没有赶集的记忆了，只记得街南头大概是顺河五队，大队部就在那里，小时候去大队部买过油盐酱醋之类的供应商品，旁边还有一所小学。

宿豫撤县设区后，也就是2005年前后，顺河集老街拆迁，建设现在的浦东国际花园、卧龙湾以及盛世家园等小区。

从康熙二十八年（1689年）设立顺河集大营，形成顺河集，到2005年拆迁，顺河老街经过300多年的风雨，从此淹没在时光的尘沙里。

尾 声

老街被拆了，顺河依旧在。无论作为乡镇街道的顺河，还是作为村居社区的顺河，一直都存在。

1996年7月，宿迁设立地级市。当时，这里是顺河村，属于宿豫县顺河镇。张爱全回忆说，那时的顺河很大，从运河边到大兴，这一带都属于顺河。

2004年3月，撤销宿豫县，设立宿迁市宿豫区，区域重新划分，将顺河、卓圩和林苗圃合并，成为新的顺河镇，此时的顺河镇下辖了顺河社区居委会，也就是说，“顺河（村居）仍归顺河（镇）管”。

2014 年 11 月，顺河镇撤镇，设顺河、豫新、下相 3 个街道，此时的顺河社区居委会划归了豫新街道，从此，它就脱离了顺河街道，也就形成了“顺河（村居）不归顺河（街道）管”的局面。

2018 年 8 月，原顺河社区更名为顺河集社区，辖内有盛世家园、浦东国际花园、阳光名都等十余个居民小区。

时光荏苒，沧海桑田。如今，在顺河集社区已经很难找到当年顺河集的痕迹，甚至，连当年顺河集的大致位置也很难判定。原顺河村民王新桥说，用现在的地理环境来考察，原来的顺河集以及顺河老街在宿迁运河四号桥以北、二号桥以南、浦东国际花园小区以东、盛世家园小区以西这样的一个地带。

（作者简介：王冬，曾任江苏省项羽文化研究会副秘书长、《项羽文化》编辑部主任，现任宿豫区新四军暨宿北大战研究会秘书长。）

洋河镇仍在，白洋河哪去了?

胡惠有

洋河镇因河而名，这条河就是白洋河。饮水思源，洋河人津津乐道白洋河，是情理之中的事情。因白洋河早已消失，洋河镇又曾长期分属两县，两地的史志对白洋河的记载都不完整，人们对白洋河的认识多来自“民间故事”。

白洋河的诞生

白洋河是一条特殊的河流，它不是自然生成，也不是人工开凿，而是因黄河决溢侵泗夺淮形成的。

南宋以前，淮河独流入海，干支流水系较为稳定。古泗水河槽很深，睢口（小河口）河底高程大约在标高3米左右（废黄河零点高程系），水位也相对较低，睢水入泗排水很顺畅。所以，在今泗洪县归仁集以北、洋河镇以西、宿迁县城以南的睢水下游一带原始洼地上，并没有形成大片积潦。即使有些小湖泊，也互不相连。

南宋建炎二年（1128年），南宋开封留守杜充为了阻止金兵南下，采用“以水代兵”的方法决开黄河，致使它在社会动乱中“迁徙无定”。绍熙五年（1194年），黄河在河南阳武决口，经汴渠至徐州夺泗水到淮阴再夺淮入海。

黄河全面夺淮之后，因黄强淮弱，黄高淮低，淮水被逼出入海水道。黄河夹带的大量泥沙，使泗水河床不断淤高。左岸沂、沭、泗水系与淮河脱离，自成体系，辗转入海。右岸的睢水没有出路，河水潴留形成大小不等的湖泊。这些湖泊的水依地势向宿迁漫浸，形成一条波光粼粼的大河。

这条河的源头在徐州的徐溪口。徐溪口是溪河入濉河之口，又称濉溪口，今称濉溪镇，是安徽省淮北市濉溪县政府所在地。徐州萧县的永固湖、姬村湖等湖水在徐溪口汇合，由宿县的符离沟经邳州的濉河，浩浩荡荡流到了宿迁县的东南境后，又汇集了埠子湖、白鹿湖等湖水。“巨浸弥漫，望之如洋”，所以称为白洋河。

白洋河长什么样

最初，白洋河从源头徐溪口，迂回曲折流淌到洋河镇，长度大约在200千米左右。

白洋河由沿途的河湖之水汇集而成，首先汇入的是徐州府萧县境内的湖水。黄河夺淮以后，萧县流入泗水的河道因为失去出路形成很多湖泊。《读史方舆纪要》记载了萧县一些较大的湖：“永固山在今县南四十里。下有永固镇及永固湖。山西湖在今县西南十二里。又南接于永固湖，湖在永固山下，其南为梧桐湖，稍西曰时村湖，又南曰土形湖，又南合于睢水。姬村湖，在县东十五里，又东五里曰姬村泊。”

永固湖现在是萧县仅存的湖泊，称为永堌水库。永堌水库蓄水面积15.2平方千米。白洋河由永固、姬村诸湖汇合而成，当年的水面应当不小于现在的永堌水库。

白洋河进入宿迁境内，又汇合了埠子湖、白鹿湖的湖水。白鹿湖、埠子湖都是一望无际的大湖，其中白鹿湖“湖面阔远，一遇北风，则怒涛奔逸。”白洋河接纳了两个大湖之水，成了“望之如洋”的巨浸。

“白洋河从东西两沟入黄河”的两沟，当为后文所说的“小河口”和“白洋河口”。

洋河乡贤吴应武先生珍藏的《谦德堂吴氏族谱》，其中有“某祖葬于白洋湖畔”的记载。由此可见，早期白洋河，其实是一个紧挨黄河的巨大湖泊，它与黄河的关系，就像洞庭湖与长江的关系。

白洋河镇得名

元统一中国后定都大都（今北京），开通了京杭大运河，徐州至淮阴段“借黄行运”，黄河成了京杭大运河的一段，当南来北往的船夫、旅人看到万顷烟波的白洋河时，都会说：“白洋河到了。”慢慢地，白洋河成了地名。船到白洋河要上岸补给，这里渐渐地形成集镇。元代称为白洋河集，简称洋河集。明代开始称白洋河镇，成为建制镇。

元代以前，虽经朝代更替、名称变换，宿迁、泗阳大多同属一县。1276 年，以宿迁县桃园镇析置桃园县，后称桃源县。两县分立时，以镇中的古沟为界，东部属桃源县管辖，称为桃地；西部属宿迁县管辖，称为宿地。

明中叶，白洋河镇发展成为淮北河防、漕运、军事重镇，文化、商务繁盛之地。

白洋河的消失

黄河夺淮带来的大量泥沙，使泗水河床不断提高，宿迁开始有“河决”之患。《宿迁市志 · 大事年表》明代部分中有许多黄河决口的记载。“1471 年，黄河在宿迁县小河口决口，沉没漕运船只 800 余艘。次年，黄河暴涨，邳州、宿迁县受灾尤甚。”

黄河在小河口决口，黄河水从小河口涌进白洋河，再向东南方向漫溢。民国《泗阳县志》这样描述：“一遇秋伏，黄水倒灌小河口、白洋河，由归仁集迤东，横阔四十里，澎湃南下合淮。”

黄河每次在南岸决口都会倒灌白洋河，洪水过后泥沙沉积，白洋河下游河床抬高，河道渐渐变窄。清顺治十六年（1659 年），黄河再次在宿迁决口，白洋河完全淤废。

白洋河淤废，洋河镇有两处遗存。

民国《泗阳县志》记有：“清顺治年间，黄河决口，入小河口，白洋河皆淤塞。旧时在洋河镇晏公巷（晏庙巷）西，大塘水泥之下，曾出土过一艘当年沉没的漕船。”

洋河镇中大街的西头有条中家巷，中华人民共和国成立后，这里的烤瓷门牌蓝底白字写着“白洋村某号”。

中华人民共和国成立后，洋河镇属泗阳管辖，结束了两县分管历史。

白洋河的深远影响

从南宋绍熙五年（1194 年）黄河夺淮算起，到清顺治十六年（1659 年）完全淤废，白洋河最多存在了 465 年，但对淮北地区特别是对洋河镇却产生了巨大而深远的影响。黄河注泗入淮，使汴水、睢水河道湮废，河水潴留形成的湖泊水荡，白洋河给它们以出路，使淮北广大地区生民免受水患的苦难。

白洋河孕育了洋河古镇。明清两代，白洋河多是作为地名使用，史志典籍中所记载的白洋河，一般是指白洋河镇。白洋河镇简称洋河镇，民国时期，洋河成了法定地名。

20 世纪 50 年代，洋河酒厂的工艺美术师从白洋河的谐音获得灵感，以白山羊和禾穗两个元素设计了洋河大曲商标。“羊禾”这枚中国驰名商标，让洋河大曲成为中国国家地理标志产品，深受全国消费者的追捧，洋河因此成为国人尽知的历史名镇。

（作者简介：胡惠有，现任洋河新区文化研究会副会长。）

太平，那抹缱绻于心中的乡愁

陈常青

瑶池很远，成子湖很近，一城诗画，满湖乡愁。成子湖波光潋滟，湖水清澈。微风拂过，荡起层层涟漪，河岸垂柳如秀美的发丝，倒映在湖水中，随着水面轻轻飘动。湛蓝的湖水犹如波动的翡翠，亦如少女清纯的眼波。湖中蓝天白云的倒影让湖水更加纯澈迷人。

太平成子湖

在美丽的洪泽湖畔、成子湖的西岸，有一个美丽的地方，那里有一个人人都喜欢的名字——太平，它有着悠久的历史，深远的文化，承载着我们童年的梦想。

提笔写太平，心里有一种莫名的失落、酸楚与怅然，她经历过风雨也拥有过光辉灿烂，现在却没有了乡镇，我的村庄也被合并，有时竟不知道怎么介绍自己，我的太平镇，我的村庄，都只留在了记忆中，留在了版图上，成为挥之不去的乡愁。

太平镇在距离泗洪县城东35千米处，东临成子湖，北与界集镇接壤，西南部和南部分别与洪泽农场及龙集镇隔河（徐洪河）相望。

20世纪三四十年代的成子湖浅滩众多，沟渠、港汊纵横交错，水路四通八达，湖边长满芦苇和杂草，是土匪、湖霸出没藏身之所。民国时期，政治腐败，社会动荡不安，湖匪、湖霸猖獗，肆意抢劫百姓财物，地方不宁。百姓思安，祈盼“太平日子”，因而得名“太平”。

中华人民共和国成立前，太平乡境先后属泗阳、泗县两县管辖，1941年随着淮北抗日民主根据地的创建，成立太平乡，时属淮北泗阳县。1949年泗洪县成立后，设太平乡，划归泗洪县辖。1958年与龙集合并为龙集人民公社，1962年分开，改太平公社。1983年复置乡，于2000年8月撤乡设镇。2020年7月撤销太平镇，合并给新的界集镇。

1996年，太平乡下辖22个行政村，分别是太平庄、青庄、许台、高嘴、周嘴、谢嘴、南滩、裴南、南谢、洋沟、明塘、高集、吕集、顾勒、香城、娥眉、桥口、塘槐、汤王、沉涝、太平农科站、陈门。那时太平各村名应是最齐全，现在看到每一个名字，都感到特别亲切。真想深深地拥抱一下，我曾经炊烟袅袅的故乡！

太平有着厚重的历史渊源。相传在西周时期，徐国第32代国君徐偃王（前992年—前926年）的妹妹香姐，奉旨到老子山敬献福寿香。据说福寿香能造福江山万代，为君王增添福寿，偃王遂派自己的妹妹香姐去祈福。香姐路过一个瘟疫蔓延的小村，为了救出百姓，焚烧此香。焚香过后，瘟疫顿消，患病百姓痊愈。香姐因违抗君命，被关入狱，不久抑郁而死。百姓为感念香姐救命之恩，在香姐焚香处建了香姐庙祭拜她，规定子孙后代每逢初三、初六、初九到香姐庙对香姐塑像叩拜供奉。久而久之，后人把香姐作为地名，传作“香城”，就这样一直叫了约3000年。初三、初六、初九就成为香城的集市。现在的香姐塑像立在香城的微型公园，她的精神传承千年，氤氲着勤劳朴实善良的太平。

太平周嘴东边的八卦九连墩，见证着太平悠久的历史与红色的革命精神。在周嘴村东部、成子湖边，有几处形如土山的大土墩，以此处为中心，向南辐射至高集陆嘴，向北辐射至沉涝青庄，绵延湖边十几个村庄。当地百姓称此处为八卦九连墩。

这个名字源于一段传奇佳话：20 世纪 40 年代，日本侵略者对淮北抗日根据地进行疯狂“扫荡”，淮北抗日军民利用洪泽湖茂盛的芦苇等有利地形作天然屏障，粉碎了日寇一次又一次的袭击。由于此地大土墩绵延起伏盘曲，形如八卦，敌人犹如进入八卦迷魂阵，不知东南西北，晕头转向，最终被我军全歼于此。军民欢欣鼓舞，八卦九连墩由此得名。

成子湖畔的芦花，书写着红色历史故事，它们不屈不挠地摇曳在各个季节的枝头，守候着太平，在岁月迷离的光阴里，听清风划过身旁的静美。置身其中，我们仿佛看到浴血奋战的战士利用芦苇斗智斗勇，感受他们舍生忘死、浴血奋战的革命精神。经过红色的洗礼，芦苇愈发壮观豪迈。历史照亮未来，红色精神生生不息。

这里还有西汉至唐宋时期的古墓群。最早的距今已有 2200 多年，可辨者数以百计，以六朝墓为最多，且砖室居多。墓砖呈长方形，饰有网织纹、半钱纹、莲花瓣纹、缠枝叶纹、人物画等。出土文物有莲花形四系青瓷罐、盘口四系青瓷壶、绿釉双体瓷瓶、黑釉双鸡首壶等。可见太平历史悠久厚重。

远久的历史、神秘的传说、激烈的战斗，让人们对太平所展示的安宁祥和、欣欣向荣有了更加深刻的理解与向往。

如今，太平风光秀丽，湖水浩渺，成子湖像一颗明珠镶嵌在古老的土地上。游玩湖边，看绚烂日出日落，品湖水醇香，赏蓝天白云，水天一色，感知人性的渺小，有容乃大。

当早霞偷偷露出羞红的脸庞，映照湖水璀璨，湖面上犹如镀上一层金波。柔风掠过，泛起点点碎金，像舞动的精灵。游客们失去往日矜持与风度，脱掉鞋子，卷起裤脚，踩着碎金向前，与湖水定格美丽。

瑰丽的晚霞将绚烂的色彩柔和地耀映在溪水中，像熊熊燃烧的火焰，如浮动的道道彩绸。在金灿灿的湖水中，船帆点点，收获的不仅是一船星辉，还有渔民的希望与未来。

太平成子湖就像一幅流动的画，似一首隽永的诗，不仅给人们带来美不胜收的风物景致，更给人以丰盛的美食享受：莲藕、莲蓬、芡实、菱角

周嘴码头成子湖朝霞 （张连华 摄）

闻名四方；成子湖螃蟹和大青虾、银鱼等味道鲜美，享誉盛名，带给人们舌尖上的营养与美味。

太平不仅景色秀美，农副产品也各有千秋。太平被称为“粉丝之乡”。娥眉、高集的手工粉丝，以其品质纯正，口感优美、营养丰富畅销全国各地，是苏北最大的“手工条”市场。

塘槐凯乐果园的塘槐蜜梨，嫩绿如翡翠，光鲜似水晶；口感绝佳，细嫩无渣，皮薄核小，甜脆爽口。以其丰富的营养、与众不同的特色获得多个奖项，线上线下远销全国各地。

裴南的食用菌种植基地，以绿色生态为食用菌生产提供环境保障。践行质量兴农、绿色兴农的发展理念，扩大食用菌知名度，提升美誉度，助力食用菌畅销全省、走向全国。

随着集体经济增强，太平通过项目招引和协办等形式发展众多工业企业，带动经济发展，解决乡村就业，推动乡村振兴。

如今，太平镇已合并给界集镇。今日的太平，一片太平盛世、家和景明的景象，乡村建设景秀水清，企业、工厂遍地开花。但无论是贫穷还是富足，太平始终是我们心中最牵挂、最想念的地方。无论身在何处，太平都是我们心中最缱绻的温柔。

（作者简介：陈常青，宿迁市作家协会会员，作品散见于媒体平台。）

柳多如巷的故乡

张云婷

我的老家在淮河岸边的泗洪县四河大柳巷。河边雪枫堤坝绵延数十里，堤上柳树成行，浓荫蔽日，形成一条绿色长巷，而沿岸的新淮、淮建、迎淮、淮丰、淮胜等村子就像一颗颗散落的珍珠串成的华丽项链，给雪枫堤坝添光增彩。人们把这几个村子统称为大柳巷。处处可见的柳树诠释了这是个柳多如巷的好地方。

大柳巷名字的由来有一个凄惨悲凉、动人心魄的故事。

传说当年修筑大柳巷西面的浮山堰，最后合龙之时，无论铁板、装石头的木笼投下多少都被大水冲走。修筑浮山堰的两岸百姓累死饿死无数，被监工丢弃河中。有传言只有活人跳下去才能合龙大坝。当地柳姓双胞胎，大柳巷、小柳巷兄弟二人，不忍心再有无辜的百姓因此丢掉性命，遂手拉手跳下湍急河流。说也奇怪，随着兄弟二人手抓木笼双双跳入河中，身后巨笼推下，大坝立马合龙成功，兄弟俩在河水中翻滚向东，葬身鱼腹。两岸百姓为纪念善良正直的柳姓兄弟，河两岸全部栽上柳树，把浮山以东淮河左岸的村子叫作大柳巷；把大柳巷对岸的村子叫作小柳巷（今安徽明光市柳巷镇）。

自小在大柳巷长大的我，知道这里的故事，比春天柳树的嫩芽儿还多。烟雨中的春天，泡上一杯玲珑剔透的柳叶茶，绝非一点点的享受，呷上一口，让春天的味道回味无穷。

谚语“五九六九，河边看柳”。柳树是最普通的树种，最接近劳动人民的生活。只要有一点水分，它就能生根发芽，因此河堤多是柳树的栖息之地。当树种成熟时，种子在柳絮的包裹中，和蒲公英一样借助风力，像雪花一样，漫天飞舞，随风飘扬，飘到哪里，哪里就是家。大沟小河、池塘路边、菜园篱笆旁，到处可见柳树的影子。杨柳依依，微风拂过，柳树摇曳生姿，仿佛一群身着绿装的仙女在翩翩起舞，将春天的气息洒向大地，呈现一派生机勃勃的景象。淮河两岸，大江南北，处处也都有柳树相伴。漫步如牛毛的细雨中，真的有种春风十里不如你的感觉。大柳巷地处江淮之间，勉强也算作南方吧，但没有牵强附会之感，故乡柳多如巷，蒙蒙细雨更像江南的雨帘了……

每年春天，鹅黄婆娑的柳条带着嫩绿的柳叶，在春风中翩翩起舞。这时的柳条也是我们最喜欢的玩具。我们会学电影中解放军的样子，把柳条编织成一顶圆圆的帽子，戴在头上，柳叶在头上晃来晃去，好不得意。“清明不插柳，死后变黄狗。”大人们会在清明这天，早早地去折几根细细的、匀称的、长短一样的柳条拿回家，拿个板凳站在屋檐下，一边一根插好。好像插上了孔雀东南飞的羽翼，给平庸的木门平添几分威武雄壮。

我曾经问妈妈为什么要插柳，妈妈说，不想死后变黄狗呗。当然这是传说。

夏天的柳树下，更是我们小时候的乐园。柳树上的蝉鸣一声一声地告诉我们，树根边上有好多没出洞的蝉。我们用镰刀或铲子围着柳树一圈，铲平地面一层土，以期发现蝉穴，然后用细小的柳枝，伸到洞里，可爱呆萌的幼蝉便把前面的两个大钳子钩在树枝上，毫不防备地被我们提出来，带回家变成口中美食。还可以用芦苇秸秆裹上面筋粘树上的蝉，捉住拿回家，在蝉的脖子上拴根棉线，像放风筝似的看蝉飞行。

一场秋雨一场寒，不知不觉，柳树叶子渐渐发黄。一片一片睫毛似的柳叶在秋风中落下，好像给大地铺上了一层金黄色的地毯。叶子飘到了池塘里，小鱼得意地把它当成雨伞，躲在下面，时不时调皮地用小嘴吮吸着柳叶，快乐地在水里游来游去。叶子落到地面上，小蚂蚁得意地把它当成运动场，还有几只聪明的蚂蚁把柳叶搬回家放在洞口，当作房门。我们每天早上把地上厚厚的柳叶扫成一堆一堆运回家，做烧锅草或是喂羊。

冬天狂风怒吼。树梢此时像疯子似的如鞭如剑互相殴打厮杀，枯枝黄叶像残兵败将纷纷掉下来。大部分的柳枝不会折断，因为柔韧是柳树的天性。我们可喜欢这个季节了，在那缺衣少穿的年代，烧锅草也缺。我们把镰刀绑在长长的木柄上，扬脸举手，勾那些被树枝夹住的枯枝败叶。我们挎着篮子，捡拾枯枝败叶回家烧锅做饭，干枯的柳枝可是家里来亲戚时烧肉烧鸡的上等原料。

落光叶子的柳树，在白雪皑皑中，显得那么干净大度，仿佛是无畏寒冷的雪狐，期待雪花将它粉妆玉琢，让雪成为最值得回味的风景。

在农村，有个千年不变的风俗，死者下葬的路上，死者的长孙必须肩扛一根大约手腕粗、长约六尺且枝杈很多的柳树枝，在最前面引路。柳树发枝散叶预示家里人丁兴旺，大树底下好乘凉，黄泉路上能一路顺风。最后把柳枝插在坟头。故有农谚，“屋前不栽桑，屋后不插柳”。

历史的车轮滚滚向前，社会的进步总会挤掉一些风俗习惯。过去茅草屋低矮，是土和草结构，好插柳。现在，茅草屋变成了高楼大厦，钢筋混凝土，连一根针也插不进去了，更别说柔软的柳条了。土葬也变成了公共墓地，也是钢筋水泥混凝土，没有柳条的弹丸之地。屋檐下、坟头上插柳的习俗已慢慢被人们遗忘或放弃。关于柳树的许多风俗只能留在记忆中。

自古以来，柳树便以其独特的身姿，在历史的长河中摇曳生姿，柳树的韧性、顽强，不屈不挠的精神永远陪伴我们前行，值得我们学习。

（作者简介：张云婷，泗洪人，宿迁市作家协会会员，小说散文等作品常在媒体平台发表。）

第五章 红色印记

在宿迁，新四军有哪些部队，留下哪些值得铭记的战役战斗

赵连军

宿迁是革命老区，我们党领导的新四军在此创建的苏北和淮北抗日民主根据地均处于全国 19 块根据地之列，刘少奇、陈毅、张云逸、邓子恢、黄克诚、彭雪枫、罗炳辉等革命家曾在这里运筹帷幄，新四军第 3 师、第 4 师、第 2 师一部和独立旅及新四军地方部队，数万将士曾在这里浴血奋战，留下了英勇战斗的光辉篇章，并与宿迁人民结下了鱼水深情和血肉联系。本文简述宿迁境内的新四军部队及其主要的战役战斗，以飨读者。

宿迁境内的新四军部队

1941 年 1 月，国民党顽固派制造了震惊中外的皖南事变。随后，国民党政府军事委员会悍然宣布“撤销”新四军番号。中共中央决定在军事上坚决进行自卫，在政治上展开猛烈反击。中共中央军委发布命令，重建新四军军部，整编部队。新军部将新四军和活动于陇海路以南的八路军部队，先后统一整编为 7 个师和 1 个独立旅，共 9 万余人。2 月和 6 月，中共中央军委先后发布各师领导干部、各旅领导干部的任命。其中，战斗生活在宿迁境内的有第 3 师、第 4 师、第 2 师部队和新四军独立旅。

新四军第 3 师——第 3 师担负坚持苏北抗日游击战争，以及作为新四军主力部队进行机动作战的任务，全师 2 万余人。师长兼政委黄克诚，参谋长彭雄，政治部主任吴文玉（吴法宪）。

第 3 师由八路军第 5 纵队编成。该纵队第 1、第 2、第 3 支队依次编为第 7、第 8、第 9 旅。其中，第 7 旅为第 3 师的机动作战部队，第 8 旅

主要驻盐阜地区，第 9 旅主要驻淮海区兼及皖东北洪泽湖西畔。

1945 年 3 月，为增强皖江抗日根据地力量，新四军军部决定由第 3 师组建一个独立旅，辖第 2、第 3 支队，每个支队辖 3 个团。全旅共 4000 余人。4 月 4 日，新四军第 3 师独立旅在淮海区里仁集（今泗阳县爱园镇境内）正式成立。

新四军第 4 师第一次奖功大会立功人员及代表合影

新四军第 4 师——第 4 师担负坚持豫皖苏抗日游击战争，对西防御国民党军东犯，进而向河南敌后发展的任务，全师共 1.5 万余人。师长兼政委彭雪枫，参谋长张震，政治部主任萧望东。

第 4 师由八路军第 4 纵队编成。该纵队第 4、第 5、第 6 旅依次编为第 10、第 11、第 12 旅。

1941 年 2 月，第 4 师编成后，即在豫皖苏抗日根据地遭到国民党军顽军的大举进攻。英勇抗击 3 个多月后，奉命转移至皖东北地区。8 月，中共中央华中局决定，成立淮北苏皖边区行政公署和淮北苏皖边区军政党委员会。第 4 师执行巩固和发展包括宿迁境内部分地区在内的淮北抗日根据地任务。9 月，新四军军部决定，为便利指挥起见，第 4 师 10 旅拨归第 3 师建制，第 3 师 9 旅拨归第 4 师建制，原旅团番号不变。

新四军第 2 师——第 2 师担负坚持淮南抗日游击战争和对西防御国民

党军东犯的任务，并有支援包括宿迁在内的苏北和淮北根据地斗争任务。新四军副军长张云逸兼师长，政委郑位三，副师长罗炳辉，参谋长周骏鸣，政治部主任郭述申（未到职）。

第 2 师由新四军江北指挥部及所辖部队编成。第 2 师第 4、第 5、第 6 旅分别由新四军第 4、第 5 支队和江北游击纵队改编而成。其中，第 4 旅 10 团、11 团，第 5 旅 14、15 团，第 6 旅 16 团，都曾在宿迁境内战斗生活过。

新四军独立旅——独立旅作为新四军的总预备队，随时准备机动作战，参与巩固和发展淮海抗日根据地。旅长梁兴初，政委罗华生，政治部主任刘兴元。

独立旅由八路军第 115 师教导第 5 旅编成。第 1 团、第 2 团分别由原辖第 13、第 14 团改编而成，第 3 团由淮海地方武装淮河大队改编而成。

1942 年 12 月，新四军独立旅北返山东，恢复八路军第 115 师教导第 5 旅番号。

新四军地方武装之淮海军区——淮海军区成立于 1941 年 3 月，下辖淮河、滨海、沭河、沂河、东海、涟水、沭阳、淮阴 8 个县武装大队和泗阳独立团等。10 月，第 3 师 10 旅兼淮海军区。根据华中局和新四军军部关于主力部队地方化的指示，第 10 旅所属部队分别编入淮海区所属各县地方武装。

1942 年冬，新四军苏北军区成立，淮海军区改称为苏北军区淮海军分区。同时，为适应抗日斗争需要，第 10 旅兼淮海军分区将主力第 28、第 29 团与地方部队整编为 4 个支队（团），每个支队辖 3 个小团制。其中，第 1、第 2、第 3 支队主要活动于今宿迁境内。境内各县先后分别有隶属于军分区的县大队、县总队、县独立团等地方抗日武装。

新四军地方武装之淮北苏皖军区——淮北苏皖军区成立于 1941 年 11 月。次年，第 4 师兼淮北军区，第 9 旅、第 11 旅分别兼第 1、第 2 军分区。境内各县先后分别有隶属于军分区的县大队、县总队、县独立团等地方抗日武装。1943 年下半年，淮北根据地成立边区民兵领导机构——淮北军区抗日武装自卫委员会，加强了对民兵工作的领导。

宿迁境内的新四军战役战斗

1941 年 2 月，新四军部队正式整编后，各师和独立旅部队坚决听党指挥，在宿迁人民的大力支持下，在境内开展反“扫荡”和反国民党顽军摩擦斗争，取得了一次次战役战斗的胜利，为巩固发展根据地和保障根据地的各项建设，作出了重大贡献。

第 3 师 10 旅和独立旅主要战斗于淮海抗日根据地，第 7 旅作为机动部队，主要转战于淮海和淮北根据地。第 4 师于 1941 年 5 月移驻皖东北后，至 1944 年 8 月，第 9 旅和 11 旅主要战斗在淮北根据地的核心区皖东北（包括今泗洪全境和宿城、宿豫的部分地方），第 9 旅还巩固发展了邳睢铜根据地。第 2 师一部于 1941 年上半年奉命参与巩固发展皖东北地区，后曾长期驻守在淮北根据地的淮泗县。

青阳镇战斗 1941 年 2 月中旬，第 3 师 9 旅旅长张爱萍率部队挺进洪泽湖西部地区，恢复皖东北根据地。决定首先攻克敌青阳镇据点。2 月 18 日，在第 3 师 8 旅 24 团配合下发起攻击，激战终日，收复青阳，击毙伪军 100 多人，俘虏副团长以下 600 多人。接着攻克马公店，向四周扩张战果，经 40 余天的连续作战，恢复了皖东北抗日根据地的中心区。

仰化集战斗 1941 年 3 月 2 日，第 9 旅 26 团向宿迁县仰化集地区出击。进至仰化集、徐庄附近，首先争取仰化集顽军起义，接着向徐庄发起攻击。激战至次日午时，摧毁据点，当场击毙国民党宿迁县县长李风如，生俘“剿共”司令高白恒以下官兵 200 余人，缴获长短枪 130 余支。此战，巩固了成立不久的宿迁县抗日民主政权。

洪泽湖剿匪战斗 1941 年 5 月 3 日，第 3 师 9 旅旅长奉军部命令，指挥第 9 旅 25 团、第 2 师 5 旅和第 4 师 10 旅各一部，发起清剿洪泽湖顽匪战斗。至 5 日，战斗胜利结束，彻底平定了洪泽湖上的匪患，胜利夺取了人民解放军建军以来第一个陆军水上战斗——平定洪泽湖的胜利。洪泽湖的解放，使淮南、淮北和苏北抗日根据地连成了一片，使之成为淮北抗日根据地的中心和新四军第 4 师的可靠基地。

程道口战役　1941 年 7 月 20 日，国民党顽军王光夏部进占泗阳众兴西北的程道口地区，企图以程道口为中心，分割和摧毁淮海、淮北抗日根据地。新四军一再交涉无效，决定由代军长陈毅亲往前线指挥，彭雪枫作为陈毅的助手参与指挥，组织程道口战役。直接参战部队为独立旅全部及第 2 师 4 旅、第 3 师 7 旅各一部，共 6 个团的兵力为突击部队。战役于 10 月 15 日开始。20 日 17 时发起总攻，至 21 日攻克程道口。程道口战役的胜利，使苏北、淮北、淮南几块抗日根据地开始连成一片，华中抗战军民取得了战略上的主动权，巩固了苏北抗日根据地，稳定了新四军在华中敌后的战略布局。

程道口战役胜利后，第 2 师 4 旅 10 团缴获的部分战利品

三岔口战斗　1942 年 4 月（一说 5 月）11 日，第 2 师 5 旅 14 团在淮泗三岔口伏击运河上日伪军运输船队。战斗从上午 10 时左右开始，战至下午，淮阴增援之敌接近，第 14 团主力主动撤出战斗。此战毙伤日伪军近百人，俘虏日军 2 人和一批伪军，缴获平射炮 1 门、掷弹筒 2 个、轻机枪 2 挺及其他物资，增强了淮泗军民抗日必胜信心和决心，对巩固发展淮泗根据地起了重要作用。

朱家岗战斗　1942 年冬，淮北 33 天反“扫荡”作战中，第 9 旅 26 团在内线坚持战斗。12 月 9 日夜，转移至朱家岗地区。10 日凌晨遭到驻青阳镇、洋河、归仁集等地的日伪军1500余人的三路偷袭。团指战员在团长罗应怀、政委谢锡玉指挥下扼守村落圩墙，沉着抗击，激战18小时，先后击退敌十次冲锋，毙伤日伪军280余人，敌弃械遗尸，狼狈撤退。此战是粉碎日伪军对淮北33天大“扫荡”具有决定意义的一仗，不仅重创了日军，而且随后乘胜收复了青阳、马公店、金锁镇等据点，恢复和巩固了淮北抗日根据地。

两打马公店战斗 1942年12月1日，日伪军600余人进占马公店（今泗洪县车门乡境内），企图安设据点，长期固守。为粉碎敌之企图，第4师11旅4营奉命歼灭马公店之敌。12月1日夜，发起第一次攻打马公店战斗。激战20分钟，以密集手榴弹，将敌炸得血肉横飞，毙伤日军90余人、伪军50余人。12日夜间，发起第二次攻打马公店战斗。用火烧等战法，毙伤伪军80余人。首次攻打后，日军被迫窜回泗县城；二次攻打后，伪军被迫放弃马公店逃回泗县城。

山子头战役 1943年3月，国民党江苏省主席兼鲁苏战区副总司令韩德勤亲率其总部、独立第6旅、保安第3纵队等部3000余人，突然侵占淮北抗日根据地中心区，进至泗阳县西南山子头一线，准备在洪泽湖畔建立新的反共基地。新四军军部决定发起山子头战役。战役于3月17日24时发起。第4师师长彭雪枫、政委邓子恢统一指挥，在第2师5旅13团及14团一部、第3师7旅20团配合下，第4师9旅、11旅一部冒着狂风暴雨，对据守山子头地区之敌进击，至18日18时结束战斗，击毙保安第3纵队司令王光夏和独立第6旅旅长李仲寰，俘韩德勤以下官兵千余人。山子头反击战的胜利，标志着国民党军争夺苏北、驱赶新四军的计划彻底破产。从此，新四军第3师、第4师能以更多的兵力和精力进行抗日游击战争和加强根据地建设。

洋河镇战斗 1943年3月24日晚，第9旅26团在25团配合下，强袭宿迁县西南洋河镇日伪军据点。激战5小时，冲入街内，对据屋顽抗的敌人施以火攻，击毙、烧死敌团长以下100余人，俘队长、翻译官等40余人，缴获步枪50余支、战马6匹。我军在镇上收集火攻材料等，均照价给钱，洋河镇十里长街秋毫无犯，后来受到陈毅的表扬。

塘沟战斗 1943年5月16日至18日，第3师10旅兼淮海军分区第1支队配属第2支队6团和10旅特务营等部，攻打日伪军塘沟据点。此战，攻克平毁塘沟据点，毙日军小队长以下40人，伤日军65人，毙伪军大队长以下30人。塘沟的解放，打开了沭阳东南地区的斗争局面，使沭阳抗日根据地连成一片，粉碎敌人妄图分割淮海抗日根据地，封锁淮海、盐阜两区通道的阴谋。

万匹战斗 1943年6月初，第3师7旅和10旅兼淮海军分区第3支队决定拔除沭（阳）赣（榆）路中部的万匹据点。战斗采取内线配合和外线强攻打法，据点内部已被我军争取过来的一个排伪军，约定于3日夜在我军发动进攻时放下吊桥作内应。3日夜，第3支队8团发起攻击。经4小时激战，将敌全歼，并拆除据点。此战，共毙伤伪军20余人，俘伪军中队长以下80余人，切断了敌横贯沭赣的一条重要运输线。

桑墟战斗 1943年8月18日至20日，第3师10旅兼淮海军分区3支队7团攻打沭阳县桑墟敌据点。因据点防守坚固，多次进攻失利。后发动周围各乡打狗，将数千条死狗扔进据点壕沟与圩子里。因天气炎热，蛆蝇遍地，臭味冲天，迫使敌人放弃据点逃走。战斗中团长宋耀南中弹负伤后不幸牺牲。此战后被称为桑墟“臭狗阵”。

侍卫圩子战斗 1944年4月15日，驻归仁集据点日伪军200余人，企图由驻埠子集据点的日军接应，沿泗（县）宿（迁）公路经双蔡、侍卫圩子向埠子集收缩。第9旅集中第26团大部、25团一部、旅骑兵大队一个连和淮北军区一分区三大队一连的兵力，在侍卫圩子及其以南地区进行伏击。共歼全部日军一个小队36人、伪军一部，缴获汽车2辆和机枪、步枪、掷弹筒、喷火器等武器。此战后被列入中国人民解放军战例。

林宫渡战斗 1944年8月，驻宿迁城日军第72旅团135大队派出金井中队88人和伪军90余人，到运河线上的宿迁、泗阳两县水陆交通要道林宫渡安设据点，企图恢复宿（迁）淮（阴）之间的水陆交通，再度分割两淮抗日根据地。9月7日，新四军第3师10旅兼淮海军分区，在旅长兼军分区司令员刘震指挥下，以第2、第4支队发起林宫渡战役。经4昼夜激战，毙俘日军金井中队长以下71人，毙俘伪军90余人。此战，使龟缩在宿迁、泗阳等地日军再也不敢出来修据点，淮海区抗战局面稳定下来。

叶圩子战斗 1945年2月7日，沭阳日军为恢复沭宿公路交通，在位于沭阳县城西南20余公里处的叶圩子重设据点。第10旅兼淮海军分区决定拔除该据点。12日9时战斗发起，至13日（大年初一）凌晨攻克该据点。此战，共毙小队长米森以下38人、伪军大队长以下49人，俘日军9人、伪军近200人。我军牺牲副团长智武德同志以下指战员58名。战后，为缅怀烈士功绩，沭阳县建叶圩子战斗烈士纪念碑，黄克诚师长题写碑文。

（作者简介：赵连军，江苏泗阳人。现任宿迁市新四军研究会副会长秘书长，宿迁市委党校兼职教授、特邀研究员，宿迁市历史文化研究会特约研究员。）

宿北大战纪念馆的前世今生

沃恒光

2023 年是宿北大战（史称宿北战役）胜利 77 周年。

宿北战役是解放战争初期，中国人民解放军山东野战军和华中野战军在宿迁境内对国民党军进行的一次进攻战役。战役在宿迁城以北、新安镇以南、来龙庵以西、骆马湖以东近 600 平方千米的地域内全面展开。1946 年 12 月 13 日打响，至 19 日结束。最终以歼灭国民党整编 69 师约 2.1 万人而取得胜利，开创了解放战争初期全歼国民党整编师的范例。

1962 年，为纪念宿北战役，宿迁县人民政府在马陵公园原真武殿旧址兴建烈士纪念塔。1976 年，又在此公园内兴建宿北大战纪念馆陈列室。2016 年，对纪念馆景区布局进行整体改造提升，重建宿北大战纪念馆陈列馆。

一

马陵公园位于原宿迁县城北郊的马陵山。所谓的马陵山，其实是马陵山的余脉，呈山丘状。

马陵山，地跨山东临沭、郯城和江苏新沂、宿迁等县，是一条低山丘陵。它北起临沭县曹庄，南抵宿迁，南北走向，绵延 60 余千米，以状如奔马而得名。

明成祖永乐四年（1406 年），在宿迁城北马陵山顶建真武庙，庙正中为真武殿，殿中铸有真武大帝铜像。后在山南麓相继建起玉虚观、三清殿、文昌殿、二帝阁和玉皇楼。真武殿和玉虚观之间，有“山连泰岱”横匾悬于通门。穿过通门有 20 余级台阶至山顶。整个工程蔚为壮观，为游人、香客常临圣地。

明万历《宿迁县志》（成书于万历五年，即1577年）载："马陵山，去治北二里，高十五丈，周围二里。上有玉虚观（真武大帝庙）。"

清康熙年间开凿中运河以后，在真武殿前两侧建东、西望河楼，东望中运河、西望古黄河。清朝末年，部分寺庙内虽有毁损，但整体建筑基本完好。

1931年，国民党西北军骑兵一师师长张华棠驻防宿迁，带领官兵掘土运石、征献花木，在马陵山麓及西面坡地修筑公园。在中间掘土成为纵贯南北的勺湖，自乱茔的东北起，向南伸展曲折迂回而成九曲沟，修筑环园马路、平去所有坟头、开辟湖西篮球场等，时人始称之为马陵公园。

1933年，在西北角建房5间，命名为华棠图书馆，内藏由张华棠捐赠、宿迁县文献委员会从民间征集及购置的图书、刊物，是为官民联建之图书馆。

10月，涟水人张乃藩、马绍中来宿迁分别就任宿迁县县长和秘书。见马陵公园亭台久圮倒塌，荆棘杂草丛生，游人足迹罕至，遂与文人雅士马白华等共谋复建、续建马陵公园。

次年春天，宿迁县动员各机关团体及学校师生约600人参加建园义务劳动。本着"全其自然"的原则，斩荆棘、除杂草、铲坟头、平坑洼、浚深渠塘为一勺湖和九曲溪，湖上建映月桥，保留几座大坟与北伐时牺牲烈士墓。后在一勺湖东岸建一草亭，题名餐秀亭，面南亭内两根红柱上写有对联一副："朝朝暮暮群贤毕至；年年月月秀色可餐。"亭内一张石桌，四个石凳，可供游人小坐。此外，又把坐落山顶上的真武庙和东西望河楼粉刷一新，并将东楼题名为杨公亭，以纪念本县清朝抗日英雄杨泗洪将军；西楼题名为瑞璇图书馆，以纪念本县爱国女诗人倪瑞璇。里人有题杨公亭及瑞璇图书馆檐前一联云："凭栏望云影波光，有柳堤石桥，欲比西湖开胜境；排闼感诗情剑气，宜金戈铁马，好为民族振英风。"在山东麓建草堂三间，题名马陵寄庐，以示景仰先贤启发后世之意。园西为黄河古道，烟波浩渺，可步可舟，可攀山涉水，风光佳丽，是其他县郡不可比的。时人描述当时的景色说：每当春夏之际，百花吐艳、清香四溢。白天登山眺望，黄河一湾，烟波堤柳，鸥鸟盘桓。运水汤汤，白帆点点，船只往来如梭。晚上登山望月如入广寒之境，缥缈如仙。特别是每年的中秋午夜，月亮映在庙内的井心，神灵活现，与每年夏至当天中午，太阳照入井心的影子一模一样，精彩绝伦。

1938 年 11 月 22 日，日军侵占宿城时，马陵公园内的大部分建筑被炸毁，变为废墟，殊可痛惜。

二

1954 年春，在马陵公园旧址兴建宿迁县烈士陵园。

1956 年重建马陵公园，面积扩大到 1.82 万平方米。1956 年，在勺湖东侧建设光荣馆，为单层砖木结构，四角翘檐，东西长 16 米、南北宽 5.65 米，三开间，四周廊宽 1.8 米，廊柱为 22 根红漆木柱。门上方悬“光荣馆”匾，馆内墙壁悬挂朱瑞等烈士遗像和生平事迹介绍。室内有玻璃柜，内陈烈士遗物。陈毅元帅于 1962 年题写的手迹，也在陈列柜内，原字如核桃大小，经放大后镌刻于纪念塔。原件于“文化大革命”中丢失。1978 年宿北大战纪念馆建成后，光荣馆改为马陵公园管理处（宿迁县烈士陵园管理处）办公室。

1958 年，马陵公园扩建至古黄河边，占地 14.2 万平方米，有 3000 余株观赏树木，花卉花圃 2 万平方米。园内初建职工、青年、劳动三亭。

1957 年，在马陵公园内建立宿迁县图书馆，编制 3 人，藏书 3250 册。1961 年，宿迁县图书馆迁入极乐庵。

1959 年 3 月，在餐秀亭原址建成抗日烈士纪念碑，碑高约 5 米、宽约 1.5 米，碑的正面镶嵌着一颗立体红色五角星，下书“抗日烈士碑”五字，右上方为“一九五九年三月二十六日”，左下方为“宿迁人民敬立”。碑的背面是 112 字的碑文，曰：“暴日入侵，苏北沦陷。庐舍为墟，生灵涂炭。蒋匪军队，残民以逞。懦于却敌，望风先遁。我党奋起，坚持抗战。宿迁健儿，揭竿响应。气吞山河，勇撼天地。保卫家乡，前仆后继。抗战八载，胜利非常。英勇先烈，成仁取义。马陵巍巍，运黄汤汤。烈士之血，祖国之光。万古长留，英风浩气。谨勒丰碑，永昭后世。”碑文由时任宿迁县人民政府副县长叶汉英撰，宿迁籍书法家陈书樵先生书。

三

1962 年，省、县财政拨款 400 万元，在马陵公园原真武庙处兴建烈士纪念塔。塔名初定为“宿北大战烈士纪念塔”。请当年指挥宿北战役的陈毅元帅题名时，陈毅认为不全面，遂提笔在纸上写了“宿北大战马陵山革命烈士纪念塔”14 个字。纪念塔于 1963 年 4 月 5 日落成，塔高 13.13 米、宽 4 米、厚 4 米；塔底座高 3 米、宽 6 米、厚 6 米。塔的东、西、南三面镶嵌着陈毅元帅亲笔题写的“宿北大战马陵山革命烈士纪念塔”14 个大字金光闪闪。塔的四周被苍松翠柏簇拥着，象征着对革命先烈的怀念。

1974 年，在纪念塔西侧（原青年亭旧址），建造一座护碑亭，亭内石碑西面刻“人民战争胜利万岁”，由扬州籍书法家孙龙父书写。东面刻“宿北大战简介”，由宿迁籍书法家刘云鹤书写。

1976 年，在马陵公园东北侧，兴建宿北大战纪念馆陈列室。1978 年秋落成，建筑面积 1920 平方米。共分两大部分：一是宿北大战资料陈列，共占 11 个展厅，展出图片、画面、实物和革命文物计 930 余件。有美式装备轻机枪、重机枪、钢炮等战利品，国民党第 69 师师长戴之奇用的手杖和电话机及自杀现场的照片等。二是宿迁地区革命斗争史料陈列及拥军支前资料陈列，陈列展品 305 件。

改革开放后，宿迁县烈士陵园（马陵公园）内开设照相部、花木园林工具部，还建有滑冰场，并栽种各种花木，植果木、竹林。1983 年又新建勺湖桥，横跨在一勺湖上。湖西南侧新辟儿童乐园，内设各种运动器具。四周有铁栅栏，栅栏上装饰着“火炬”“海燕”铁质图案。为给公园招揽游客，公园管理处还经常接待驯兽团、马戏团、杂技团来园演出。

1984 年清明前，建成马仑烈士碑亭。马仑为中共宿迁县委第一任书记。

马仑烈士碑，上款为“中国共产党宿迁县委员会书记（一九二八·三——一九二九秋）”，下款为“宿迁县人民政府立 一九八四年清明”，中间为“马仑烈士永垂不朽”。碑背有“马仑同志传略”。上覆六角碑亭。2021 年，碑体由石材更换为花岗岩，并将“马仑同志传略”修订为“马仑烈士传略”。

1984 年 12 月，建立韩余娟纪念碑亭（位于今国旗广场处）。石碑面北，碑面刻有时任国家主席李先念题词“向少年英雄韩余娟学习”，碑背刻有“韩余娟烈士碑记”。上覆碑亭，亭顶为圆形。1986 年 11 月，全国城市雕塑规划组和中国建筑工程总公司雕刻艺术公司向宿迁县人民政府赠送韩余娟汉白玉全身立体雕像一座，安置于马陵公园内。2016 年，因园区布局调整，韩余娟纪念碑亭移至新馆西北侧，石碑面东。2021 年，碑体由石材更换为花岗岩，并将“韩余娟烈士碑记”更换为“韩余娟烈士简介”。

1985 年，先后建立朱瑞将军碑亭和俞幕耕、董辉烈士纪念碑。

朱瑞将军碑亭，位于今国旗广场正北。朱瑞为人民解放军炮兵创始人。朱瑞将军碑，上款为“原东北军区炮兵司令员兼炮兵学校校长”，下款为“宿迁县人民政府一九八五年四月五日”，中间为“朱瑞将军永垂不朽”。碑背有“朱瑞将军传略”。上覆六角碑亭。2007 年移至马仑烈士碑亭南侧。

俞幕耕、董辉烈士纪念碑，位于纪念塔北侧。俞幕耕，为山东野战军 1 纵 3 旅 9 团参谋长，董辉为华东野战军 2 纵 5 旅 14 团 2 营营长，均在宿北战役中牺牲。2001 年园区改造时，俞幕耕、董辉烈士纪念碑相继迁往今宿豫区来龙镇宿北大战烈士陵园内。

1985 年 5 月 21 日，民政部在宿迁召开全国烈士陵园管理工作现场经验交流会，推广宿北大战纪念馆开展多种服务、以园养园、减轻国家负担的经验。

四

1996 年 7 月，地级宿迁市成立后，宿北大战纪念馆（马陵公园）整建制划归宿迁市民政局。

2001年，市政府投资600万元，实施宿迁市烈士陵园改扩建工程，对宿北大战马陵山革命烈士纪念塔塔基加固、改造，建成四层花岗岩平台，汉白玉栏杆，塔身整修刷新，喷涂真石漆。基层平台占地面积5500平方米（东西长110米、南北宽50米）。由一层塔脚平台起步至塔身基础，计46级台阶，寓意宿北大战发生时间为1946年。每一层台阶两侧或中间，均有草坪绿地；每一层平台周边都装饰汉白玉护栏；每隔10米立一标杆，顶部装上五盏簇立的荷花灯；每层立壁地脚处都安装地埋反射灯；顶层平台四角也装有投光反射灯。塔碑基座刻精致浮雕，有春竹、夏荷、秋菊、冬梅，喻示革命先烈垂青千古。塔西二、三层斜坡用翠柏栽成的“人民英雄，永垂不朽”八个大字。

宿北大战马陵山革命烈士纪念塔

同时，改造东、西大门。西门由对称的三面战旗组成，战旗上刻画着国歌和国际歌五线曲谱和歌词。由中国人民解放军空军赠送的歼6型战机等，停放在馆区西大门内南侧的草坪上。东门立有29尊宿北大战群英雕塑。雄姿各异，栩栩如生。有的怀抱炸药，前仆后继；有的火力掩护，怒杀顽敌；有的投掷手榴弹，义愤填膺；有的肩扛子弹箱，勇猛向前。卫生员身背药箱，指挥员举枪挥手，奋勇冲杀。这组英雄群雕，吸引着无数行人驻足瞻仰。

2002年5月，市编委决定“马陵公园管理处”更名为“宿北大战纪念馆”，并保留“宿迁市烈士陵园管理处”牌子。这一年，“马陵公园”这个名字虽然成为历史，但大多数市民仍然将这里叫作“马陵公园”。

2006年，在宿北大战胜利60周年前夕，政府投入300多万元，再次对纪念馆陈列布展进行升级改造。改造后的陈列分为序厅、战争厅、支前厅、胜利厅和英烈厅等，增加一些图片、实物，并运用现代声光技术再现战争场景。

2011年元旦起，宿北大战纪念馆实行免费开放。院中的游乐设施逐步拆除。

2016年，市政府对园区布局进行整体改造、调整，先后投资4200万元，实施景观提升工程，重建宿北大战纪念馆陈列馆。2017年9月30日竣工开馆。

重建后的宿北大战纪念馆陈列馆，占地面积2456.96平方米，建筑面积4273.80平方米，楼高9.94米，主体二层，局部三层。一层建筑面积2848.4平方米，其中陈列展览面积2500平方米，其他配套设施1568.4平方米；二层建筑面积1613.14平方米。

陈列馆一层以宿北大战为主题，通过图片、视频、实物以及多媒体特效等形式，全方位展示宿北大战的战斗历程。展览共分为四个主题展厅，八大部分，分别为战前形势、中共中央军委指导筹划、战役部署、战役经过、人民战争、庆功祝捷、英名永存、永远缅怀等。陈列馆共展出实物213件、图片281幅、文献资料70套。

2019年2月，随着机构改革，宿北大战纪念馆转隶宿迁市退役军人事务局。

2019年6月，为配合“不忘初心、牢记使命”主题教育，在陈列馆二层建成“宿迁市党史教育馆”，全面展陈1921年以来宿迁党的建设历程。馆名由中国书协主席孙晓云题写。

2021年12月，宿北战役胜利75周年之际，在纪念塔西侧、护碑亭南北两侧建成宿北战役烈士纪念碑廊，廊内树立着20块黑色花岗岩石碑，分别镌刻毛泽东、陈毅等题词10幅和1852位烈士英名。

为查寻宿北战役的烈士英名，笔者认真查阅了《江苏省革命烈士英名录》《淮安市志》《宿迁市志》及各县（区）地方志，自购了多部外市县志等史料，并带队赴山东、河南等省市退役军人事务部门、档案馆及烈士陵园，查阅当地烈士英名录、英烈墙等，收录整理烈士及其信息，最终编成信息相对完整的《宿迁市烈士英名录》，共收录烈士14426名，填补了宿迁市烈士英名录的空白，在13个设区市中尚属首家。其中收录宿北战役烈士1852名，比之前有关资料新增709名。

2023年9月，由笔者编撰和设计的宿迁市双拥工作展示馆和宿迁市国防教育馆在宿北大战纪念馆老馆内建成开馆，填补了宿迁两类主题场馆的空白。

五

改革开放以来，宿北大战纪念馆获得了诸多荣誉和认定，如今，宿北大战纪念馆，已经成为集英烈褒扬、红色旅游、爱国主义教育、干部培训、城市休闲为一体的综合性纪念主题园林，是重要的旅游目的地。众多机关企事业单位、人民团体、学校、驻地官兵在此举行入党、入团宣誓仪式。每年清明节、七一建党日、八一建军节、烈士纪念日、国庆节等重要时间节点，社会各界均在此开展缅怀先烈、铭记历史的爱国主义教育活动，年参观浏览人数超过40万人次。

（作者介绍：沃恒光，泗阳人，现任宿迁市退役军人事务局二级调研员、宿迁市慈善总会副秘书长。主编《宿迁市城乡建设志》《宿迁市烈士英名录》等著作。）

朱瑞撰写的这篇文章，是中国人最早发表的长征纪实作品

丁厚银

提起朱瑞，大家的第一反应就是中国人民解放军炮兵的奠基人，被毛泽东主席誉为“中国的炮兵元帅”。他曾参加过五次反“围剿”、长征、抗日战争、解放战争，对人民军队的建设和发展作出过突出贡献。然而却很少有人知道，朱瑞的文字功底也很了得，是红军早期少有的高学历者。他 19 岁考入广东大学，20 岁赴苏联，先后在莫斯科中山大学、克拉辛炮兵学校学习。

1934 年 10 月 16 日，作为红一军团政治部主任的朱瑞将军，和军团长林彪、政委聂荣臻、参谋长左权率部参加了举世闻名、艰苦卓绝的中国工农红军长征。至 1935 年 10 月，长征胜利结束。

1935 年 12 月 30 日，在中央政治局瓦窑堡会议期间，由中国工农红军政治部主办的《战士》报第 206 期上，用整整两个版面，全文刊登了由时任第一军团政治部主任朱瑞写的长篇政论文章《艰苦的一年，伟大的一年》，全文 2200 字左右。在这篇既充满革命豪情，又充满革命感情的文章中，他以自己的亲身经历，真实而生动地记述了中央红军一年长征的艰辛历程，充分体现了伟大的长征精神：把全国人民和中华民族的根本利益看得高于一切，坚定革命的理想和信念，坚信正义事业必然胜利的精神；为了救国救民，不怕任何艰难险阻，不惜付出一切牺牲的精神；坚持独立自主、实事求是，一切从实际出发的精神；顾全大局、严守纪律、紧密团结的精神；紧紧依靠人民群众，同人民群众生死相依、患难与共、艰苦奋斗的精神。在叙述了 1935 年的战斗历程时，他这么写道：“这一年，我们经历了闽、赣、粤、湘、桂、黔、滇、川、康、甘、陕十一个省，三百六十余天，行程二万五千里。这一年，我们击溃了十几个省的数十万白军、民团、土匪

与反动武装的阻截与围攻。这一年，我们占领了大小五十四座城市，筹款近百万元，扩军四千多名，建立了数百处地方党组织和苏维埃政权，武装了革命群众……胜利完成了人类历史上最伟大最艰苦的远征！”

从整篇文章来看，全文共分为三个部分。在第一部分，朱瑞以散文的笔触、优美的抒情方式，首先简单记述并总结了1934年红军在第五次反“围剿”失败并离开苏区的原因和伟大意义——“为着开展革命战争到全国去，为着保卫江西的基本苏区，一九三四年十月十六日下午中央红军野战军在党和中央政府新的战略方针下，趁着初冬天气的斜阳，踏着一片落叶与微风，开始离开江西苏区向着艰苦与伟大的任务——向着新的苏维埃中国的胜利道上迈进着”。

第二部分也是全文的重点。朱瑞浓墨重彩、澎湃激昂、高屋建瓴地对1935年的长征进行了高度简洁地叙述，对关键事件的时间、地点和经过均给予了恰当的记录、描述和评论。比如，对于渡过金沙江的描写，朱瑞将红军的胜利与石达开的失败进行对比，更是剑笔如飞，气势如虹：“金沙江奔腾于后，大渡河横亘在前，整个反动营垒在酌酒相庆，在诅咒我们将像石达开一样的覆亡！真的吗？不！石达开是没用的东西！红军，只有红军是永远在千百万劳苦工农群众的心田中和拥护下，只有红军是百战百胜与无坚不摧，所以我们终于以十七个英雄出生入死，夺得大渡河的安顺渡，日夜行二百四十里以廿二个英雄取得大渡河的泸定桥！是的，‘足可疲，身可劳，衣服可烧，头颅可吊，什么不要，只要泸定桥！’我们的战号响彻了大渡河的流水！”

再比如，在记叙与张国焘的斗争中，朱瑞以其形象的妙笔抒发了自己勇于与错误路线作斗争的无私无畏的英勇气概，表达了自己对党、对军队和对自己信仰的无比忠诚与坚定信心：“在这三个月中，机会主义张国焘像雪山草地一样给我们红军以大的损害，但我们在党的正确领导下艰苦奋斗——我们战胜了皑皑的雪山与茫茫的草地，我们身体虽然弱，但我们的意志是铁是钢！我们没东西吃可以吃青稞麦，以至野菜青草！我们走不动就爬，爬到最后一口气，也要跟着党！我们战胜了困难，我们也将战胜机会主义的张国焘！”

最后，朱瑞以诗人的笔触和情怀，深情地写道："这一年，我们千千百百的亲爱的指挥员、战斗员粉身碎骨的最后一切都献给革命事业！这一年，我们以一双脚一支枪，百战不死的身完成了人类空前伟大艰苦神圣的远征！一年过去了，我们的艰苦奋斗，我们的牺牲和我们一点一点的汗，一滴一滴的血，一片一片的脚印，将在广大南中国与西方盛开着繁荣的苏维埃之花！"

第三部分，则是对即将开始的 1936 年的展望和期待——"一九三五年过去了，一九三六年展开在面前，莫忘我们过去一年的艰苦奋斗，铁一般团结在党周围和指挥下，向前，向前，把苏维埃的胜利带到全中国去！"

1936 年 1 月 1 日，当《艰苦的一年，伟大的一年》下发到连队后，立即引起了指战员们热烈的反响与共鸣。朱瑞当年的部下、时任红一师第三团政治委员的老红军萧锋，阅读了《战士》报发表的这篇文章后，在 1 月 1 日的日记中写道："朱瑞主任的文章，确实说出了我们的心里话，我们团几个领导研究后，决定由政治处通知各营、连队，认真学习座谈。"

据考证，朱瑞将军所撰的这篇《艰苦的一年，伟大的一年》，是目前已知的第一篇完整全景式地叙述中央红军长征整个艰难历程的历史文献，是中国人笔下最早正式发表的长征纪实作品，也是第一篇研究红军长征历史的极其珍贵的历史文献。这篇文章堪称是红军长征史研究的"开山之作"，对于我军军史特别是长征史的研究，具有重要的历史价值和地位。

2016 年 10 月，解放军出版社副总编、纪委书记丁晓平历经十年，集各大图书馆、博物馆和民间收藏家收藏之大成，系统挖掘和研究国内外早期记述长征的各种早期书报刊史料，编辑出版了一部完整记录长征叙述史的文献性报告文学著作《世界是这样知道长征的：长征叙述史》，据其介绍，《战士》报诞生于 1930 年 7 月，由毛泽东、朱德亲自领导的中国工农红军红一军团创办，军团政治部宣传部部长张际春兼任主编，是红四军的机关报，先后得到了毛泽东、聂荣臻、李卓然等老一辈革命家的亲自指导，是中国军事新闻史上一份极其重要的报纸。罗荣桓曾夸赞《战士》报"一个铅字比一颗子弹还重要！"

《战士》报是人民军队历史上最悠久、出版时间最长的报刊，也是红军长征中唯一没有中断发行的报刊。从1935年5月26日起至12月30日止，在长征途中7个月零4天的时间内，《战士》报克服各种艰难险阻，共出版23期，平均每10天出版一期。但由于战争环境险恶，留存下来的并不多。目前存世的只有9份，其中第184期、186期保存在中国人民革命军事博物馆，第186期被列为国家一级文物。第193期、194期、195期保存在中央军委办公厅档案馆，其他的报纸分别由中国社会科学院、中国人民大学图书馆收藏。该书影印的第206期《战士》报，则是作者在民间收藏家手中发现的。因此，第206期《战士》报，也是目前发现的最后一期《战士》报。

抗日战争时期，红一方面军第一军团和第十五军团合编为八路军第115师，《战士》报遂改为115师党委机关报。1939年1月，朱德总司令为《战士》报题写了报名。其间，该报报道了百团大战、狼牙山五壮士等英勇抗日的战斗故事和新闻。1943年8月，115师与原山东军区、山东纵队合编，成立新山东军区。9月15日，《战士》报改为《战士》（月刊），仍沿用朱德总司令题写的“战士”报名。1945年9月，《战士》（月刊）随山东军区主力开赴东北，由山东军区与其他部队合编成立的东北民主联军继续出版。1946年4月，根据当时的主要任务，民主联军总政治部将《战士》更名为《自卫》。9月，又更名为《东北前线》，成为东北野战军党委机关报。1949年2月，平津战役胜利结束，东北野战军改变番号为中国人民解放军第四野战军，奉命向中南地区进军，更名为《前线》继续出版。部队南下后，因行军作战频繁，报纸出版发行困难，《前线》于1949年8月停刊，编辑部人员编入新华社第四野战军总分社，跟随各个野战部队南下采访。中南地区全境解放后，中南军区兼第四野战军党委决定，1950年7月1日恢复出版《前线》，更名为《战士报》。8月1日，朱德总司令重新题写“战士报”。1955年4月，全军整编后，《战士报》成为广州军区党委机关报。2016年1月，在人民解放军编制体制调整改革中，《战士报》因广州军区撤销而休刊。

（作者介绍：丁厚银，中国散文学会会员、宿迁市作家协会理事、宿迁市散文学会副会长兼秘书长。）

我的祖父与韦国清的一段交往

陈晓东

祖父王德荣（1889—1969），出生于宿迁县耿车集。幼时发蒙于耿车私塾，后入钟吾学堂就读于卢翰荫门下。1902 年 3 月考入位于淮安的江北大学堂中学部。1905 年毕业后考入江北陆军学堂。军校毕业时已是辛亥革命的前夜，清政府正处于风雨飘摇之中。所以祖父拒绝了去清军基层部队做见习军官的分派，接受了一位叶姓同学的邀请到沭阳某学校从事教学工作。

多年后，一个偶然的机会，祖父去了吉林，加入东北军，并最终升任某混成旅上校副官主任。1925 年冬，祖父所在的部队又参与了浙奉战争，曾一度驻防徐州和进击宿州，不久又战败退往山东。目睹并亲历了军阀的连年混战，祖父深感自己的渺小和对时局的无能为力，对军队也失去了信心。经过一番思考后，选择了退役回老家。在老家耿车，先是开了间粮行，后又与几个朋友合股做长途贩运生意，还算比较顺利，直至全民族抗战爆发。

日军发动全面侵华战争后，祖父的生意就逐渐变得艰难了。特别是日军进占宿迁时，曾一度歇业避难。虽然不久又恢复了营业，也是勉强支撑。其间，祖父结识了韦国清并有一定的交往，成为这段艰难岁月里最有意义的事。

韦国清

1940 年，韦国清调任八路军山东纵队陇海南进支队政治委员，参加开辟苏北抗日根据地的斗争。

韦国清到苏北后，在耿车最早接触的

人是乡绅徐铁山（祖父好友），不久祖父就在徐铁山的引荐下与韦国清结识了。闲谈中，韦国清说话不急不慢、干净利落，内容多涉时事，多次阐释革命道理，并动员祖父投身到革命队伍之中。韦国清的到来给祖父留下了极为深刻的好印象，似乎还曾在脑海里掀起过一番不大不小的波澜！可惜，祖父那个时候对于革命的意义并无深刻理解，且当时已年过半百，最终还是没有投身到革命队伍中去。但在其后的几年交往中，祖父对韦国清总是有求必应，倾力相帮，一方面是出于民族大义，一方面则是韦国清的个人魅力。祖父曾利用生意上的便利和自己的各种关系为其提供诸多方便，如介绍其结识更多的人以便开展工作，为新四军联络人员、工作人员提供食宿、落脚点，筹措多种物资（包括粮食、棉花、布匹、食盐、药品、纸张、毛巾、肥皂等）。韦国清对祖父也十分信任，不仅有事时会登门或书信请托，就是在其北上南下路过耿车时，也总要在祖父那里停留一下，接触比较频繁。

某一天，韦国清要北上山东开会，一行人晚上来到祖父的家里，餐后便趁夜上路。但就在他们走出耿车街不远的地方，区公所的武装巡逻人员发现了他们，经喊话未予理睬后遭开枪袭击。韦国清等并未还手，而是快速离开。巡逻队也不清楚这些人的底细，追了一阵后也就回来了。但却在回程中发现了他们遗失的一个布袋，内装几本书和一幅经过裱褙而折叠起来的军用地图，便把这些东西带回，陈列在区公所中作为战利品。几天后，祖父收到了韦国清的来信，说了一些感谢的话，提及耿车被袭击的事，也说到书籍和一幅地图遗失的事，并说：“书籍实不足惜，唯地图于我尚有不时之需……如果能够找到，烦请先生转寄到山东某地某人”。祖父当即就去了一趟区公所。那里的人大多是乡邦后辈，对于祖父也很是尊敬，寒暄几句后便说你老自己随便看看吧。不一会，祖父果然就发现了那幅地图，便迅速收起，然后若无其事地对区长说：“这个东西我想拿回去看看。”区长一看是件旧东西，便同意了。祖父拿回地图后立即按韦国清所注地址寄了过去。

全民族抗战时期，宿迁一带社会环境十分复杂，除了日伪侵占区、国民政府控制区、新四军活动范围外，尚有不少土匪夹杂其间。所有物资的调配与运输首先考虑的就是安全问题，必须尽可能选择那些最让人放心的时间和路段通过。祖父为韦国清筹措的各种物资，不管多少，一般都能顺利运抵目的地。但也有一次，中途却生出了一场不大不小的波折。那是一批运往安徽某地的物资。一行车马刚进入泗县找沟地界不久就遭到了盘查，并以“违禁物资”之名没收。押运负责人无奈，只得立即折回报告。其时找沟一带匪患频仍，过往客商时遭抢劫。祖父见押运负责人非正常时间只身返回，便料出了意外。但经仔细询问，得知并非土匪所为，而是被国民党第 89 军 97 旅设的临时关卡查扣。庆幸的是，这 97 旅的旅长正是曾受祖父资助而考入黄埔军校第三期的姜云清（耿车东人）。弄清事情原委后，祖父便亲自跋涉近百里，到泗县找到姜旅长，索回所有物资并顺利送到了韦国清指定的地点。

由于祖父是个生意人，家里常有陌生人来往，本是正常现象，一般也不会引起别人的特别注意。所以祖父跟韦国清等人的来往，一直都很顺利。但时间久了，难免就会走漏一些风声，当地汉奸如获至宝，便迅速报告到日本人那里。1942 年的某天，日军宪兵队突然闯进祖父的家里，不由分说就抄家抓人，罪名就是“通新四军”。

在狱中，日军宪兵指控祖父向新四军提供情报、食盐、药品等，威逼交代相关人物和事项，但遭到了祖父的坚决否认，说自己除了正常生意，从来不涉及任何违禁物资，也不清楚新四军在哪里。日军宪兵队无任何有效证据，只得拖延关押。最后在经过宪兵队队长的亲自审问后，转交到伪县政府监狱继续关押。直到半年后，经家人、朋友辗转托人，才在担保下得以释放。

生意方面，自祖父被捕后不久便基本停止，获释后则环境更加险恶，只得全面清算歇业。尽管如此，在居家附近仍然不时可见到一些身份不明、形迹可疑的人，使人心烦。所以祖父干脆携家人一起离家住到了耿车西北方向的一位朋友家里。一年后，祖父一家又辗转去了扬州，在东关街大草巷置办房产并定居（1950 年重返耿车）。这样，祖父与韦国清的联系也就完全中断了。

（作者介绍：陈晓东，中国养蜂学会会员、宿城区历史文化研究会会员，发表地方历史文化类文章数篇。）

口述史丨淮海战役打窑湾

王道萍

辽沈平津血未干，淮海战役又开端。

万马千军刀出鞘，首发一枪打窑湾。

1948年11月6日，淮海战役正式打响，我军主要作战目标之一就是国民党黄百韬兵团。窑湾战斗则是11月8日至12日，直接与黄百韬兵团作战的主体性战斗。这场战斗全歼黄百韬兵团63军，是淮海战役打响后完成既定作战目标的战斗。窑湾首战告捷，极大地鼓舞了我军士气，为在碾庄圩全歼黄百韬兵团奠定了基础。

如今再回忆起窑湾战斗的往事，真是感慨良多啊。后来，听姨妈告诉我说，攻打窑湾时，我姨妈带着两岁多的女儿躲避在华棠门内的一个山芋窖里，幸好里面还有少量山芋供她们食用。我姨妈故意把腿割淌血，假说是被枪打的，不能站立，要不然就得被国民党军队抓去送饭送水。当时有两个小当兵的拿着枪，也躲在山芋窖里，俩人都是清江中学学生，10天前课还没上完，他们就报名参军，换上了军装，和其他100多名学生一起，跑了几天几夜的路来到这里。

第二天早上，一个军官发现了山芋窖子，就喊叫她们都出来，并叫那两个小当兵的上城墙，其中那个嘴上有伤的小兵尽管吓得两腿直打哆嗦，但还是和另一个一起爬了上去，他们刚爬出窖子口，就有几发炮弹连续爆炸了，顿时他们尸骨全无，鲜血顺着山芋窖子上面流了下来，还有好几个兵也都从城墙上滚下来了。刹那间，枪炮声大作，把她们耳朵震得什么都听不到了。紧接着又打了一天巷战，直到深夜枪声才停。第二天早上，我姨妈从山芋窖里爬出来，看到有好多人往城外跑，她也拖着两岁的女儿，从好多好多的死人堆上爬出城。但见城河里草捆上的死人更多，草捆和死人堆在一起，把我姨她们吓得魂飞魄散，等到她们跌跌绊绊地爬出城时，才看到自己浑身都是血。

我父亲和村里好多村民一道参加担架队，运草运粮运子弹。回来时每个人都从国民党兵尸体上扒下几件军装穿在身上。我家也有几件军装。那时老百姓连件整齐的衣服都没有。解放军身上也都是破烂不堪的旧军装。

还记得打窑湾的前几天，有一拨解放军从我们村里路过。村长给每家每户都分配任务，叫村民们把水缸里担满水，准备好柴草锅灶，给部队烧水做饭。

我妈天没亮就起来了，先烧一锅开水，再在院里放一个洗脸铜盆，盆架上挂一条新斗纹毛巾，一块土碱。这样等他们来了就有开水喝，有热水洗脸。村长又来察看时，还夸赞我妈说：你想得真周到，我也去通知其他各家都像你这样做。村长走出我家大门就喊："村民们好！请各家各户先烧一锅开水，等解放军来了好有开水喝，有热水洗脸。各家各户都要各尽所能多给帮助。"村长名字叫丁洪亮，人很好，是一名老共产党员，在村子里威望很高，因此大家都听他的话，在家里准备着吃的、喝的和用的。

不多时大部队就来了。我家分来一个班，十二人，每个人都是又黑又瘦，双腿打着绷带，细细的大长腿，一步能跨好远。他们每个人都分别背着一个背包、一个子弹袋、一支长枪、一个水壶和一个瓷碗。那个粮袋像猪大肠，一节一节地分装着他们的干粮，有小黄米、高粱米，也有少量的大白米等。等到做饭的时候，他们每个人从粮袋里倒出一碗粮食，混合在一起淘洗干净，放进锅里。他们把身上所有东西都放下了，才去洗脸。我伸头一看，只见刚洗完两三个人，盆里的水就变黑了。我妈赶紧又给他们重新换热水。他们脸上的灰可真多呀，我暗暗地想。

等到一大锅饭做好了，他们先给我和我妈一人装上一碗，然后他们每个人平分一碗，锅里的饭就没有了，也没有菜就着吃，只是喝着白开水吃着少量的杂粮饭。我妈见状，就赶紧走进屋子，把咸菜坛子提了出来，把里面的黑咸菜都分给他们吃，不一会儿，一坛子咸菜就被吃光了。他们每个人都吃得津津有味、狼吞虎咽的。随后，我妈又赶忙给他们每个人的水壶里都装满开水。我一边吃一边看着他们吃，有个兵叔叔从他碗里又夹一点饭给我，我问："你吃不完了吗？"他苦笑着点了点头。其他四五个兵叔叔也都夹饭给我，把我的碗都装满了，我还真有点不好意思呢，当时我哪里知道他们都还没吃饱啊。正吃着饭时，一个兵叔叔就坐在背包上睡着了，随后另外几个也跟着睡着了。过后我才知道，原来头天晚上他们从洪泽湖跑过来，已经一整夜没睡觉了。

刚吃过饭不多时，就听到了吹号声，那声音真好听："滴滴嗒嗒、嗒嗒滴滴！"接着又是一阵紧急的"咻咻、咻咻"的哨子声。只见他们闻声快速爬了起来，立即背上各自的装备，向窑湾方向走去。临别时，一位兵叔叔一把将我抱了起来，边把我举得高高地边说："小家伙，再见啦，等叔叔打完这一仗，再来带你玩！"我妈赶紧把我接在手里，顺手又给这位叔叔的口袋里塞了一块煎饼。我妈抱着我站在大门外向他们挥手，他们走很远了，还不时地回过头来向我妈和我挥手，我妈哭了，哭得很伤心，我也跟着哭了起来。

窑湾战役结束五六天后，我们村西大运河里飘来好多好多的尸体，河水都变成了血水，一眼望去几里路远，一波一波的尸体，飘来了，又飘来了……看着让人的心都在滴血。

这些年轻的军人，为了我们的解放事业，付出了鲜活的生命。他们的父母和家人在家里更是望眼欲穿，也没能把亲人盼回家。这些可爱的孩子，也都是父母的心肝宝贝呀，他们没能够再回家去看上一眼，就去到另一个世界了。数不清的尸体在运河里顺流而下，飘向那遥远的海角天涯。但愿他们不是在我家吃饭的那些可爱的兵叔叔吧，我在心里祈祷着。可是，那个说打完这一仗就来带我玩的叔叔，我始终也没等到他回来。

窑湾战斗六百八十名烈士墓

2023 年国庆节，已是 70 多岁的我回到老家窑湾古镇游玩，看着蓝天下面飘着鲜艳的五星红旗，望向面前熙熙攘攘如织的游人，回想起当年那血染的河水，不由得感叹祖国翻天覆地的变化。无数先烈英雄们用生命换来的祥和年代，我们要加倍珍惜。

（本文由张雯翔回忆，王道萍整理）

去世后本可进八宝山，可他却选择回到泗洪朱家岗，与他的战友永远相伴

编者按：在泗洪县朱家岗烈士陵园内，长眠有 1942 年殉国的 73 位烈士。在 73 位烈士墓东南约 30 米处，还有一座墓是 20 世纪 80 年代中期的。墓主就是当年新四军第 4 师 9 旅 26 团 1 营 2 连连长——孙存余。中华人民共和国成立后，孙存余曾任解放军总后勤部财务物资部副部长、油料部部长等职。1985 年 3 月逝世。按照常人理解，担任我军高级将领的孙存余对于自己的归处，原本有更好的选择，但他却坚定选择了朱家岗烈士陵园。他在病重期间便立下遗愿，希望他日能够安葬在朱家岗，陪伴他的战友，以表缅怀之情。

本文是刘幼樵与孙存余女儿孙晓华的对话。

刘幼樵：当年朱家岗战斗打得那么惨烈、顽强，听说孙伯伯的第 2 连最后只剩下两三个人了……

孙晓华：确切地说，只剩下两个人。在之前强袭青阳镇南小街敌人据点的战斗中，第 2 连担任的是主攻任务，伤亡很大，全连就剩下六十几人。

朱家岗战斗打响后，安排第 2 连待命。但战斗持续了 5 个多小时，鬼子又调集兵力组织进攻，意图全歼第 26 团。作为第 2 连连长，这时他主动请战，经批准后带了一个加强班近 20 人，赶去交通沟前沿阵地。这些战士中大多是射击能手。他们与阵地上的第 5 连战友们相互配合、英勇杀敌。

中午时分，阵地上就剩下还能继续战斗的他和副班长娄芝信、战士米炳开。子弹全打光了，面对又一次冲上来的鬼子，娄芝信挥舞着大刀拼向日寇，壮烈牺牲。当阵地上只剩下我父亲和米炳开的危急时刻，第 2 连第

3 排排长王学如、第 9 班班长程明宽，带着一名战士和 4 排子弹、4 颗手榴弹赶来支援。由于弹药不足和连续作战体力不支，疲惫的程明宽、米炳开和另一个战士也先后牺牲了。所以到战斗结束时，在交通沟里坚守阵地的仅剩下身负重伤的连长和第 3 排排长王学如。

刘幼樵：在张震伯伯写的回忆录里，我看了他讲述朱家岗战斗的章节，张伯伯在书中提到了你爸爸，说他负了重伤。

孙晓华：是的，我父亲一生负伤 7 次。身上的伤疤记录着他战斗的足迹。他伤得最严重的一次就是在朱家岗战斗中，子弹打断了他的左腿。当时战地医院要为他做截肢手术，父亲坚决不肯，因为他觉得等自己的伤好了还要上战场，不能凭借一条腿去冲锋陷阵。后来请了国际友人罗森特大夫亲自手术，才保住了比右腿矮了 3 厘米的左腿。

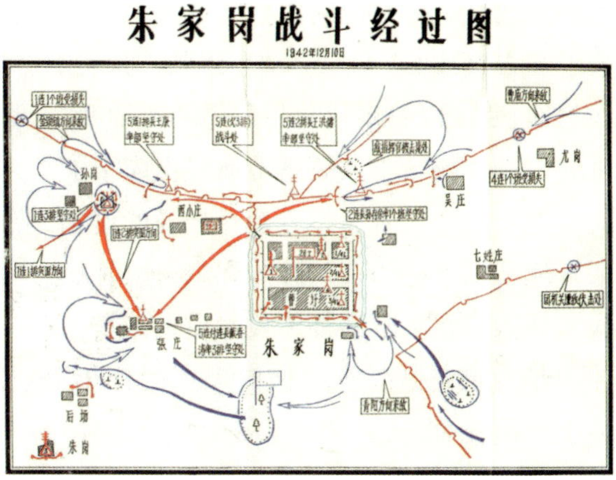

朱家岗战斗经过图

有一年，我去看望刘季平叔叔，才知道他就是当年战地医院的医生，曾经护理过我父亲。他说：“你爸手术后，为了伤口的恢复和腿骨的不再错位，但因为战争年代没有好的医疗条件和医疗设施，就只能用铁皮做了一个铁箍子，将他的伤腿放进去作为固定。由于铁皮不透气，腿伤开始化脓，伤口爬满蛆虫。当时缺医少药啊，每次只能用盐水清洗伤口，每一次的清创都是撕心裂肺的剧痛。你父亲真是条汉子！那样的伤痛硬是挺了过来。”

朱家岗战斗中，父亲负伤，成为二等甲级伤残军人。但他伤愈归队后，凭借着一条残肢仍然跟随部队冲锋陷阵，战斗在第一线。在抗日战争、解放战争的诸多战役中，“神枪手”的称号威名远扬。

刘幼樵：孙伯伯真是了不起！朱家岗一战，孙伯伯也算是死里逃生啊！20世纪70年代对越自卫还击战，孙伯伯可都是60多岁的老人了，居然也去了前线，又打了好几年的仗。

孙晓华：那是1978年的下半年吧，我父亲已是63岁的老人，当时他主管全军物资油料工作。有一天到了下班时间，久等不见他回来，家里人几经询问，才知道他已经去云南“备战”了。记得1981年，他回到北京后，我曾问他：“您都多大岁数了还去参战？”他说，“参谋长（张震）找到他，强调‘打现代化战争靠的是油料，拼的也是油料。一旦战场上油料供应不上就输定了’。”就为了老参谋长说的这句话，他不顾自己伤残的肢体和患有多种疾病（糖尿病、心脏病等）毅然重上战场。在中越边境的战场上，他白天在指挥车上，饱一顿饥一顿地连续工作；晚上和战士们一起在铺着稻草的地上休息。打了这几年仗，长时间在外奔波，又不能保障按时服药，1981年回到北京后，他身体便急速开始衰弱，几经抢救，还是在1985年离开了我们，当时他还不到70周岁。

孙存余

刘幼樵：孙伯伯去世太早了，还不到70岁……可惜了！孙伯伯真是一个很低调的人，平时对你们是不是特别严苛啊？

孙晓华：是的，他对我们一直都是要求很严格的，他告诫我们，“做人一定要堂堂正正，做事一定要问心无愧”。他经常提醒我们，“你们自己的事情，自己的问题要自己处理解决”。绝不允许我们利用他的关系去走后门。父亲要求我们，要认真对待组织上交给的每项工作；要虚心地向别人请教；要低调做人，不许搞特殊化！……为此，我们兄妹都在各自的工作岗位上做一名普通员工，谨守职责，默默工作直至退休。

刘幼樵：之前我从未听你说起过你爸爸。那次你陪同电视台采访我妈妈，她问到你的爸爸是谁？我很惊讶，第一次听我妈说她认识你爸爸。原来孙伯伯和我爸爸曾经在同一个团（第184团）工作过，他们也是战友啊！

孙伯伯逝世后，骨灰本不是应该安放在八宝山吗？怎么会安葬在泗洪朱家岗了呢？

孙晓华：按照他的级别是应该在八宝山室内安放的。但在他病重时一再嘱咐母亲，待他去世后，将他送回曾经战斗过的地方——江苏泗洪朱家岗。在那里，有他的第 2 连的兄弟们，有把热血洒在朱家岗那片土地上的战友们，40 多年了，他无时无刻不想念着长眠在那里的战友。作为兄长、作为连长，他要归队，要去那里陪伴、守护着第 2 连的兄弟们。

他的这个遗愿，经总后勤部报总政治部，再经总政治部上报军委，最终经民政部批准，得以实现了他的愿望：永远守护着他的第 2 连，守护着他的兄弟们。

刘幼樵：你爸爸在你心里是一个什么样的人？

孙晓华：低调做人，这是爸爸对我们的要求，因为爸爸一生就是个低调的人。他从没有在我们面前标榜过自己，夸耀过自己，以至于我对他过去的经历一点儿都不了解。这些年在新四军研究会工作，才从叔叔阿姨们那里听到一些只言片语。在我心里，他是英雄，是楷模，是我永远的骄傲和榜样。父亲品德高尚，心胸宽阔，他既是慈父又是严师。当我们犯了错时，他很是生气，甚至会体罚；事后，却又心疼地问这问那，感到让我们受了很大的委屈。

父亲离开我们 40 多年了，每年的 3 月 8 日（父亲的忌日）和父亲节，看到姐妹们都在互祝节日快乐；看到邻家儿孙围绕在父亲膝下尽享着天伦之乐，就格外地想念我亲爱的爸爸，真想能再次唤醒他，我想大声地、毫无顾忌地呼喊：爸爸，我想您了！

父亲走过了不平凡的一生。现在他和战友们团聚了，期盼他们在那个世界，不再遇到战争，不再经受伤痛，永远安详、宁静。向他们致敬！

三块银元背后的故事

陈平

在侵华日军南京大屠杀遇难同胞纪念馆，有三块银元，静静地陈列着。银元不会说话，却凝固着一对新四军夫妇对人民的深情厚意，也蕴藏着一位找党老人的人生传奇。

2012年5月，我在泗洪县新四军研究会任常务副会长。当时，《宿迁晚报》上一条消息引起了我的注意。“九旬老人张道干寻找入党介绍人马正早。”文中介绍，1942年，年仅19岁的张道干，担任了新四军地方武装的秘密交通员，也就在这一年，张道干加入了中国共产党。介绍人是金镇区党委书记兼武工队政委马正早。马当年刚20岁出头，与妻子新婚不久，就在张道干家代饭。事隔多年，张道干依然记得，马大哥开会时，他就在门外站岗。他不仅经常独自到新四军第9旅递送情报，还与马的妻子杨美田一起到洋河埋过地雷，剪断过日军铁丝网，并一同掩埋在朱家岗战斗中牺牲的先烈。后来，马书记及妻子奉命离开泗洪。临走前交给张道干三块大洋，作为十多天的食宿费。不久，张道干也离开家乡，加入新四军江淮独立旅，先后参加过淮海战役、湘西剿匪等战斗，九死一生。新中国成立后解甲归田。

由于张道干当年是秘密入党，没有留下任何证明材料。部队曾要求他重新入党，但张道干性格倔强，认为自己早就是党员了，不愿二次入党。为了寻找自己当年的入党介绍人，张道干从20世纪50年代就开始寻找。除本省外，他还赴山东、到河南、去安徽，许多地方的组织部、档案馆及新四军老战士家中，都留有他的找党足迹。60多年的苦苦寻找，他由一位年轻力壮的小伙子，变成了一位耄耋老人。恢复党籍，成为他一生夙愿。

或许是踏破铁鞋无觅处，有心人遇上有缘人。我突然想起，两个月前，我曾接待过一位叫杨美田的新四军老兵。她的丈夫曾任南阳、开封等地的市委组织部部长，也做过泗洪的金镇区区长、党委书记。对了，他的名字叫马振藻，而不是马正早。

事不宜迟，我立即将有关情况告诉张道干的侄子张绍宝，并牵线搭桥，与杨美田在河南南阳工作的儿子马希明取得联系。

一石激起千层浪。张道干找党 60 年，终遇知情人的消息，很快引起轰动。几十家媒体聚焦泗洪，央视《等着我》栏目，还邀请张道干、杨美田两位新四军老兵在北京见面。

在央视的会客室里，张道干手里紧紧攥着三块银元，这是当年入党介绍人留给他的，也是他唯一能拿出作为证明的信物。张道干对杨美田说："老大姐，我们分别 71 年了。这三块银元是党的财产，要物归其主啊！"

杨美田也百感交集，没想到世上居然还有这样执着的人。找党，几乎一生，有物为证，这是信念的力量。不久，杨美田与子女一同来到泗洪看望张道干，并为他写了入党证明。

2016 年 12 月 25 日，宿迁市委召开常委会，决定恢复张道干同志党籍。

也是这一年，杨美田和张道干两位抗战老兵共同商议，决定把三块银元连同张道干在朱家岗战斗中缴获的一枚日军奖章，捐给侵华日军南京大屠杀遇难同胞纪念馆，以教育更多的人不忘那段历史。纪念馆领导还向两位抗战老兵颁发了收藏证书。

2017 年 10 月 2 日，96 岁的张道干因病去世。"弥留之际，老爷子话也说不清，只能用手比画，我猜他是要最后再看一眼曾经把他领进党组织的恩人马振藻的照片。"张道干侄子张绍宝说，"也不知道哪来这么大劲，他陡然一下把照片捧起来仔细端详，再往下面一放，跟着就走了，追随他的战友们而去了……"张道干在去世前几日，还将自己一生的积蓄 9406.77 元，作为最后一笔党费交给了党组织。两年后，百岁抗战老兵杨美田也离开了人世。

而今，战争的硝烟已离我们远去，但三块银元引出的找党故事，依然使我们感动，并给后人留下了深深的启迪。

张道干与杨美田共同向侵华日军南京大屠杀遇难同胞纪念馆捐赠三块银元

（作者介绍：陈平，泗洪新四军研究会常务副会长、省作家协会会员、中国纪实文学协会会员。）

第六章 民风民俗

《红楼梦》中竟有宿迁一带特有的方言口语

朱江

看了《百家讲坛》的几位专家谈《红楼梦》，尤其是《刘心武解密红楼梦》后，本人对《红楼梦》的兴趣大增。不仅把书找来又细细看了若干遍，还把1987年版的电视剧也拿来重新研究了一番。发现书中隐约透些端倪：曹雪芹或许在宿迁一带生活过，因为在书中出现了三处宿迁一带特有的口语。

一为“造业”。大家都知道秦可卿的父亲叫秦业，书中隐含着作孽的意思，很显然曹雪芹是把“孽”谐音成为“业”了，在宿迁，俗称浪费食物或者其他东西为“造业”，书面语为“造孽”或者“作孽”。

但是在其他地方，尤其是湖南、湖北一带，他们说的“造孽”或者“造业”“作孽”，大多为“可怜”的意思。比如说某人家里很穷，就说他“好造业呦”或者“极造业呦”，很有同情的意思。

书中的秦业积攒了一辈子的财产是三四千两，其官职是工部营缮郎，家境不错，应该谈不上“可怜”。

秦业是在50岁因为无儿无女，便向养生堂抱了一个儿子，并一个女儿，这就是秦可卿和秦钟的来历，而他们在《红楼梦》里都没有活过几回，我理解为秦业浪费了他们的生命，故称之为“造业”。

二为“砍头的”。第五十三回中，“乌进孝送租”那一段，贾珍说乌庄主道：“这个老砍头的今儿才来”，这里“砍头的”一词，透着一种熟悉且有从属关系甚至夹杂着点宠爱的意思在里面，在我们这里尤其是农村是非常流行的。

老家农村里经常能听到：“小砍头的，来家吃饭。”或者“你这个砍头鬼，今天怎么打了这么多猪草回来啊？”的说法。

云南昆明那边也有说“砍头的”，他们那里是：坏家伙或者类似的意思。因为以前云南都是古代犯人流放的地方，有的到这边就被砍头处死了。大多是有咒骂的意思在里面。

三为“调歪”。词条上解释的意思是使坏，不正经。第七十八回里，王夫人和贾母说晴雯“……况且有本事的人，未免就有些调歪……”这里的“调歪”用“使坏，不正经”来解释，显然是不合适的。

“调歪”一词也是在我们这里常用的，多指小孩有本领但不往正确的方向上用，而独辟蹊径，标新立异，往往说有才能不正干，还有可爱之处的意思。这和书中的意思也刚好吻合。

还有更引申的意思是，虽然你是有本领不正干的，但是没有使事情无法挽回，完全可以补救的，只是让大家看到你故意通过这样显摆你的才能的，还能显示出只要你想做好，也就是分分钟的事，甚至做出来的效果更出乎大家的意料。

有点“扮猪吃老虎”的意思，但是不太贴切。比如：排球比赛时候，最后教练总结的：“本来可以大比分把对手拿下，可是你们故意调歪，让对方差不多追平分数，再取得胜利，制造紧张空气，增加了观众的乐趣，可是你们如果玩过了，输了比赛，你们看我怎么……”完全没有使坏、不正经的意思，书里用的是宿迁独特指向用法。

用这三个少见的巧合作为论据来证明曹雪芹在宿迁一带生活过，不知妥否。

（作者简介：朱江，宿豫区政协农业农村委主任，坚持写作多年。）

从《官场现形记》看宿迁的“南来北往”

袁海员

宿迁的方言，既有来自古楚语言的传承，也有南来北往的交融。诸多文学作品，都可以证明这一点。

清朝李宝嘉撰写的《官场现形记》，其语言充分运用了夸张、漫话式的讽刺手法，往往寥寥几笔，就将人物的音容体态勾勒出来，生动传神，具有很强的艺术感染力。书中有不少方言，宿迁地区的老百姓不仅耳熟能详，且早已融入日常生活之中，现列举一二，以飨读者。

“侉子”

各位司、道下来之后，奇巧有两个新到的候补道上来禀见。这两个候补道，一个姓刘，是南京人，他父亲从前做过关道，手里着实有钱；他本是少爷出身，自小到大，各事不知，只知道闹阔，人家都叫他为刘大侉子。

——第十九回《重正途宦海尚科名 讲理学官场崇节俭》

商务印书馆《现代汉语词典》第六版（以下简称《现代汉语词典》）中对“侉子”的解释是：方言，名词，指口音与本地语音不同的外乡人；土气的人（含轻蔑意）。商务印书馆 2011 年版《新华方言词典》中对“侉子”的解释比较详细，指出此语流传于南京、徐州、扬州、丹阳等地。商务印书馆 1979 年版《辞源》（以下简称《辞源》）解释为：“旧时北京人称语音不合京音的人为侉子，有时亦用以指山东一带的人。”

“则声”

陶子尧闭着眼睛吃水烟，不去理他。看看一根纸吹吃完，新嫂嫂赶忙又点好一根送上。陶子尧才同他讲道："说来也巧，今年大年初一，我早晨起来拜过天地祖先，就请出骨牌来。"新嫂嫂道："阿是推牌九？"陶子尧道："别胡说。"新嫂嫂吓得不敢则声。

——第八回《谈官派信口开河 亏公项走投无路》

他坐在堂上一直不作声，掌刑的皂班便一直不敢停手，看看打到八百，他还不则声。倒是值堂的签押二爷瞧着不对，轻轻地回了老爷，方把王七放起来，然而已经不能行动了。

——第四十回《息坤威解纷凭片语 绍心法清讼诩多才》

《现代汉语词典》对"则声"的解释是：动词，作声。《新华方言词典》则未收录这个词。《辞海》中虽未单独收录"则声"这个词，但对"则"的解释却提到了："犹'作'。宋元明常语。如则甚；则声。"宿城、宿豫一带，通常说成"吱声"，沭阳、泗阳、泗洪一带念"则声"，依然保留入声字的读音。

"推板"

丁自建道："……现在办他的差使，能够华丽固然是好，倘或不能，依晚生愚见，不妨面子上稍些推板点，骨子里头老老实实的，叫他见你个情，横竖一样花钱，在我们一面乐得省事，在他一面又得了实惠，又得了好名声，这又何乐而不为呢？"三荷包道："办这个差事，无论如何推板，体制所关，总得有个分寸才好。"

——第六回《急张罗州官接巡抚 少训练副将降都司》

《现代汉语词典》与《辞海》均没有收录这个词。《汉语方言词典》对"推板"的解释是：①差劲儿；质量次。通行于江苏、浙江、上海、安徽南部一带方言。②相差。根据上下文理解，文中的"推板"用的是第一个义项。

“拿把”

刘中丞一听这话，心上好生不悦道：“我委他缺，又没有当面同他讲过。他若一直在我这里当差，还怕将来没有调剂？怎么我要他多帮我几个月，就不能够吗？有病请假，没有病也请假，他还是拿把。我除了他，我就没有人办事吗？”周老爷听了并不言语。谁知刘中丞倒越想越气。

——第十二回《设陷阱借刀杀人 割靴腰隔船吃醋》

《现代汉语词典》未收录这个词。《新华方言词典》对“拿把”的解释是：①制约住，使不发作。②统管。其实，在这段原文中，这两个义项都解释不通。倒是“拿板”一词的义项“拿大；拿架子”可以解释。

《辞海》虽然也未收录这个词，但“拿”的解释中第一个义项可以适用：“拿：1. 握持。如：拿在手里。王之道《春雪和袁望回》诗：‘老夫僵不扫，稚子走争拿。’引申为料事的把握。如：十拿九稳。又引申为故意装着。如：拿架子，参见‘拿大’……”

“跟手”

文七爷从统领船上回话回来，玉仙忙过来替他接帽子、解带子、换衣服、脱靴子。连管家都不要用了。跟手玉仙又亲自端着燕窝汤，叫文七爷就着他手里喝汤。两个人手拉着手儿，一并排坐在炕沿上。

——第十二回《设陷阱借刀杀人 割靴腰隔船吃醋》

宝小姐一直等他应允，方才收泪，另外坐下。跟手九姨太亦走进来，又帮他说了两句敲边鼓的话，湍制台自然是无可推却。

——第三十九回《省钱财惧内误庸医 瞒消息藏娇感侠友》

《现代汉语词典》对“跟手”的解释是：副词，随手，随即。《新华方言词典》的解释相对要详细一些：“随手，随即。通行于南北许多地方，如银川、忻州、扬州、丹阳、广州等地。”

“耳报神”

自从他二人要好，一班耳报神早已飞奔的报到抚台跟前了。

——第十八回《颂德政大令挖腰包 查参案随员卖关节》

王柏臣接着电报十几天不报丁忧，这话早已沸沸扬扬，传的同城都知道。就有些耳报神到瞿耐庵面前送信讨好。

——第四十回《息坤威解纷凭片语 绍心法清讼诩多才》

《现代汉语词典》对“耳报神”的解释是：方言，名词，比喻暗中通风报信的人（多含贬义）。《新华方言词典》则未收录这个词。《辞海》对“耳报神”的解释是“通风报信的人”。

“改常”

起初藩台还遵他的令，后来熬不住了，便道：“我们出来做官，主子原是叫我们出来享福的，不是叫我们来做化子的。官场上的人都寒酸到这个地位，明明是丢主子的脸。我从明天可不受他的管了。”第二天便穿了狐皮毛子、貂外褂，并戴了貂帽子，前去上院。抚台见了很不以为然。拿眼睛瞅了藩台半天，始终为他位份大了，也不好说别的。后来藩台去后，他便同师爷们谈起这事，说：“藩司某人，今日何以忽然改常？”

——第二十回《巧逢迎争制羊皮褂 思振作劝除鸦片烟》

《现代汉语词典》未收录这个词。《新华方言词典》和《辞海》也均未收录“改常”一词。

但宿迁一带的老百姓经常会使用这个词。如小孩子调皮，大人会生气地说：“这孩子不改常了嘛！”意思就是他今天和往常不一样。多含贬义。

“翘辫子”

女人一见大人如此慈悲，自然乐得反供。便说道：“小女人自从十六岁上嫁了这个死的男人，到今年已经第五个年头了。咱两口子再要好是没有的。到上年九月，他犯了伤寒病，请城里南街上张先生来家替他看，谁知他药吃错了，第二天他就翘了辫子了。青天大人，你想咱们年纪轻轻的夫妻，生生被他拆开，你说，我这以后的日子怎么过呢？”说罢，呜呜咽咽地哭起来了。

——第二十三回《训奸情臬司惹笑柄 造假信观察赚优差》

《现代汉语词典》对“翘辫子”的解释是：指人死亡（含讥笑或诙谐意）。《辞海》未收录这个词。

以上只是列举部分，《官场现形记》中像这样的例子，还有很多。

古时候交通不便，文人写作，多用自己熟悉的语言。李宝嘉是常州人，常州地属江南，《官场现形记》中必然会使用大量的江南方言。李宝嘉一生从未到过宿迁，但书中有不少方言，宿迁人都耳熟能详。究其原因，正与宿迁地处南北交界之处有关。

宿迁在历史上曾经隶属徐州。《辞海》中说，徐州人形容自己，有一句话，叫“南蛮子，北侉子，徐州是个炭碴子。”比喻这一带的人不蛮也不侉。其实从另一个角度来讲，不蛮不侉，也可以说是又蛮又侉。作为一名宿迁人，当我们在阅读一些文学作品时，读到了这些自己家乡非常熟悉的方言，不是倍感亲切吗？不是更能激起我们对家乡的热爱之情吗？

（作者简介：袁海员，江苏省“苏教名家”培养对象，江苏省特级教师，正高级教师。宿迁市历史文化研究会理事、洋河新区文化研究会副会长兼秘书长。）

“马展就到”！宿迁话“马展”由何而来?

朱向东

宿迁方言中有叙述人或事物即将出现的方言词“马展”，常被人们口头使用。例如：“他马展就到”“电视剧马展开始”“饿啦？马展就熟了”等，均表示事物即将出现的速度和时间的概念。

“马展”在普通话中，是个词组的简缩语，一般专指（动物）马的博览会——马的展览，“名动”组合的形式有专属意义。而在宿迁方言中，它却是表述时间短暂的副词，涵义为马上、立刻、立即。既与普通话用词意义不同，也在其他方言区使用时间词语形式上独树一帜，也不像其他方言区的时间词更接近普通话。

宿迁另一方言词“一展”却不是“马展”的同义词，而是表示时间“有一会儿”。其中“一展”之“展”即“展缓”，表示时间有“宽限”。“展期举行”即是“延期举行”，时间向后推移。为何“马展”在宿迁话中却能表述时间短暂呢?

追溯其源，“马展”一词竟来自满语。有清一代，满族人推翻了明代王朝，建立了清帝国，统治华夏近三百年，满族人的生活习惯虽然已经被汉族人“同化”，而语言却和民族融合的性质一样融入了汉民族语言的体系中。宿迁话中的“马展”就是这样被“融”进来的。

满人世居祖国东北部，地域辽阔，在白山黑水间，游牧水草，择而居之，满人有自己的语言和文字，满语属阿尔泰语系通古斯语族满语支。

满族的地名与汉语地名一样，其中给水体命名有与水温、水质、河流用途、史实传说相关的河水名，如“汤池”“冷水江”“温泉”“热河”“瓦红河”“洼浑河”等，还有与水体流量、流速有关的满语水体名，如清初的“玛瞻河”，后作“玛展河”“马沾河”“马展河”，书曰“瞻河”或

“沾河”，在黑龙江省逊克县，发源于伊春市交界之小兴安岭汤元山南麓，自西而北纵穿县境，至逊河乡双河村西汇入逊河，为逊河右岸一大支流。

其中所用“瞻”字为规范满语，满文义为快速、响箭，汉语语义译为“骨披箭”。这种箭以骨头为箭镞，比满族在战阵上使用的“梅针箭”簇大而长。簇上有孔隙，射出后即作风音，以传信息。“瞻河”亦即汉语“哨箭河”，同样以水急如鸣镝而得名。“瞻”为“快速”义，还带着响声。

《钦定盛京通志》（卷二十七）将其记作“玛展”：“玛展河，［宁古塔］城北五十里，源出西北玛展窝集，南流汇海兰河，入瑚尔哈河。”《吉林通志》（卷二十二）载：“...... 有玛展河自西来注之，此水《大清一统志》不收。”

根据河水流速状态以及水质用途等因素命名水体的习惯无论国内国外都不鲜见，汉语中同样也有“黄河”“赤水河”“恕江”“邳洪河”“运粮河”“汴河”等名称。

“玛展”河又书为“马展”河，系“玛展河”之口语音同而变，其名变读，水急如奔马、似箭矢。其中“瞻”“展”互为讹转，又引“瞻”之“快”为“马”之“快”，音名之变读而“快”之义仍通转。

满语中的“玛”也是规范满语，满人称父亲曰“阿玛”，“玛”与“瞻”“展”作水名，核心语境是河水流速像“阿玛”骑马飞奔之速、射箭之快，正如宿迁人赞叹“俺妈唛，忒快”！所以宿迁人借音“马展”，就是表述一个“忒快”的涵义，“我马展就到”就是说明“我到得很快，您无需多等。”可以说“马展”一词无论在满语中还是在宿迁方言的汉语中都属于拟态词一类。因此，“马展”来源于对“玛瞻”“玛展”的变读和异书。

“玛瞻”“玛展”来源于满族人对水流湍急河流的比喻，另有“玛呼”亦为满语，译成汉语为鬼脸或假面具，属装扮的产物。“玛瞻”“马展”从其比喻意来说岂不也指装扮得像“射出的箭”和“飞奔的野马”？

在清王朝漫长的统治中，中国国内各民族基本已形成比较稳固的政治、经济、文化联系，大清王朝的建立和发展，最终确定了中国现代统一多民族国家的基本格局。

满族人入关后的最初一百年，在全国各地都有满族人随军驻防，满族人操满语并学习汉语渐至兼操满汉二语，满汉两族人民密切交往，两种语言自然发生互相影响，特别是贯穿宿迁全境的大运河更是南北交通和满汉语言相融的有利条件。一方面是汉语影响满语，表现为汉语词进入满语中，又因后来用汉字注满语音，致使满语音也受到一些汉语音的影响，另一方面也有许多满语词进入汉语，现在北京、东北三省、内蒙古地区及华北一些地区的汉语方言中都含有不少满语借词，宿迁地区也就是在这样的条件下让“马展”及其他一些满语词在宿迁落户、扎根。甚至在宿迁人民的生活中须臾不可或缺，在人们日常生活中频繁使用。

满语词进入汉语分为两种情形：一是基本上保持满语词的原状而在汉语中使用，另一种是采取满语词的一个或几个音加以汉语式的加工而在汉语中使用。像宿迁人使用的“马展”一词的形成便属于后者。难能可贵的是“马展”一词在宿迁地区特别是城区一带被广泛使用，成为独特的方言词，而它的周边地区各县份却基本没有用例。

融入宿迁方言中的“马展”和“马上”“立刻”“立即”以及“一展”等词比较，它们虽然也是表达时间短暂和“有一会儿”的词，但“马展”所表述的时间相对更为短暂，所表达的紧迫性幅度较小，所限定的后边将要发生的动作即刻就要发生，不同于“马上”“立刻”“立即”以及“一展”等词时间涵义的“舒缓”。例如：

（1）“别走出校门，马上集合了。”

（2）“从市里回来之后，我们立刻就向干部群众传达了市委会议精神。”

（3）“董事长叫你休息一下就立即到他那儿去一趟。”

（4）“新娘子一展就到。”

这里的“马上集合”“立刻传达”“立即去”只是事件“快要发生”了，没有“马展”“就要发生”来得急迫。而“一展”则更加“舒缓”。

在市区一带的市民中还有说“马时”“立马”“马上马”“急赶急”的，它们也属地道的宿迁方言词，虽然意义与“马展”比较接近，均表示时间短暂。但是所不同的是这些方言词所表述的人、事、物除了尚未发生和即将发生的事件的时间性状之外，一般还表述在过去的时间发生即已经发生的事件的时间性状，这是和“马展”表述事件即刻发生以及时间急迫的意义不同的地方。例如：

（5）“接到电话，供电公司马时就来人维修了。”

（6）“等名单公布后，我立马走人！”

（7）“纪委刚找他谈话，他脸色马上马就变了。”

（8）“听说你病了，我急赶急就跑过来了。”

以上例句中的“马时”“立马”“马上马”“急赶急”等词均不能完全换用“马展”来表述。它们除了表述事件的时间不一定是即将发生的之外，还都不具有“马展”表述时间的紧迫性、短暂性。

综上，“马展”一词自来有源，最早可以追溯到满语词汇中，在宿迁方言中历时已久，意义明确，使用频繁，这一方言词在表述时间概念时不同于其他意义相关的方言词和通语词类，也没有出现其他变异用法，可以说是承载着一定的地域文化理念的方言词，也是较为典型的宿迁方言词。

（作者简介：朱向东，宿城区人，江苏省语言学会会员，笔名黄墩逐，著有《宿迁方言志》《宿迁方言词典》等。）

泗洪话中与众不同的“吃”“喝”

邢光武

吃饭喝酒如果仅是说“吃某某饭”“喝某某酒”，就显得平平淡淡，泗洪方言中有关“吃喝”的词丰富多彩，生动形象，充分体现泗洪人豪爽、朴实的性格特点。由此，可以感受到泗洪饮食文化的厚重、多样和兼容。

泗洪人使用频率最高的是“剋”（kéi）字。“剋”一般做动词，有“快速做某事”或“凶猛野蛮地做某事”的意思。如：剋仗（打架斗殴）、剋麻将（就是打麻将、搓麻将）、剋球、剋牌等。当然，剋酒、剋肉一样是大大咧咧痛痛快快。一个“剋”字，把泗洪人豪爽的性格表现得淋漓尽致。热情好客的泗洪人，剋酒、剋饭是常态，一说到剋酒，眼前就会现出一帮人在一起开开心心地大口喝酒、大口吃肉的豪爽情景。但是，“剋”字语气较重，显得粗野，如同《水浒传》上的英雄一样，因此，在正式宴席等接待场所一般是不使用“剋”的。

饭菜合口味叫“投口”。泗洪人招待外地客人时往往会问，吃泗洪土菜不知你投不投口，要投口就多吃点，不投口再换点几个菜。

“吃油炒干饭”是一种隐喻，是指得到了什么好处或恩惠。过去食油比较精贵，一般是请人干力气活时，主家会用油炒干饭（甚至是肥猪肉丁炒干饭）来招待客人，这种饭不仅吃起来香，而且特别经饿，客人吃过油炒干饭就要卖力给主家干活的。这是为了调动积极性，使物质变精神，精神变物质的最好诠释。

灌酒：灌，是注入、倒进的意思。喝酒用“灌”可以看出酒喝得有多迅猛。“灌”往往是被动地喝酒。“被灌醉了”也是好友之间调侃的问候语：“你昨天晚上又灌多少酒啊？到现在身上还有一股酒气呢。”

噇（chuáng）：没有节制地吃喝。带有贬义。《水浒传》第二十九回：

“酒保将去，又荡一碗过来。武松提起来，呷了一口，叫道：‘这酒也不好，快换来便饶你！’酒保忍气吞声，拿了酒去柜边道：‘娘子，胡乱再换些好的与他，休和他一般见识。这客人醉了，只待要寻闹相似。胡乱换些好的与他噇。’”

泗洪方言中，噇与搃（chuāng）是同音，“搃”是撞击的意思，与“捣”意思相同，于是就把“捣”引申到吃饭上来了。如：“你们今个玩疯得了，到现在也不知道回家去捣牢食。”因为过去没有什么好吃的，所以把吃饭戏称为“牢食”。

捣肚（dǔ）子：即往肚子里装填食物。

在泗洪喝酒你可能经常听到“醽点小酒”或“一壶酒一口醽得了。”这醽（mì）不是浅尝辄止，而是全部喝完的意思。《说文解字》：“醽，饮酒俱尽也。”小酒一杯，一口给醽得了，老酒一壶同样是一口醽得了。要不然就对不起这“醽”字的本意了。

康（kāng）：泗洪人把这个字读“卡”，与卡片的“卡”同音。“物有盖有底，盖下覆曰康，底朝上曰覆”，如“颠覆”，如“把某某人康在水缸里”。喝酒用“康”这个词，“康”就是像扣篮一样扣下去，可见泗洪人喝酒的豪迈之气，爽快之极。过去喝酒时是相互敬几杯，或碰几杯，如今喝酒往往是“来我们康一壶！”二两酒一口闷下，酣畅淋漓，干净利索，毫不拖泥带水。此时可能会爆出掌声，“好事成双，来！再康一壶！”壮怀激烈，饮酒进入高潮。

同“康”相比较，“呡”酒就太文雅了。呡（mǐn）：同“抿”。“呡”古文中同“吻”，嘴唇。在喝酒时用“呡”是沾到嘴唇，即小尝，略微喝一点。如敬酒时，对方说不善饮酒，你可以说：“这杯我喝完，你呡一口就行。”如果直白一点就说：“你沾沾嘴，我喝干！”如果对方喝得太少，敬酒的人就会说：“你这也不叫呡酒，连嘴唇都没沾到。”

泗洪人在吃饭时有时会说“刨（páo）干饭”。“刨”是指动物用两个前爪扒土或打洞的动作，所以泗洪人把用筷子快速地从碗里往嘴里拨拉干饭就是“刨”。如：“一碗干饭，他三下两下就给刨下肚了。”

“扒干饭”与“刨干饭”意思相近，“刨”体现在速度上“快”，而“扒”注重的是分量“多”。

“揠（yà）饭”有两层意思，一是形容吃饭太慢太勉强，如：“你看他吃饭就跟揠药（读“约”）的一样，一碗饭都吃半天了还是没吃了。”二是指强行把东西（食物）往别人嘴里填。如：“这块饼你一定要把它吃了，要不然扳开嘴揠也要给揠进去。”“揠”在泗洪话里读入声。

在泗洪做客时，主人往往会央客人“就菜”。就菜：“就”在《说文解字》中意为“高也”。桂馥注：“此言人就高以居也。”孔广居注：“京，高丘也。古时洪水横流，故高丘之异于凡者人就之。”《九经字样》“京，人所居高丘也。”由此可见，“就”本义应是到高处去。由此又可引申为走向高处，靠近，走进，趋向。又由“靠近”引申出“完成”义。如《战国策·齐策》“三窟已就，君姑高枕为乐矣。”《诗经·大雅》“不留不处，三事就绪。”再如“就结”一词沿用至今，表示一切已安排妥当，准备工作已完成。

当“就”后接宾语无明显“有利”义时，“就”引申出“伴随”义，其后可接持续性助词“着”。如《齐民要术》：“冬夏生，始数寸，可煮，以苦酒浸之，可就酒及食。”后渐渐演变为佐食义的用法。如《红楼梦》第四十九回：“只拿茶泡了一碗饭，就着野鸡瓜齑忙忙地咽完了。”泗洪人把吃菜说成“就菜”，央客人吃菜称“扨（dāo）就”。“扨”就是用筷子夹。如：“来我们家吃饭不要客气，随茶便饭也没有什么好吃的招待你，这桌上的菜你随便扨就，不要作假，不要住筷子。”

（作者简介：邢光武，宿迁市文史研究会会员、宿迁市作家协会会员，大湖文学研究会副主席、泗洪县作家协会名誉主席。）

《西游记》里的沭阳方言

韩华林

《西游记》作为中国古典长篇小说四大名著之一，先后被翻译成多种文字流传于世，随着《西游记》一起传遍四海的，除了生动有趣的人物形象、光怪陆离的取经故事，还有丰富多彩的沭阳方言。

《西游记》第六回写道，因孙悟空嫌弃“弼马瘟”一职，发了“猴脾气”大闹天宫，随后各路神仙奉玉帝旨意欲将其捉拿问罪，其他众神仙皆不敌，唯显圣真君二郎神带着哮天犬一路穷追猛打，将孙悟空逼入险境。悟空情急之下，只得“变作一只花鸨，木木樗（chū）樗的，立在蓼汀之上。”这里出现的“木木樗樗”一词，就是非常典型的沭阳方言，指的是“傻乎乎”“楞住”“发呆”的意思，非常形象地描写出了孙悟空走又走不脱、打又打不过的尴尬处境。

此外，“木木樗樗”有时也被用来形容身体某个部位的麻痛感，比如辣椒、花椒吃多了之后，沭阳人会说舌头有点“木木樗樗”；如果不小心磕碰了一下，那种既疼又麻的感觉，也叫“木木樗樗”。

《西游记》第二十三回写的是“八戒撞天婚”。取经路上，黎山老母和文殊、普贤、观音三菩萨化成一母三女供其斋饭，趁机考验师徒四人西去取经的决心，其他三人皆不为所动，只有八戒坐立难安，肚里不停地打着入赘上门的如意小算盘。为对师父的冷漠表示抗议，八戒抱怨唐僧：“师父，这娘子告诵（sòng）你话，你怎么佯佯不睬？”这里的“告诵”，在沭阳就等同于“告诉”“佯佯不睬”是指不想搭理。更值得沭阳读者品味的是，“佯佯不睬”一词在当地方言中往往具有一定贬义成分，一般用来批评他人态度傲慢，这也更加生动地表达了八戒心中强烈的不满，心理描写非常传神。

当然，猪八戒的“撞天婚”还是以失败告终。天亮之后，他发现自己被“珍珠衫”吊在了树上。

同一回中，还写到猪八戒怀着心事，佯装放马溜了出去，“那呆子拉着马，有草处且不教吃草，嗒嗒嗤嗤的赶着马……”“嗒嗒嗤嗤”是指心事满腹、心猿意马、看起来神不守舍的样子。“撞天婚”之前，八戒也曾抱怨唐僧：“我们这清灰冷灶，一夜怎过！”“清灰冷灶”也是沭阳人经常听到的一句熟语。

第二十四回中，猪八戒为怂恿孙悟空偷人参果，故作生气地跟师父发牢骚：“他就瞒着我们，才自在这隔壁房里，一家一个，啯（guō）啅（zhào）啯啅地吃了出去，就急得我口里水泱……”“啯啅啯啅”也是沭阳人常用的一个拟声词。这一情节透露出八戒其实并不是很憨，其实他也喜欢动脑筋：既然以自己的力量斗不过大师兄，那就想办法让师傅帮忙从中调停，从而达到多吃几个人参果的目的。取经路上，八戒为了对付大师兄没少使用这种办法，而且往往挺奏效。

第二十五回中，镇元大仙发现人参果被偷，一怒之下架起油锅，要把悟空给煎了。悟空毫无惧色地说：“这一向不曾洗澡，有些皮肤痒痒，好歹荡荡……”这里的“荡荡”，沭阳人也经常用来表示液体在容器里摇晃，比如当碗里的茶水太烫时，可以轻轻摇晃一会加快散热，这样的动作就叫“荡荡”。

在人们印象中，悟空是“大聪明”、八戒是“小聪明”，他们时常会因为意见不一发生争吵，甚至互相开骂。但即使他们对骂时，所用的字眼也是有很大区别的：悟空因为严重怀疑八戒的智商，恨铁不成钢地骂猪八戒是“夯货”，在沭阳方言中就是愚蠢、糊涂的意思；八戒因为和大师兄争斗时输得多、赢得少，不但屡吵屡输还经常被悟空捉弄，对大师兄是又气又恨，所以一旦气急了，就会跑到背地里骂孙悟空是“亡人”，这样的字眼既表达了“气”又表达了“恨”。这些妙趣横生、惟妙惟肖的词语，都带有浓浓的沭阳味道，沭阳方言如此传神，读来让人忍俊不禁。

《西游记》中这样的例子还有很多。这一现象也充分证明，作者吴承恩与沭阳有着千丝万缕的联系，说他是“半个沭阳人”也毫不为过。这是因为，吴承恩不仅是一名淮安人，距离沭阳很近，而且与沭阳名门望族胡家是亲戚——吴承恩与胡琏的儿子胡效才是连襟关系，两人的夫人是亲姐妹。吴、胡两家过往甚密，自然对沭阳方言非常熟悉。

沭阳胡家花园

仔细翻阅《西游记》，你会惊喜地发现，书中还有许多细节都留下了深深的沭阳印记，从光怪陆离的天境风光，到敦厚淳朴的生活习俗，作者的许多创作灵感都来自这片美丽的土地。方言不只是一个人的记忆，更承载着一群人的乡愁，感谢吴承恩记录了生动有趣的“沭阳话”，是他让我们与这部传世经典紧密相连，能够处处找到自己的影子。

（作者简介：韩华林，沭阳人，江苏省作家协会会员、江苏省诗词协会会员。）

皂河的早酒

王斯亮

早酒是许多地方都有的。据说，喝早酒的习俗是从农村流传下来的：早上，农村人下地干活前喝上一碗酒，活络筋骨，提一提精神，一天都有劲。但我认为这只是早上喝酒的借口。俗话说：“莫饮卯时酒，昏昏睡到酉。”早上喝了酒，昏昏沉沉的还怎么工作呢?

当然，这酒也要看谁喝、喝多少，无事可做的闲人或颐养天年的老者喝一点早酒也是未尝不可的。几年前的夏天，我出差去苏州就曾见到过。在一家精致的面馆里，众多吃早点的人群中，不时出现一两个精神矍铄的老者，同大家一样，点一碗带有浇头的面，再取一小碟豆腐干之类的小菜。不同的是，老者的面前会多一小瓶自带的白酒或米酒，也就二三两的样子。这些老者悠闲地就着小菜和浇头，慢慢地啜饮着白酒或米酒。待碗里的酒饮完，最后连面加汤一起吃光，才酡红着脸颊信步离去。

皂河的早酒却是另一番景象。由于皂河特殊的地理环境（曾经是码头遍布、船厂林立、漕运兴盛、商贾云集），又受到皇家祭祀文化（清康熙、雍正、乾隆曾多次到镇南龙王庙行宫祭祀龙王水神、黄河水神）的熏染，其深厚的文化积淀一直影响着人们的衣食住行。这里，单从“食”字就能一窥皂河人懂生活、会生活和对美好生活的追求。皂河人对吃非常讲究，“好（去声）吃”是出了名的。大大小小的早点铺，林林总总的各种饭店遍布皂河镇的大街小巷，即使外卖的熟食摊点也是附近几个乡镇的总和。虽然多，但是都各具特色，所以每家的生意都很不错。

早点当中要数王家的狮子头和赵家的羊肉汤最为有名，因此，这两家喝早酒的人也最多。王家的菜品更为丰盛，进得店来，案几上是店主人炒好的十余种时令菜蔬：炒干丝、炒豆角、炒莲藕、炒腐竹、韭菜河虾、南瓜丝等等。店家会随着季节变换更换菜蔬的品种，随便客人自己吃多吃少，爱吃啥取啥，类似于自助餐。几口小铁锅里炖着红烧肉、狮子头、红烧鲫鱼、萝卜霉干菜等“保留品种”。饭嘛，有白米饭、豆瓣稀饭、潮牌饼。王家祖上曾是皂河有名的红案厨师，手艺相当不错，特别是招牌菜红烧狮子头，红烧肉的选料也相当考究，全部用靠近猪前腿腹部的五花肉。十块钱一份，盛在细花瓷碗里，活色生香，真正的价廉物美，足够一个人解馋。

房间分里外两间，里间放几张八仙桌，一般都是爱喝早酒的人坐定；外间放几张条桌，大多由吃早点的人占据。里间喝酒的大多是好这一口的闲人，也有镇上部分饭店的老板，他们早上采购食材的同时，几个人凑到了一起，弄两瓶酒，一边吃喝，一边交流生意经。对于他们来说这也算是一道正餐，因为到了中午和晚上，饭店的生意忙起来，他们就不能平心静气地吃饭了。除了饭店老板，还有运河码头的行船老板、拆船老板，如果雨天，还有一些无法做工的工人，你来我往，甚是热闹。他们事先很少邀约，有时就是自己开一小瓶老白干，夹上爱吃的小菜，加一份红烧肉，自斟自饮。遇有酒友或熟悉的邻里，招呼同饮，一般有事情做，或如我一般不爱酒之人，就会婉言谢绝；遇有同好，如遇知音一般，唤老板加菜、拿酒，本来是一个人吃饭，最后呼朋唤友坐了满满一桌子是常有的事。

喝早酒

他们一边喝着酒，一边计划着中午或下午的酒场，有的互相传播议论着各自知道的新闻：谁家的儿子孝顺，给老子请了保姆，谁家的媳妇打骂了老人，如此等等。小镇上传播新闻一般两种途径，一种是早上的小酒馆，另一种就是晚上的澡堂子。在这两个地方，什么小道消息、国家大事都悉数知晓。

总之，皂河的早酒及饮食特色充分显示了皂河人对待生活的态度。就像老北京城墙根的居民，他们不一定物质富裕，但是那种气定神闲、豪爽大方和骨子里对生活的讲究是皂河这一方特殊的水土养育一方不一般的人们所具有的特性。

（作者简介：王斯亮，湖滨新区作协副主席、历史研究会理事，宿豫区非物质文化遗产代表性传承人。）

沭阳有“三怪”

夏炳文

沭阳有句土话，叫“各落各乡风”。各个地方，有各个地方的风土人情。那些独特的风土人情，在异乡人眼里，便是“怪”，稀奇古怪的。

其中最有名的，当属“陕西八怪”——凳子不坐蹲起来、房子半边盖、姑娘不对外、帕帕头上戴、油泼辣子一道菜、面条像裤带、锅盔像锅盖、秦腔不唱吼起来。记得 2005 年春天，我第一次去陕西，第一次看到半边盖的房子，觉得真是怪，多看了好几眼，搞不懂为什么。

别看我们沭阳只是一个县，也有自己的“三怪”——红心萝卜当水果卖、棒棒梃做锅盖、猪肉皮是头道菜。

红心萝卜当水果卖

红心萝卜，就是心里美萝卜，外皮青色，毫不起眼，待你一刀两半，内瓤紫红，有的还丝丝红白相间，入口脆嫩多汁，故在沭阳还叫“西瓜萝卜”，像西瓜一样。

沭阳人生吃萝卜，比吃什么都上瘾。

萝卜上市的季节，桌上总是常备几个红心萝卜，小的两刀四瓣，大的四刀八瓣，饭前吃，饭后吃，下班回家吃，晚上看电视吃。似乎只要你看见，似乎只要你嘴闲着，便要啃上几口。来了客人，用红心萝卜招待，比水果还招人喜欢。请人吃饭，最后上的不是水果，而是切成一瓣一瓣的红心萝卜，沭阳人就高兴，不但好吃，还能消食。去澡堂洗完澡，沭阳人就爱喝上一杯清茶，啃上几瓣红心萝卜。水果不稀罕，红心萝卜稀罕，吃水果还有吃够的时候，可红心萝卜从来不会。

冬天，过去农村家家都有萝卜窖，将红心萝卜窖在里面，或者直接挖个深坑，放入萝卜，倒入沙土，掩埋起来，没事就掏两个出来吃吃，新鲜得很，还是那么咯嘣脆。

沭阳的红心萝卜，虽在菜场里、小摊上卖，可是，这么好的东西，沭阳人谁也舍不得炒了烧了吃，觉得是浪费，都是生吃，最多就是切丝，放糖放醋，做成凉拌萝卜丝，和生吃也没太大区别。

你说，人人都当水果吃，这不是红心萝卜当水果卖吗？

棒棒梃做锅盖

棒棒梃，就是高粱秆。

高粱，沭阳话叫“黍什”。现在不多见了，过去大集体时代，生产队都会种植成片的高粱，大多是贫瘠的废地。

种高粱，可以食用高粱米，虽然吃起来难吃刺嗓子，但聊以充饥；可以用高粱米酿酒，沭阳话叫“淌酒”，真的是一滴一滴往下淌，过去河堆根简易的酿酒作坊，我上学放学常去看热闹；可以用高粱米加工饴糖，很好吃。

加工完高粱米，高粱秆了　　主要是高粱秆的梢了，便用来制作刷锅把、笤帚等。更主要的，可以用高粱秆栓锅盖，栓就是扣，用麻绳将一根根高粱秆连成一片，剪去四周，便成圆圆的锅盖，沭阳话叫“盖烈子”，用来盖大锅、盖大缸，也可以用来放饺子、面条、卷子、包子、煎饼等；还可以制成小升子，大小不等，用来称量粮食；还有放针头线脑的小筐子，也可以用高粱秆制成。

高粱秆用处这么多，“棒棒梃做锅盖”是其中之一。

猪肉皮是头道菜

猪肉皮，清洗干净，煮熟，刮去肥油，晾干，在油锅里炸，便是皮肚。

1983年去南京念大学，第一次到食堂吃饭，黑板菜单上写有“烧肚皮”，后来发现就是“烧皮肚”，至今记忆犹新，不知是不是笔误。

过去农村生活艰难，将就吃饱都难，哪里谈得上吃好呢？家里来个客人，也就是有什么弄什么——冷拌个蒜泥黄瓜、切个糖拌西红柿、烫个芫荽、烧个豆腐、炒个鸡蛋什么的。鸡蛋少怎么办？便放点馒头屑，聊以充数，满满一碟，其实没几个鸡蛋。

大一点的红白事，需要整席酒菜，也没有什么像样的菜，于是，那个猪肉皮，好歹也是猪身上的，好歹也是油炸过的，好歹也算个荤菜，便成了撑门面的头道菜。

猪肉皮是头道菜，很多年纪大的人还很怀念呢。

沭阳“三怪”，红心萝卜当水果卖，今天还在继续，可是，现在水果品种实在太丰富，年轻人对红心萝卜已不大感兴趣；棒棒梃做锅盖，还有，但已极少，现在多是不锈钢的、玻璃的锅盖，年轻人基本没见过棒棒梃，高粱基本上看不到了，我们家有个棒棒梃锅盖，也就是偶尔包个饺子能用得上；猪肉皮是头道菜，现在山珍海味都吃腻了，哪里还轮得上它呢，也就是偶尔吃吃而已。

沭阳“三怪”，慢慢就会成为一种回忆。

（作者简介：夏炳文，沭阳人，市作家协会会员，全国优秀语文教师，在报刊发表文学作品数十篇，出版散文集《拈墨流年》。）

“生孩子送红鸡蛋”，这个风俗你那儿有吗？是怎么来的？

张乃格

徐偃王是徐国历史上声名最显赫、影响最广泛的国君。根据三国末西晋初张华《博物志·异闻篇》所引古本《徐偃王志》的资料，徐君宫人怀孕足月，生下一枚肉蛋，宫人认为不吉利，便把肉蛋遗弃在水边。有一位名叫独孤母的老太婆，养了一只猎犬，叫作鹄苍，鹄苍在水边见到肉蛋，便将肉蛋衔回家。独孤母感到事情蹊跷，便慢慢将肉蛋焐暖，发现肉蛋里面原来是个婴儿。挑开肉蛋外面的衣胞，婴儿还在呼呼大睡，因为姿势是躺着的，古人称躺为偃，所以取名为偃。事情传到宫中，徐君便把偃接回宫中抚养。成年以后，偃聪慧仁义，继任国君之位，称为徐偃王。

这个故事后来在晋干宝的《搜神记》和北魏大地理学家郦道元的《水经注》等许多古籍中也都被记载过。各书所记载的徐偃王身世虽然有所不同，但主要的区别只在个别具体的字词上，如“独孤”一作“孤独”，“鹄苍”又作“鹄仓”“后苍”等，而河滨弃卵、猎犬衔卵、卵生偃王等主要情节却完全一致。

从生物学的角度看，鸟类、鱼类、昆虫、爬行类等动物由脱离母体的卵孵化出来，称之为卵生。人明明是胎生的，说徐偃王由卵而生，似乎荒诞不经。但文化人类学的研究显示，卵生徐偃王故事的形成与流传，具有十分丰富的文化内涵。究其实质，是徐偃王所在东夷部族所奉行的鸟崇拜的遗存。前文所说的徐人系从山东喜鹊窝迁徙而来，颇值得注意。因为喜鹊窝总是筑在树上的，就人们的视力而言，总是先见其树，后见其巢。喜鹊窝的目标再大，也不可能大过树去。喜鹊窝移民不说垒有喜鹊窝的树，而偏偏以喜鹊窝为参照系，这反映了喜鹊窝移民们对喜鹊这种益鸟的崇拜。

在今泗洪一带，民间盖房时总要在山墙的上端开两个洞，俗语叫做“雀眼”。“雀眼”只有半块土坯大小，既无助于通风，也起不到透光的作用，似乎只是一种纯粹的古老建筑民俗。

泗洪民间还有戏称男婴生殖器为“雀子”的习俗。人们有时不说男孩、女孩，而是说带不带雀子，带雀子就是男孩，不带雀子就是女孩。有时大人在逗男婴玩耍时，会在男婴裆部摸一把，然后将手张向空中，戏谑道：“你的雀子呢？飞了吧！”慌得小孩赶快将腿裆捂紧，于是引来一阵哄笑。而当地的成年人称男性生殖器为“鸡”，称男性睾丸为“蛋”或“卵子”，就更加发人深思了。

广为流行的生育送红鸡蛋习俗，也是古代鸟和生殖双重崇拜观念的遗迹。在今泗洪等地的农村，不论谁家产妇生产后，都要向亲友们报喜，最普遍的报喜风俗便是送红鸡蛋。红鸡蛋就是用红色颜料染红的鸡蛋。最先送的是岳父家，然后是其他亲朋好友家。

和送红鸡蛋颇为类似的是孕妇、产妇吃鸡蛋的习俗。不少产妇在“月子里”要大吃鸡蛋，有的一天吃十几个。从营养学的角度看，一个人一天吃十几只鸡蛋根本吸收不了，实在没有必要。但从实际情况看，产妇们个个如此，居民们世代如此，概莫能外。据说有的产妇因为吃鸡蛋已经产生了心理障碍，以至于一看到鸡蛋就恶心，甚至一股浓浓的鸡屎味直从胃中泛出。但即使如此，产妇们还是要坚持吃下去，一直吃到孩子满月为止。不难看出，产妇们的吃鸡蛋，似乎已经不是生理上的需求，而纯粹是一种精神上的需要。对于这种现象，我们只能用信仰民俗来解释。而这种信仰民俗的最终源头，似乎也可以追溯到卵生徐偃王那里。

红鸡蛋

（作者简介：张乃格，泗洪县人，江苏文脉整理研究与传播工程编纂出版委员会委员、《江苏文库·方志编》主编。）

骆马湖“三白”

孔祥亚

一首《清清的骆马湖》，让骆马湖成为宿迁的一张活力名片，骆马湖物产丰富、鱼虾品类众多。鱼类从生态上分析有三种类型：一是定居型鱼类，如鲤、鲫、银鱼、白鱼等；二是半洄游性鱼类，如青、草、鲢、鳙等；三是海淡水洄游性鱼类，如刀鲚、河鲀、鲥鱼等。虾类主要有青虾、白虾、龙虾三种，此外还有细螯沼虾、细足米虾、糠虾等品种。在这众多品类中，品质优良，名声在外的还属骆马湖“三白”——银鱼、白鱼、白虾。

银鱼

骆马湖银鱼通体晶莹剔透，色白如银，顾名思义，它是骆马湖里长得最有意境的美鱼。如果你驻足在骆马湖的渔家船边，俯视波光粼粼的骆马湖，说不定就有几条玲珑剔透的银鱼儿跳跃出来，像一个个调皮可爱的小精灵。仔细观察，大的银鱼如铅笔般粗，小的银鱼只有水笔芯那么细。晶莹剔透的身体上镶嵌了一对小小的乌黑发亮的眼睛，炯炯有神，再加上一条微灰色的小尾巴，实在是惹人喜爱。银鱼的鱼肉细腻，鲜嫩洁白，无刺无鳞，营养价值丰富。

银鱼的做法有银鱼炒鸡蛋、银鱼蛋汤、香辣酥银鱼、红烧大银鱼、尖椒银鱼干等，做法虽多，但我认为用鲜银鱼煮面条的味道最是鲜美。做法是猪油烧热后葱姜爆锅，加水煮沸，锅中放入银鱼，待银鱼煮熟后加入手擀面，淋入鸡蛋液，放些鸡毛菜煮熟，出锅时再撒点白胡椒粉，喜吃辣的若是再拌点新鲜的盐豆，更是味觉极美的享受。

白鱼

白鱼以小鱼虾为食，它在分类学上属于鲤科，骆马湖人俗称白丝，翘嘴鲢子。它最主要的特征就是嘴巴上翘，基本上与身体呈近 90 度的直角。白鱼体型细长，通体银白色，鳞下脂肪较多，肉质细嫩洁白，品味鲜美，非常像长江鲥鱼，唯一不足的是鱼刺比较多，呈细软状。唐代大诗人杜甫曾经写下“白鱼切如玉”的诗句来赞美它。《吴郡志》有“吴人以芒种日谓之入霉，梅后十五日谓之入时。白鱼至是盛出。谓之时里白”之语。隋朝时，白鱼曾作为贡品入贡洛阳皇家餐桌。

骆马湖船菜因起步较晚，能够以白鱼做出切合当地文化内涵及花样的饭店不多，我们在宣传和推广上也存在一些欠缺，所以，白鱼相关制作方法及文化故事多记录在江南太湖一带的饮食书籍中。其实，从水质上来讲，骆马湖水的 pH 酸碱度是碱性的，所谓好水养好鱼，碱性水质清洁、无污染，因此，骆马湖的白鱼肉质紧密鲜嫩、富于弹性、本味鲜甜，在烹制过程中是无需太多调味料的。

白鱼的做法有清蒸白鱼、红烧白鱼、清炖白鱼、白丝鱼丸、白丝鱼糕、油爆鲜白鱼、白鱼饺子等。其中清蒸白鱼的做法有好多种，原始的做法是白鱼抹上猪油、剞一字刀口或十字刀口、垫上葱姜蒸制后，取出葱姜，鱼身淋入蒸鱼豉油，铺上三丝（葱丝、红椒丝、姜丝），滚油沿着三丝浇上鱼身，此时刺啦声响，鱼香、葱姜香、豉油香数种香气混合而出，香满厨房，沁人五蕴；现在改良后的做法是白鱼开背剞刀铺入盘中，盘中垫入螺丝，葱姜开蒸；或白鱼剞刀口处夹以腊肉或鲜五花肉开蒸；或白鱼剞口处辅以白米虾银鱼开蒸，谓之“清蒸三白”。

九舟渔府饭店根据西湖醋鱼的方法做过一道骆马湖醋白鱼。具体的做法为白鱼剞十字刀口放入鱼盘中、鱼身底垫入葱姜，蒸熟后，将蒸过的鱼汤，放入锅中，依次加入白糖、酱油、香醋，用水淀粉勾芡，然后淋少许香油，制成芡汁，撒上姜米即可。此菜芡汁稠浓红亮，以浇在鱼身上似流不流为佳，过稠则影响形美，过稀则有损成菜的风格，味微甜微酸是此菜的特点。

白鱼

近年来随着骆马湖旅游业的兴起，不少外地游客来我们饭店就餐，常常有游客会问："你们饭店有'银刀'鱼吗？我想点个'清蒸银刀'。"起初，我常常不明所以，以为是毛刀鱼。后来有个顾客同我讲了一个故事，我才明白银刀的来历。

顺治元年（1644 年）清兵入关后，为巩固统治，颁布"剃发令"，因引起汉族的不满和反抗，于是公开废除此令。顺治二年（1645 年），清兵进军江南后，多尔衮下令再次颁发"剃发令"。针对清廷"留头不留发，留发不留头"的野蛮政策，老百姓针锋相对，喊出了"头可断，发不可去"的口号。世居江南湖泊的渔民刘阿银带领一帮人与清兵激战。在一次湖上战役中，刘阿银与清兵两船相遇，双方近身肉搏，刘阿银手臂中箭，大刀掉入湖中。他忍住剧痛，下水捞起大刀，向清兵杀去，只见刀锋所至、银光耀眼、刀气纵横、所向披靡，清军被他的气势所震撼，纷纷落荒而逃。刘阿银再一瞧手中，居然是一条银光闪烁的白鱼，于是乎，因刘阿银名叫阿银，所以老百姓就把白鱼称作银刀了。

白虾

最后一白，就是白虾。在骆马湖边，白虾一般俗称为"白米虾"，原因有二：一是刚捕捞上来的白虾放在渔网里的时候，乍一看，就像满满的白米一样；二是其他区域所产的虾会"死虾泛红"，骆马湖的白虾却不然，即使烧熟晾干也不变红，浑身依然白色。白虾是水生甲壳动物，生长期一般为一年左右。白虾没有专门汛期，每年六月到八月中下旬，是白虾产卵的旺季。此时的虾腹中虾籽饱满，渔民也称“爆子虾”。

白虾壳薄、肉嫩、味鲜美，各种做法层出不穷，渔民最喜欢的吃法是尖椒炒白米虾。做法为锅中油热加入葱姜蒜爆香，随后放入尖椒丝炒制断生，最后放入白米虾，因白米虾比较鲜嫩，只需加入适量咸盐，无需放其他调味品，随意翻炒几下便可。上桌时候卷着我们宿迁的特产煎饼，吃在嘴里，惬意无比。

白米虾不但炒制好吃，做汤亦是不错，我常制作的汤菜是碧玉荷包白米虾。做法为荷包蛋用猪油煎好后切成小块备用，锅中放油加葱姜爆香，加入开水，放入荷包蛋，待煮至汤色乳白时，放入莴笋片、白米虾，撒入适量咸盐即可出锅。此菜特点是汤色乳白、莴笋如碧、白米虾鲜嫩、荷包蛋醇香。当然了，白虾的吃法还有很多，名目繁多，各有特色。鲜食有盐水、油爆虾片、虾仁、虾圆、虾卷；虾仁可做成虾仁炒蛋、虾仁羹汤、石榴虾仁、碧螺虾仁；用作配料的菜更是不胜枚举，有虾肉馄饨、饺子、馒头，虾绒蛋球、虾珠鲫鱼、荠菜虾饼、孔雀虾蟹等百十道名菜。

一方水土养育了一方人，在骆马湖发展的历史长河中，这些美妙的食材，已经深深地烙在人民心中。随着湖区退捕，生态养殖的骆马湖“三白”也成为骆马湖旅游产业的一张名片。

（作者简介：孔祥亚，中国民间文艺家协会会员、中式烹调国家职业鉴定考评员、江苏省乡土人才三带能手、江苏省烹饪大师、宿迁老字号九舟渔府饭店负责人。）

宿迁老菜

葛玉芳

刚来宿迁时，听说春节前后这里有一道家家餐桌上必备的菜叫老菜，我甚感新奇，便去菜场寻觅购买，看到后暗自偷笑，原来宿迁这个老菜就是我们老家所说的“过寒菜”。

粗略考证，宿迁老菜在民间栽培已有三百多年的历史。老菜是一种越冬的蔬菜，叶大，茎短，根白，略带苦涩和辛辣。宿迁这个区域地处南北分界处，这特殊的地理环境很适合老菜的生长。因为老菜耐寒性极强，三九寒天，老菜笑迎北风，于冰封大地之时仍能躲在覆盖的碎草或塑料布下偷偷地生长。经过三九严寒的历练，老菜那嫩绿的长茎中还会泛出丝丝亮红色。正是这壮烈的红色，给老菜增添了御寒的血性，你才能品出一丝辛辣，一分微涩，一味清爽，这也正是老菜“味压群雄”的“过人”之处。

老菜有鸡冠和板叶两个品种。鸡冠呈花叶形，板叶呈羽状裂叶卵圆形，板叶形因其耐盐碱能力强，叶肉厚，产量高，而成为老菜的代表品种。每年阴历九月左右，把菜籽播撒在翻过多遍的熟地里，一两天的功夫，老菜就发芽了。几个月之后，待苗长成菜，还可选取壮苗，剪去大叶和细根移栽一次。重栽的老菜是匍匐在地上的，所以又被称作“抓地菜”。为了防止冻害，菜要栽深，并在其上覆盖一层薄薄的麦穰或碎草，让老菜在保暖的环境里慢慢生长。春节前后的大白菜已经过时，娇嫩的小白菜不长，大棚蔬菜还在培育生长中，老菜打个时间差，加上人们图个新鲜，所以这个过去不受欢迎的野味菜，因其能平安过冬和它特有的野性魅力被城里人热捧，变成春节前后餐桌上不可或缺的美味。老菜富含蛋白质、纤维素、维生素 C、胡萝卜素和铁、磷等矿质元素，性微苦、味凉，在中医上有清火消炎、清肠化瘀、解毒之功效。

关于老菜还有一个凄美动人的故事。相传，很久以前老家那一带土地面积少，土质差，长的粮食远不够食用，也没有多余的土地长菜，老百姓成年累月啃窝头，有钱人则去外地买菜吃。有个财主菜吃不完就倒在后园，他家的丫头葛寒见菜扔了可惜，便拾起来偷偷送给穷苦乡亲们吃。财主知道后，葛寒不仅被打还被撵去山上放羊。寒冬，葛寒在山坡上放羊，想起小时候听妈妈讲过山神奶奶的故事，就对着大山哭喊道："山神奶奶——山神奶奶——求你帮帮忙！"刚喊完，只见前面的草丛里爬出一条大蛇，吓得葛寒连连后退。这时大蛇抬起头说话了："葛寒，你叫我吗？别怕，我就是山神奶奶。"说着变成一个白发苍苍的老婆婆问她有什么难事，葛寒欣喜万分，求山神奶奶把她带到一个好地方，再帮助乡亲们弄菜吃。可山神奶奶却说，只能帮葛寒办一件事，而且要让乡亲们有菜吃，还需要一个人化为菜才行。葛寒听了牙一咬、心一横，跪倒在山神奶奶面前说："山神奶奶，你把我变成菜吧，我愿意！"最后，山神奶奶把葛寒的躯壳变成了菜。当天夜里，乡亲们梦见葛寒挨家挨户叫大家去地里收菜吃，清早开门一看，果然房前屋后都长着绿油油的菜。乡亲们欣喜极了，但得知这菜是葛寒变的，感动万分，把这救命菜称为"葛寒菜"。时间长了，人们把"葛寒菜"叫走了音就成为"过寒菜"了，这就是宿迁人说的老菜。

凉拌老菜

老菜是宿迁正宗的地方特色菜，它的烹制方法也很多，最传统的吃法当属和香菇清炒，或焯水后放入糖、盐、醋、芝麻油和海米，凉拌着吃。老菜也很适合烧猪肉，在猪肉基本烧熟前，把老菜洗净简单改刀，小颗的就干脆择洗干净，放入锅内稍微焖一下，便可以盛盘品尝鲜嫩的老菜烧肉的美味了。利用老菜的特殊味道拌以虾皮、鸡蛋皮做成三鲜饺子，或拌以猪肉馅做成荤馅饺子，更是风味独特，入口绵鲜微辣、苦中带甘、菜香飘溢，让人口齿留香。

老菜最美味的吃法是把豆腐制成汤羹，起锅前撒上一把切碎的老菜，再焖上一分钟便可出锅。寒冷的冬天，热气腾腾的老菜豆腐端上来，绿色的菜叶散落在豆腐丛中宛如一朵朵盛开的花，散发出阵阵诱人的香味，舀上一勺，吹口气喝下，浓郁的豆香缠着一股爽辣味，似乎瞬间全世界的严寒都被冲走，只留下一个暖阳。如能再加点蟹肉，那胜过山珍海味的鲜美就涂满了味蕾，似乎这道老菜烧豆腐，就能豪情满怀地将整个冬天烩入菜中。我想若是辛弃疾失意时踏上宿迁古道，能吃上一碗老菜烧豆腐，恐怕也能聊发少年狂，重整戎装了吧？据说，在20世纪二三十年代，民国大员宋子文、陈调元等人来到苏北，大厨白宝山曾用老菜做成饺子招待，得到连声称赞；著名画家李成章也因画老菜而名扬天下。

如今，交通网络四通八达，蔬菜大棚里种植着水灵灵的蔬菜，即使是隆冬时节，也能方便采摘，供应各地市场，不受距离和季节限制。然而，每当早春来临，我最感幸福的事莫过于宿迁晓店亲戚送来的亲手培植的老菜。日啖老菜汤一碗，不妨长作宿迁人！

（作者简介：葛玉芳，宿迁市教育局退休干部。长期从事教育工作，喜欢阅读，爱好文学。）

老宿迁人一天都离不开的美食

王其成

煎饼是老宿迁人的主食，大部分本土宿迁人一天都离不开煎饼。我们小时候吃的煎饼都是纯手工制作。正常鸡叫头遍，母亲就把我们喊起来推磨，正在困头上，眼都睁不开，眼瞎着扶磨棍走，磨棍吃糊子是常事。用来烙煎饼的糊子可由不同材料制作而成，小麦、大秫、红芋、红芋干等都行，其中以小麦、大秫为主。一两盆糊子推出来也得个把两个钟头，我们继续回屋睡觉，母亲开始蹲在鏊旁进行第二道工序——烙煎饼，煎饼烙完天才麻花亮，父亲起来啃一张煎饼就下湖干活去了。没有谁家大天四亮（快到晌午）才开始烙煎饼，那会被邻居笑话的，都是起五更睡半夜，像做地下工作。

现在即使在农村，自家烙煎饼的也很少了。以前农家小院里必备的设施——磨道基本消失，磨盘都被商人收购卖到城里铺院子了，鏊子也成了文物，收藏在过道屋的旮旯里，落满厚厚的灰尘。

煎饼还照样吃，有人做这门生意，糊子是断不会人工推了，机械化，又快又省劲，就连烙煎饼也有专门的机器，不过机器烙出来的煎饼老宿迁人不爱吃，情愿花高价买手工煎饼。宿迁城里各菜市都有煎饼摊点，清早送来高高一大摞，不到晌午就卖光了。也有走街串巷卖的，骑着三轮车，挨个小区转，喇叭里放着“红芋煎饼”的叫卖声，离多远就能听到。以前最次的山芋煎饼现在卖得最贵，两块钱一张，不讲价。

煎饼的吃法多样，最简单的就是卷点菜直接吃，生大葱、咸鸭蛋、腌辣椒、炒小鱼小虾都适合卷煎饼，又好吃又省事，拿在手里一头走一头吃，特别是农忙时下湖干活，卷张煎饼就走，省得人蹲在桌前，耽误时间。农村人讲究多，见面还兴让人，煎饼一举，大爷二娘一叫，说一句你吃煎饼，对方答俺吃过了，你吃吧，虽都是多余无用的话，但听起来心里暖和和的。现在宿迁最受欢迎的一种早点就是煎饼炒鸡蛋，刚从小鏊子上揭下来的热腾腾脆生生的随鏊煎饼，卷上辣椒或者酱豆炒鸡蛋，要多美味有多美味。时兴了户外运动后，经常要在山上野炊，我们宿迁的煎饼是最便于携带的野炊佳品，外地人不知道煎饼一词，直呼江苏饼卷一切，倒也贴切。

四味小鱼煎饼

煎饼奢侈的吃法叫熥（把食物烤热）煎饼，熥好的煎饼叫油沓子。以前在老家的时候，母亲烙到最后一张，鏊子底下也不用添火了，起身到小桌跟前把我们掐来的番瓜头子、榆树叶洗净砧碎，均匀地摊在烙好的煎饼上，撒一捏盐，滴两滴油，叠成长条状，再用石刀切成一丫一丫，就是童年时代最诱人的美味了。现在我仍然爱吃熥煎饼，隔三岔五要到太润发南旁的巷子里一对夫妇开的小吃店去熥一张。

祖父在世的时候，由于牙口不好，喜欢泡煎饼吃。盛一碗热汤，把煎饼撕碎，泡在咸汤里，有点像陕西的羊肉泡馍。更简单的就用白开水泡，少油无盐没有味儿，就舀一汤勺白糖拌拌，也怪好吃。等我老掉牙的时候我就这样吃。

我国吃煎饼的地方不多，主要集中在鲁南和苏北。宿迁三县两区就老宿迁即现在的宿豫区、宿城区吃，徐州大部分县区都吃煎饼，连云港的赣榆、东海也有吃的。我发现吃煎饼的地方讲话都侉，食物细腻精致的江南就说吴侬软语。这方言语音是否与吃食有一定的关系呢？我没研究过，反正宿豫区与沭阳县交界地一条墒沟之隔，这边吃煎饼说的是北方方言宿迁话，那边不吃煎饼讲的是江淮方言沭阳话，说来也怪。

煎饼是谁发明的呢？我不知道，传说是诸葛亮，谁知真假。诸葛亮是临沂人，辅佐刘备之初，常被曹军追杀。一次被困在沂河水畔，锅灶尽失，而将士饥饿难耐，诸葛亮便让伙夫以水和面为浆，把铜锣置于火上，用木棍将面糊摊平，煎出香喷喷的薄饼，将士食后士气大振，杀出重围。当地人习得此法，便用铁铸成锣状的鏊子来烙煎饼，从此煎饼便在沂蒙大地及周边地区流传至今。考古学家在仰韶文化遗址挖掘出土了陶制鏊子，这样煎饼的历史就更长了。

清代著名小说家蒲松龄还专门写过一篇《煎饼赋》：“煎饼之制，何代斯兴？溲合料豆，磨如胶饧，扒须两歧之势，鏊为鼎足之形，掬瓦盆之一勺，经火烙而滂澎，乃随手而左旋，如磨上之蚁行，黄白忽变，斯须而成。……圆如望月，大如铜钲，薄似剡溪之纸，色似黄鹤之翎，此煎饼之定制也。”普普通通的食物到了文人笔下就升华成美的形象了。山东的煎饼还上过《舌尖上的中国》，一脉相承，我们也沾光。

（作者简介：王其成，江苏省作协会员、宿迁市作协副主席，宿迁中学高级教师、校报主编。曾获钟吾文学艺术奖。）

第七章 人物长廊

宗庆后的宿迁情

孟献国

惊闻宗庆后逝世消息，我立即打开娃哈哈官网，白底黑字的讣告证实了消息：宗庆后于 2024 年 2 月 25 日 10:30 在杭州逝世，享年 79 岁。一代风云浙商就此落幕，但属于宗庆后的创业精神和传奇故事永远铭刻在时代的记忆里。

因为招商引资，我与宗庆后先生有些交集，还因此成为娃哈哈集团的荣誉员工。2000 年年初，我到杭州招商的时候，娃哈哈已是家喻户晓，但对宗庆后却知之甚少。我是在研究娃哈哈创业历程中，渐渐认识宗庆后的。后来，长达 5 年的招商历程和近 20 年的帮办阅历，使我有机会走近娃哈哈掌门人宗庆后。

2013 年 11 月 13 日，宗庆后在杭州的办公楼前

出生在宿迁

宗庆后是南宋名将宗泽的36世孙。关于宗庆后的出生地，流传有多个版本，公开资料显示，1945年10月12日，宗庆后出生于江苏宿迁的东大街。但也有人说，他于1945年10月11日出生于江苏徐州。这是怎么一回事儿呢？要了解原委，事情还要从头说起。

原来，宗庆后的父亲宗启騄毕业于中国大学化学系，母亲王树珍是满族镶黄旗人，是位格格的女儿。王树珍经姐姐介绍与宗启騄相识并结婚，婚后，他们在苏州度过一些时日。后来，宗启騄在宿迁县政府谋了一个小职位，于是有了20世纪40年代宗启騄和王树珍夫妇定居宿迁东大街的故事。

王树珍没多久就怀孕了。那时候的宿迁如同乡下，城中仅有一条东大街算是繁华街道，加之日伪长期占据，可谓满目疮痍。由于条件较差，在宿迁生孩子不方便，临产中的王树珍来到条件较好的徐州生产。至于具体分娩时间，据宗庆后母亲回忆，是10月11日深夜，12点的钟声刚响没多久，宗庆后出生了。这样看来，算作10月12日出生是准确的。由于排行后字辈，又是辛亥革命纪念日“双十节”后出生，母亲便给他取名宗庆后。

创业在杭州

宗庆后满周岁时，全家迁往南京。新中国成立后，宗庆后又随父母举家迁往杭州定居。那时候，靠做教师母亲的收入维持全家生计，条件极为艰苦。初中毕业后，作为长子，宗庆后主动选择到农场劳动，减轻家庭的经济负担，一干就是15年。

改革开放后，宗庆后通过抵职得以返城。创立娃哈哈时，宗庆后已是42岁的中年人。靠“喝了娃哈哈，吃饭就是香”，宗庆后成功开发国内第一个儿童保健品，掘得第一桶金；靠“小鱼吃大鱼”，兼并国营杭州罐头食品厂奠定发展基础；靠利用外资“引水养鱼”，形成规模化经营；

靠“西进北上”，实施“销地产”战略，一举成为国内最大的饮料企业。

坚韧、儒雅、当机立断是他给我的总体印象。一是嗜书成癖，且内容很杂，但看得最多的还是广告营销、市场和企业管理方面的书籍；二是内向性格的背后隐藏极大的韧性和爆发力，谦和的外表下，其实有一颗骄傲的心；三是惜誉如金，以诚待人是他的行为准则，且已渗入娃哈哈的企业文化。

“您是从小就怀揣企业家梦想吗？”我曾好奇地问宗庆后。他连连摆手说：“小时候，我从来没有想过会成为企业家。告诉你吧，16岁时，我的梦想还是成为一名拖拉机手呢。”

宗庆后30多年苦心经营的娃哈哈品牌，在国内外有很高的知名度和美誉度。先后推出娃哈哈纯净水、AD钙奶、营养快线、非常可乐、娃哈哈八宝粥等众多饮品，深受消费者喜爱。

对于娃哈哈品牌的感情，宗庆后说：“对于我来说，娃哈哈只有一个。它是我的整个人生，所有的梦，一切的意义、价值、标签和符号。它是我在这个世界上存在过的证明。”

2007年，达能欲以40亿代价并购“娃哈哈”品牌，宗庆后勇敢地说“不”，最终依靠法律取得最终胜利。

2007年7月2日，也就是宗庆后召开大型媒体见面会前一天，我将《中华人民共和国公司法》《中华人民共和国商标法》送到杭州娃哈哈总部。宗庆后在办公室热情接待我，并畅聊20多分钟。“我就是要跟他们讲法律！”宗庆后充满自信地说。我提出想撰写一篇《达娃纠纷背后的故事》，宗庆后当即表示支持，并提供大量相关材料。后来，由于达能方面不配合采访而作罢。现在，“达娃之争”的跨国品牌纠纷，已经成为经济学领域的经典案例。

宗庆后在2010年、2012年和2013年三次问鼎大陆富豪榜榜首，他是典型的平民首富，俭朴的生活作风一直伴随他，布鞋、皮夹克成为他出行标配，有网友曾拍到他一个人拉着行李箱出现在高铁二等座的身影。

悠悠宿迁情

按理说，2002 年娃哈哈在徐州建厂后，宿迁不可能有投资机会。但在家乡亲情感召下，2005 年 10 月，宗庆后打破不在 500 千米范围内重复建厂的惯例，坚定地返乡创业，建立宿迁娃哈哈饮料有限公司。宿迁分公司不断发展壮大，目前，有生产红茶、绿茶、纯净水、爽歪歪、营养快线等 13 条生产线，累计实现产值超 150 亿元，累计纳税 15 多亿元。通过娃哈哈品牌带动，汇源、蒙牛、海天等一大批中国知名食品企业齐聚宿迁，形成了国家级食品产业园。

鉴于我对娃哈哈企业文化的了解，以及对娃哈哈帮办服务的认可，2006 年，宗庆后亲自签发，授予我娃哈哈集团荣誉员工的称号。从此，我对娃哈哈品牌也是情有独钟，专心研究娃哈哈独特的企业文化，于 2007 年 10 月，娃哈哈创办 30 周年之际，出版了我第一部长篇纪实文学《传奇娃哈哈》。当我将 100 本赠书送到杭州时，宗庆后伸出大拇指说："无愧于荣誉员工。"

宗庆后的思维是跳跃式的，有一次在饭桌上谈到宿迁是革命老区的话题时，他突然问道："当年宿迁距国民党总部南京如此之近，且一马平川，我们是以何屏障落住脚的？"我脱口而出："我们有洪泽湖的芦苇荡啊。"他略微想了想，便点头表示认可。

宗庆后有浓厚的家乡情结，宿迁市成立 20 周年之际，宗庆后专门发来视频祝贺。他满怀深情地说："我出生在宿迁，对宿迁有很深的感情，宿迁是我第二故乡，祝愿宿迁经济社会繁荣昌盛！"

斯人已逝，风范永存。

（作者简介：孟献国，中国作家协会会员、宿迁市文联副主席、宿迁市作家协会主席。）

沉埋于泥沙之下的真金——书法大家徐慕农

刘云鹤

徐慕农

近三四十年全国兴起的“书法热”，将极少数老一辈书法家和大批中青年书法爱好者推上了历史舞台，有的成为“领一代风骚”的人物。然而，因多种原因沉埋于茫茫泥沙之下的“真金”，如黄秋园式的书画大师，至老死乡里都无人问津的却大有人在。江苏宿迁的徐慕农先生就是其中之一。

徐慕农（1903—1975），原名遵炎，字慕农，以字行，号蜷庵，晚号蜷翁、老农。江苏宿迁人。幼聪颖，喜文史，爱艺术，性倜傥。受业于县城名书家陈郅生。1919 年入南京国文专修馆攻读经史子集 。1921 年返里从仰化集邵梅轩先生习诗词三年。后寒暑不间闭户临习书法名碑名帖，拥有了扎实的文学底蕴和书法功力。

1927年在江苏省立宿迁中学担任书记(文书)。1930年暑假辞职回家，沉醉于古董学研究。为购置古董将维持家计的店铺流动资金挪占近半，致使店铺倒闭。1932 年江苏省立淮阴中学校长孙士霆重其才，聘为国文教师。至 1937 年 11 月间，因日军飞机轰炸两淮，学校关闭，留校保管。1943 年返家闭门读书。1948 年起，先后在西山中学、雪枫中学任教。新中国成立后一直在江苏省宿迁中学担任语文教师，为宿迁县政协一至四届常委。桃李满天下，我有幸忝列门墙。徐慕农先生在课余及休息日，对书法情有独钟，临池不辍。与他同时代的宿迁县著名书法家陈书樵、窦燕客、胡石侬、黄龙、叶伯泉等相友善。

他学书从唐颜（真卿）楷入手，在此基础上遍临汉张芝、晋王羲之、唐怀素行草书，涉猎魏碑、汉隶、秦篆、石鼓文、金文、甲骨文，融碑帖于一炉。尝曰：“不学碑帖，难得书法真谛。”“论古不居秦以下；游心多在物之初。”他才气过人，习古而不泥古，入得深，出得来，广征博采，融会贯通。晚年形成合金石气与书卷气为一体沉稳而洒脱的独特风格“徐体”。他把颜楷与魏碑相结合，融入篆隶笔意，浑朴厚重，斩钉截铁，自称“切笔”，堪与扬州八怪之中金农“漆书”媲美。其隶书端庄与飘逸合一，稳健自如；其篆书中锋用笔，圆润劲挺：其草书挥洒自如，气势夺人。

徐慕农先生不仅真、草、隶、篆、行诸体皆工，而且大小字俱精能。曾为新沂河嶂山闸桥楷书“嶂山闸”三个擘窠大字，每个字一米多见方。当年没有相应的大笔，也无“放大”器具，只能手握棉团作笔，躬身就地在拼接的纸上移动全身书写，凝重豪迈，神完气足。“嶂山闸”三个大字，屹立在横跨新沂河雄伟的嶂山闸桥之上，若干年后闸桥建筑改建，该擘窠大字遂消失，可惜没有留下拍摄的字迹照片。他用“蝇头小楷”书写毛泽东诗词册页，在10厘米乘5厘米面积的纸片上，书写200余字端楷，笔画细若毫发，一笔不苟，提得起，放得下。其功力之精深，驾驭笔墨之出神入化，令人叹为观止！

他曾于1948年在徐州举办书法展销。新中国成立后，曾用小篆、汉隶、魏碑、行草诸体书写毛泽东诗词大册页传世。1961年、1962年参加江苏省书法印章研究会（省书协前身）在南京举办的全省第一届、第二届

徐慕农隶书“雪泥鸿爪”

书法印章展览，并在县文化馆多次举办书法展览和讲座。在宿迁老一辈书法家中，他是领军人物。遗憾的是，像徐慕农先生这样诸种字体皆工致、大小字俱精能、自具面目的书法家，却因困居县城，受诸多条件制约，而被埋没大名了。

他博学多才，工诗文，擅篆刻，富收藏。书法作品内容多自作诗文。篆刻以汉印为基，旁参明清流派印章之精华，且以甲骨文字入印，自具面目。曾藏有清朝康熙《钦定全唐诗》扬州诗局刻本900卷，且对考古、鉴定造诣颇深。他曾于1963年手摹《汉瓦当》，仿高凤翰《砚史》体例。将摹本贴于册幅之中，摹本图外空处，以诸体书法或大或小或多或少书写考证文字，多所创见。与高凤翰《砚史》堪称“姊妹篇”。

徐慕农先生去世至今已近半个世纪，情随事迁，势随时变，其姓名早已被人忘却！甚至宿迁书法界中的年轻人都不知其人。所幸韩天衡编著的《中国印学年表》、孙洵编著的《民国书法史》、陈寿荣编著的《现代印选》、刘云鹤编著的《现代篆刻家印蜕合集》，以及县级《宿迁市志》等著作中，或记其简介，或录其作品，或载其传略。先生地下有知，亦感稍慰矣！

作为家乡后学，不忘师恩，谨以拙文纪念徐慕农先生诞辰120周年。

（作者简介：刘云鹤，江苏省原县级宿迁市地方志办公室主任，副编审职称，县级《宿迁市志》总纂。）

老宿迁最后一位大儒——窦燕客

刘云鹤

窦燕客（1907—1989），名一山，字燕客，以字行，又字燕山，号倦庵。祖籍北京，迁居宿迁县城历五世，遂入宿迁籍。其先人为手工业者，家境清贫。先生八岁入塾，从邑儒张瑞庭习古文。张老先生不求闻达，埋头施教，写得一手魏碑好字。见其写仿出手气势不凡，悟性极高，认为孺子可教，日后定成大器。于是除诗文外，令其日写大楷16字，小楷200字，时予鼓励。先生兴趣益浓，日积月累，渐入书法门径。

先生初临颜真卿，继临柳公权，在楷字上打稳扎实基础。四年后张老先生病故，改另师学习诗词歌赋，仍每日临池不辍。16岁时，本邑风雅名士陆慕颜偶见其习字本，大加赞誉，认为该生是可塑之材。俟后，聘其至陆家整理校勘书库藏书。这是先生人生中的重要转折。

陆家藏书甚富。经史子集、金石善本达数十万卷。陆慕颜外甥朱亚伯，在上海某大学读书，适逢暑假回宿，与之共同校勘古籍。朱亚伯喜好篆刻，曾私淑海上大名家吴昌硕，小有所成。先生与之共同探讨印学。陆家藏书中有《十钟山房印举》《飞鸿堂印谱》《吴昌硕印谱》等著名明清流派印谱多部。他们在校勘典籍之余，“疑义相与析”，从此先生在习书法同时，又与篆刻结下了不解之缘。

窦燕客（左）与作者（右）合照

他深知篆刻一道篆书是根本，不会篆书只是刻字匠，进不了大雅之堂。他花费两年时间手抄东汉许慎《说文解字》一部。该书是我国第一部按部首编排的字典，收小篆9353个，重文1163个，共10516个字。

集文字、音韵、训诂学为一体，保存了先秦大部分字体和汉代文字训诂。先生在习篆基础上，寒暑不间多次遍临可见的汉隶、魏碑，及行草书，使其书法篆刻境界更上一层楼。

他25岁设馆课徒，课余与师友切磋琢磨、交流探讨，艺事益进。后历经世变，天灾兵祸，仰事父母，俯养子女，维持八口之家生计，其艰辛可想而知。1938年5月日军飞机轰炸宿城，敕赐极乐律院前之校军场附近起火，家住敕封显佑伯行宫西侧的先生，约邻人沈老二奋不顾身参与灭火，截断火路，保护人民生命财产，受到众人景仰，声望益隆。宿迁沦陷后，伪县长王惠轩及侄王凤之数次登门，请他出山为日伪服务，均被他严词拒绝，彰显其民族气节。

1941年先生得肺病，多年未痊，身体羸弱。虽贫病交加，仍笔耕不辍，退笔成冢。先生书法秦篆、汉隶、魏碑、唐楷、行草俱佳。凡一时嘏祝赠送之词，多出其手。其篆刻在汉印基础上，旁通清代邓石如派，尤喜徐三庚印风，融会贯通，自成一格。先生40岁后集所刻印蜕400枚为《燕山印存》四册，每页上印文、下边款，洋洋大观。后蒙于右任署签，先生视为拱璧，从不轻易示人。惜毁于“文化大革命”中。

先生尝在宿迁东大街北端西侧租房开一小画店。店后半贮藏书画古籍杂物。店前半主客仅容三人：中横活动案板，案板掀起仅一人进出，内仅主人容膝而坐，案板放平可作书桌写字刻印之用，进门两旁各落座一客，左右两壁悬挂为客画像镜框和修理胡琴物件，以此及书刻为营生。小店自号“蜗楼”， 晚年撰联曰：“曾经八十年事，心清似水；恰受两三人座，屋小于舟。”坐客常满，外有站客。偶有光顾画像、修胡琴生意的，但多为讨教学问。先生诲人不倦 ，聆者如沐春风。所谓“桃李不言，下自成蹊。”此情此景，成为东大街的一道风景线。

1986年10月，我在公余创立“灵杰印社”，团结业余书法篆刻爱好者，定期切磋琢磨，编印小报《灵杰印社社刊》，以传承我县老一辈人的篆刻艺术，推先生为名誉社长，并请先生为印社治印一枚。先生宝刀不老，游刃有余，印风苍劲浑厚。先生曾先后为我治印三枚，书砚铭供我刻制，赐我书法作品数幅。

先生作品曾于1961年、1962年参加江苏省书法印章研究会（省书协前身）在南京举办的江苏省第一届、第二届书法印章展览。所书“项王故里”石碑按原大原文重新书写付镌。为“抗日保台”民族英雄杨泗洪墓园撰联书写牌匾。韩天衡编著的《中国印学年表》、上海《书法》杂志、陈寿荣编著的《现代印选》、孙洵编著的《民国书法史》、刘云鹤编著的《现代篆刻家印蜕合集》，以及县级《宿迁市志》，或记其简介，或录其作品，或载其传略。历史记下了窦燕客的大名。

先生在年近八秩之时，刻“年八十”一印纪念，老辣朴壮，殊为难得宝贵。并赋诗数首抒怀，一时师友弟子唱和者众，包括吉林大学罗继祖教授、山东潍坊著名书画篆刻家陈寿荣等。弟子将唱和诗篇集为《乙丑唱和集》正、续二册，打字油印，留传后世。我虽初学为诗，也敲边鼓献丑载入《续集》。

风烛残年的窦先生，在离世前曾自撰挽联，曰：“一切洞明，把有情解脱；万缘放下，入无余涅槃。”不久，先生驾鹤西去。本邑文化艺术硕果仅存的耆宿窦燕客先生，走完了83年的人生坎坷之路。

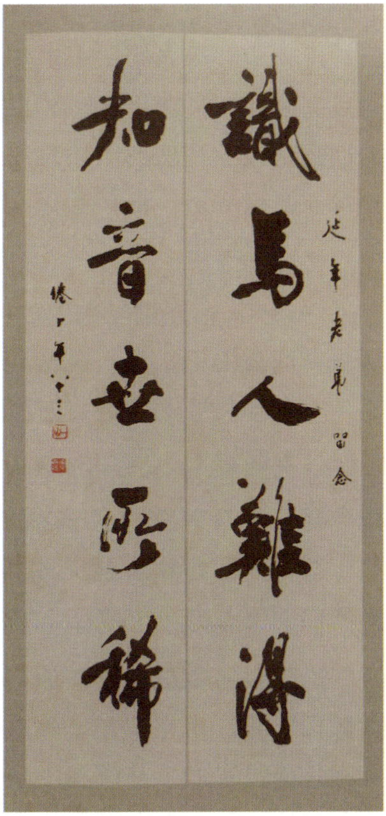

窦燕客撰联行楷书释文“识马人难得，知音世所稀”

作为家乡后学，曾受先生教，不忘师恩，谨作拙文，纪念先生诞辰116周年。

（作者简介：刘云鹤，江苏省原县级宿迁市地方志办公室主任，副编审职称，县级《宿迁市志》总纂。）

忆骆马湖移民安置总指挥姚耿荣

蔡鸿学

姚耿荣，清光绪三十四年（1908 年）生于宿迁县骆马湖直河崖一户农民家庭。年少时天资聪颖、敏思好学、酷爱诗书，号称乡里“南圣人”。后因战乱辍学在家劳动。日军入侵，他忧国忧民，1942 年投身革命。历任乡长、指导员、区民兵副大队长。在党的领导下，发动群众打日伪、战蒋军、斗地主、惩汉奸、搞土改，带领群众翻身求解放。

1948 年，宿迁第二次解放，姚耿荣东撤回来，先后任区委宣传科科长，区长、区委书记，县人民法院院长、县监委副书记、县移民安置委员会主任、县水利局党总支书记等职。

骆马湖有 30 多万亩良田，土质肥沃，是宿迁主要商品粮产地。但因地处沂泗水系下游，是有名的洪水走廊，洪涝灾害频繁。经县委研究并报上级批准，1958 年夏开始，将骆马湖改为常年水库。这样，就要将骆马湖内的 5 万多居民搬迁，重新安置。

说起容易做起来难。他们背井离乡，离开长期居住的家园，放弃世代赖以生存、祖祖辈辈辛勤耕耘的土地，眼睁睁看着庄台、菜园、林木和祖坟淹没水底，从感情上转不过弯，加之摆在面前的许多实际问题，要迈出这一步，确实很难！姚耿荣因祖居骆马湖，带领湖区人民闹翻身、求解放，在群众中享有很高威望，县委决定成立骆马湖移民安置机构，调姚耿荣任移民安置总指挥。夏收刚结束，下达了骆马湖居民搬家命令，组织有关乡党委书记、乡长以及乡社干部，政府调遣 200 多只木船，进行合理分工，包庄包户，船到村庄后，一家一户地说服动员，思想做通一户走一户。他自己带头把家中老人、家属及孩子七八口人先领上船，又动员弟弟姚耿魁也带头，从而打破了一些群众观望的态度。由于思想发动充分，党员干部带头，搬迁群众随之接二连三地行动起来。两三个月时间内，就从湖内全部搬出。

在这次搬迁中，湖区共搬出居民10106户，41195人，拆迁房屋412间。加上在开挖邳洪河中搬迁居民1776户，6736人，拆迁房屋2748间。在宿迁大控制工程上游至皂河节制闸一段大运河两岸搬迁移民1515户，6796人，拆迁房屋4125间，总计共搬迁移民13397户，54727人，拆迁房屋10998间。

姚耿荣深知移民搬出湖区，只是艰难困苦的第一步，如何安置好移民，解决他们生产生活上遇到的困难？他日夜操劳，寝食不安。

移民们从杨河滩下船后，就遇上了持续阴雨，方寸之地一下子涌来了数以千计的人，到哪里去住？杨河滩周围几里路内的村庄家家都住满了，怎么也住不下！一些无房居住的移民，有的就用铺席搭起了棚子临时居住，有的蹲在大床底下，有些小伙子衣服淋湿，就干脆蹲在湖水里取暖，仅露个头在外面；有的妇女恰在此时要生孩子，只好到小秫地里用芦苇席围起做临时产房。姚耿荣看在眼里，疼在心中，顾不上休息，多次冒着瓢泼大雨，上穿汗衫，下穿短裤，在泥水中往返跋涉，尽力帮困解难。终因劳累过度生病住院，当病情稍有减轻，他不听医生劝告就强行出院，继续为移民奔忙。

当数万移民克服困难，陆续到达安置地点时，居住就成了大问题。由于有的地方移民安置房没有建好，多数移民只好居住在临时搭建的山头棚里，有的几户同住，有的几代同堂。姚耿荣便及时向上级反映真实情况，引起省委、地委的重视，先后多次拨款解决移民建房问题。但因建房面广量大，短期内还不能解决。他一方面发动群众自力更生，不等不靠，自己解决一部分；一方面发动当地群众互帮互助，解决一部分；对最困难的“三无”（无钱、无房料、无劳力）户，由政府全力解决。

姚耿荣主持移民安置工作十多个春秋，他带领一班人，骑着自行车跑遍全县移民点的村村户户，磨破嘴、跑断腿，每到一户都是问寒问暖，关注移民的生产生活，连一盘磨、一扇门、一张床的小事他都想到。移民们尊称他为姚老，一看到他就说“我们救命恩人来了”。在省、地、县各级党委、政府的大力支持下，据不完全统计，1958—1959 年，国家先后拨款为移民建房 19600 间，移民自建（国家拨给建筑材料）16637 间，1962 年后的两年，又为移民建房 16637 间，合计 47888 间，另有退赔公房 1501 间，到 1965 年移民住房基本得到解决。同时为移民购买木门 601 副、床铺 859 张、石磨 594 盘，解决部分生活所需。

骆马湖夕照　　（王林　摄）

原计划移民相对集中安置在人少地多的来龙、侍岭、曹集和就近的晓店、皂河、黄墩 6 个公社。可是遇上三年经济困难，安置区在生产、生活上出现了新的矛盾。县委根据他的谏言，除动员黄墩、皂河公社移民 1000 人支援边疆建设，1963 年春，又分散安置 1010 户到王集、古城、大兴、罗圩、陆集等 10 个公社，让大家分担困难，以求早日恢复生产。

（本文选自宿豫区地方志办公室编《骆马湖记忆》）

（作者简介：蔡鸿学，1929 年出生，宿迁骆马湖新庆乡人。1948 年 8 月参加革命，曾任原宿迁县交通局局长，1992 年 10 月离休。）

《新青年》上的宿迁女儿

张福贵

张绍南（1884—1955），女，宿迁人，宿迁最早的女子留学生，《新青年》杂志最早的女性作者，中国女童子军首倡者，安庆女子职业学校的创办者。与陈独秀、胡适、章士钊等近代著名人士交往密切，著有《望云轩杂咏》一卷。

世家风谊，成为宿迁最早的女子留学生

宿迁位于大运河要冲，在津浦路开通以前，运河贸易往来兴盛，中运河横贯其间，商贾云集，一派繁荣。清道光二年（1822 年）钟吾书院创建后，宿迁文气斐然。张氏乃宿迁大族，秉持孝友传家，耕读传世。张绍南的父亲张鲤庭为宿迁名士，品学不负众望，在钟吾书院讲明经十余年，成就了很多宿迁读书人。

合肥李海珊系淮军将领，清光绪二十年（1894 年）甲午战争爆发，李海珊战死，幼年的李寅恭便随祖父驻兵来到宿迁，送他到钟吾书院就读，张李两家交好，结为亲家。当时的宿迁动荡不安，不久李寅恭便中断了钟吾书院学业，回到了合肥。清光绪二十六年（1900 年），张绍南到了及笄之年，便离开宿迁，来到合肥李家，于清光

张绍南

绪二十六年（1905 年）与李寅恭成婚。

李寅恭读书聪颖，深受同乡翰林蒯光典赏识。蒯光典认为他是可造之材，便收养到家中，与自己的儿子读书作伴、同食同宿，李寅恭在蒯家博览群书、勤学苦读。戊戌变法期间，清政府选派一批留学生去欧洲学习先进的科学技术，蒯光典被清政府任命为欧洲留学生监督。清光绪三十四年（1908 年）李寅恭随蒯光典到英国伦敦，做留学生监督处公务，闲暇之余，补习英文。辛亥革命后，李寅恭回国，而此时，恩人蒯光典也去世了。

民国成立，中国社会正处在新旧交替之际，许多中国的知识分子满怀“科学救国”的志向，纷纷留学欧美、日本等地。李寅恭认为欲改造中国，必须学习国外先进的科学理念和生产技术，萌生了再次留英的念头，于是便与妻子张绍南商议，共同留学英国。

1912 年，在留学英国前，张绍南回到了宿迁，辞别母亲，在送别的大运河渡口写下了《壬子别母》一诗。

儿女远走，父母情伤，张绍南从此远离家乡，漂洋过海，南来北往。英国、安庆、北京、重庆，南京，都与时代的命运离不开了。

1914 年，张绍南夫妇通过在伦敦大学学习的王星拱联系到英国留学，开启了他们在英伦的学习生涯。李寅恭自费到阿伯丁大学攻读农林专业本科课程，张绍南则去了苏格兰高等女校读看护专业。

留学英伦，成为《新青年》上最早的女性作者

1914 年，欧洲大陆风起云涌，当张绍南踏上英格兰岛那一刻，恰逢第一次世界大战爆发，乱世儿女，家国飘零，张绍南写了一首《欧战中征妇怨》：

梦魂刚到佛朗西，笑看征人试鼓鼙。
汽笛一声偏唤醒，小楼未曙雨凄凄。

1914 年到 1916 年间，一战中的英国爆发了声势浩大的妇女参政运动，

张绍南身临其中，作为传统中国成长出来的才女，张绍南入乡随俗，很快便适应了国外的生活，还把自己的名字改为“李张绍南”（以至于后人在论述张绍南籍贯的时候，一度把她认为是安徽合肥人），开始用自己的眼光打量不一样的世界。

1916年，张绍南在《中华妇女界》《进步》等杂志上发表了《赖丁格》《英国改良监狱第一人》等系列文章，介绍了西方社会的医疗护理工作，监狱管理改良等适合人性的合理制度，进一步加深了对西方文化的认识，对于女性在社会作用的认识上进一步提高，而相对于中国而言，需要学习改良的地方更多。她的一些认识在今天看来直抵西方文化的核心，如她在《西方文化来源于宗教说》中言：“今我新造之邦，派送子女远学欧美，校课之暇，对于其国之个人、家庭、社会种种方面未可不详加考察，以资借镜。政治上问题，吾不欲言，少数之败群分子，无国无之，亦不足道。第就普通情形观之，觉宗教为其一切伦理之所归宿，而教育、法律特有以辅助之耳。虽在欧战时期，各国内政颇有废而不治者，独神道设教，未尝少懈。如英之强迫征兵案，不及教士，前敌军士驻扎之地，必有传教徒相随，为其一切品行之指导，收效甚大。由此而言，宗教之功用，亦伟矣哉。”

1916年，张绍南在高等女校学习了两年看护专业后，准备在医院进行学业实习，不料身患阑尾炎不得不住院治疗。

虽然远在英国，但处在一战中的中国留学生们仍密切关注着国内的消息，他们组织了各地同学会如中国科学社、剑桥学会、爱丁堡学会等留学生组织，在刻苦勤奋进行学业的同时，关注参与中国社会所发生的变化。1915年陈独秀在上海创办了《新青年》（原名《青年杂志》）杂志。1917年杂志编辑部迁到北京，号召青年“内图个性之发展，外图贡献于其群”。

1917年7月，李寅恭接到《新青年》编辑部的同乡陈独秀的邀约函件，邀请他们夫妇给《新青年》写一些介绍西方科学技术方面的新知识、新思想的文章。他们欣然答应，并积极撰稿。

1917年《新青年》第三卷第四期发表了张绍南《余之病院中经验》一文，文中详细介绍了自己手术、住院护理及出院后疗养的全过程，她切身感到英国医疗条件之先进及改良中国医疗条件之任重道远。

此后，张绍南与李寅恭一起热情地向《新青年》投寄稿件，陈独秀很快将他们的文章陆续发表在《新青年》上。1917年7月1日发表了李寅恭的《比利时之森林》；1917年8月1日发表了李寅恭的《说竹》、李张绍南的《夏克通探南极记》等。特别是1917年《新青年》第二卷第六期上杂志首次邀请海内外女性作者谈女子问题，张绍南在此期发表了《哀青年》一文。张绍南的《哀青年》一文，让她成为《新青年》最早撰稿的女性作者之一。在“女子问题”的总标题下，张绍南“哀青年”“哀”生养自己的祖国。

游学在外的张绍南在仰慕西方的先进和发达同时，更多的是记挂着自己国家的落后和衰败。而在众多问题之中，张绍南尤重女学问题，其认为中国女德并不逊于世界其他地方，只是中国社会中女性没有受教育的机会，没有给女性发挥才能的平台。

归国兴教、首倡中国女童子军教育

1919年，张绍南夫妇完成了在英国的学业，回到国内，他们第一选择是在安庆办教育，创办了安庆女子职业学校。同年，张绍南在《妇女杂志（上海）》上发表了《为女童子军事敬告全国女校》，首倡中国女童子军教育。

张绍南编著了《女童子军组织法大纲》，号召安徽省教育同仁办理女童子军教育，随后在上海、湖北等地考察女童子军教育，引起了社会反响。1920年上海圣玛利亚女校、南京的两江女校等四所女校成立了女童子军江苏童子军联合会，也成立了女童子军研究会。国民政府时期，女童子军教育得到进一步发展。

张绍南夫妇在安庆所办的教育事业得到了社会各界的关注，胡适先生回乡时曾专门拜访了张绍南夫妇。1921 年 8 月 2 日，胡适在日记中写道："晚间到李寅恭（协丞）先生家吃饭，同座者，刘式菴、刘海屏，及协丞夫人张绍南女士"。

1922 年，中华教育改进社第一次年会在济南召开，在女子教育提案组，张绍南做了两个提案，分别为《在民治国家求升女子地位》和《请订缠足罚锾拔助女学》，在提倡女子教育的同时，争取提高女子权利。

1927 年国民政府定都南京，筹建中央大学，李寅恭来到中央大学，创建林学专业，张绍南随迁南京。

1929 年，张伯英编撰《徐州续诗征》，搜集了徐属八县文士的诗集佳作，在其父张鲤庭诗序中赞扬了张绍南，称其为"吾乡贤媛能继承家学者，陈淑华之外，则绍南也。"

淑德世范，夫妇相濡以沫成典范

国民政府在南京建都后，百废待兴，来到南京的张绍南除了从事教育、医护工作外，把更多的精力放到了家庭中去，辅助丈夫李寅恭的工作。1930 年，李寅恭成为中央大学森林系主任，前后共主持中央大学森林系工作达 20 余年，对中国林业人才的培养起到了奠基性的作用。

张绍南与李寅恭夫唱妇随，在南京度过了幸福的十年。李寅恭为森林事业奔走各地，大江南北进行实地考察，不管到了哪里，李寅恭总会写诗寄示张绍南。

张绍南夫妇不仅夫妻和睦，张绍南在先姑（婆婆）去世后为其写了一篇《先姑事略》，记叙她与先姑生活往事，颂扬先姑嘉言懿行，更为世人所钦佩。

全民族抗战爆发后，1938 年中央大学西迁重庆，张绍南一家也搬迁到了重庆江津。夫妻二人在国难期间相濡以沫，不觉已结婚40年。章士钊、沈尹默，唐圭璋、李证刚、梁希等十余位好友为此写了贺诗。

章士钊赠《临江仙》一首：

四十年中多少事，古人消息都陈。多君美意荷同春。兵戈移卷帙，风露共衣裙。　北海当年踪迹并，两家恩义相因。细君今日厄江滨。清溪闲执笔，神往石门村。

在乱世之中，旧日的情谊愈加珍贵，在重庆石门村他们不仅纪念了40年的风雨历程，也见到了旧时好友陈独秀。

1945年抗战胜利后，张绍南回居南京，在南京寓所小楼，邀请著名词人石弢素写了“望云轩”三个字，寓意为思念故乡亲人。张绍南写《戊子元日书感》寄托自己对已故亲人的哀思：

中元祭祖称常俗，羁旅情怀迥不侔。
最羡邻家诸姐妹，香花满手拜坟头。

人生的匆匆之间，宿迁的女儿张绍南已经离开故乡40年了。

1948年，李寅恭把平生所著诗歌，集为《百卉园吟草》一书，交由张绍南检校，并把张绍南所著的《望云轩杂咏》附录其后，由民国“江西三杰”之一李翊灼作诗序并题诗。

这是宿迁女儿张绍南最后的消息。写下此文，纪念百年前在宿迁运河帆影里的翩翩少年，她远去的背影，温润如玉，不可忘却。

（作者简介：张福贵，山东枣庄人，现任教于宿迁学院。江苏省地方志学会理事、宿迁市历史文化研究会常务理事。）

他任过“三部”尚书，去世500多年来，家乡人为其添土扫墓从未中断

在江苏省泗洪县龙集镇东约5千米处的应山村，有一座高出地面五六米的大土墩，坐落在成子湖边。这就是明代唯一经历六朝（洪武、建文、永乐、洪熙、宣德、正统），担任三部（礼部、工部、刑部）尚书的清官金纯墓冢。

金纯

金纯（1363—1440），字惟人，号德修，明代凤阳府泗州应山集（今泗洪县龙集镇应山村）人。祖上世代行医，是泗州有名的医道之家。金纯自幼聪颖，勤奋好学，自小便由其父金文炳令其入学攻读儒书。明洪武二十五年（1392年），金纯经乡学、州学以优异的成绩选拔进入太学，在明朝的最高学府里学习儒学经典，成为国子监监生。

在太学期间，金纯没有像有些监生那样“两耳不闻窗外事，一心只读圣贤书”，而是注重将学习和政治社会生活实际相结合。当时明朝定都南京，修建了世界上最大的城市防御体系城墙。金纯时常到城墙各处走动，了解城楼设置、排水系统以及营造法式等相关知识。当时，不少同学不解，认为金纯太迂，没事操这份闲心，还不如到朝中大臣处多走动走动，好为日后进入仕途铺路。

洪武二十九年（1396年），明太祖朱元璋令吏部尚书杜泽召集国子监监生在文华殿讲解《尚书·洪范》，以考察这些太学生的学习成果。当时，其他监生只能照本宣科、就事论事，称《洪范》是箕子向周武王陈述的“天地之大法”，所谓“洪”是大，“范”是规范，就是法，以及“洪范九畴”（大法九种）之类，完全是因袭前人，毫无独立见解。轮到金纯讲解时，他首先从大禹治洪水有功，上天赐《洛书》，法而陈之，《洪范》由此产生讲起，到周公执政，发展了《洪范》的王道思想，敬德保民，制礼作乐，奠定了周王朝的基业，开创儒家思想之先河，到汉代“天人感应”学说，以及董仲舒以五行之序释孝子忠臣之行，再到宋代王安石作《洪范传》以五行为“天所以命万物者也”。同时，结合城墙的修建和南京城的布局，讲述“水、火、木、金、土”五行的性能与作用，涉及国家政权建设的各个方面，主张从中借鉴“正直”“刚克”“柔克”三种治民方法，提出从民众是否能够获得幸福来验证君主施政措施的好坏这一新的“天人感应”思想。

金纯的讲解展示了他出众的才华和敏锐的思想，深得吏部尚书杜泽的赏识，认为他是太学中书读得最好的学生。洪武三十年（1397年），金纯刚读完太学，就经杜泽推荐，被明太祖朱元璋封为吏部文选司郎中，直接步入仕途。虽然当年十月，任职仅一年的杜泽就被免去了吏部尚书职务，但金纯凭其坚实的学问功底，不仅没受影响，反而于次年，升为江西布政司右参政。

不久，朱元璋驾崩，皇太孙朱允炆继承皇位，改年号“建文”。当时，围绕皇权的斗争十分激烈，不少太学出身的监生蠢蠢欲动，欲借机进行政治投机。而金纯不为所动，在江西专心读书，并数次到号称“海内书院第一”的庐山白鹿洞书院讲学，与士子们交流读书心得。

靖难之役后，明成祖朱棣即位，当时朝议要废除建文年间政体。金纯向吏部尚书蹇义建议，“损益者贵适于时宜。前改者固然不当，现在必欲尽复者，也并非妥当之举”，并引经据典，陈述事情本末。蹇义听从其谏言，上疏明成祖，得到首肯。不久，蹇义便推荐金纯担任刑部右侍郎。

永乐四年（1406 年），明成祖朱棣征调工匠、民夫百万人，开始修建北京城及其宫殿，做迁都的准备工作。金纯奉命参与营建，负责采集木料。永乐七年（1409 年），金纯随明成祖朱棣巡视北京故宫的建筑工程后，又具体负责太和殿等主要宫殿的建筑任务。他严格按照中国传统文化风俗，特别是“五行”学说和《易经》中的建筑理念，完善故宫整体布局，处处体现文化元素。最终，这一集中国古代建筑精华之大成的宫殿建筑群顺利建成。

为了巩固北方边防，永乐八年（1410 年）元月，金纯随朱棣北征沙漠，他积极帮助制定战略战术，成为高级参谋，很快取得北征的胜利。因金纯护驾侍从有功，六月班师回朝后被提升为刑部左侍郎。

征战刚刚结束，金纯于永乐九年（1411 年）奉命与工部尚书宋礼负责会通河的治理和黄河故道的疏浚工程，以畅通运河水道，缩短南北漕运的路程，打通发展经济的大动脉，确保水路运输正常通行。

金纯与宋礼上任后，深入实地，沿途勘察，礼贤下士，认真听取各方面的意见。在全面考察的基础上，详细分析研究各种意见，最后采用山东汶上县老人白英的建议，筑坝遏水、分流济运、建闸节水，同时建水柜、陡门，以保水源。经过半年多的奋战，当年七月，会通河故道浚成，从此，南方漕船再不用远涉渤海，而由会通河直达北京各地，大大缩短南北漕运的路程，打通南北经济发展的大动脉。从明朝永乐七年（1409 年）到明万历年间漕运全依赖会通河，每年约有四百万石漕粮通过此河，会通河成为当时国家经济的大动脉。随着会通河运道的复成，运河沿途的山东、河南、苏北等地区也随之繁荣起来。

在治理会通河的同时，金纯与工部侍郎徐亨、蒋廷瓒又疏浚黄河故道，使这里的人民免遭洪灾的侵害。在治河过程中，金纯奔波于工地南北各段，风餐露宿，得到当地人民群众的爱戴和崇敬。永乐十四年（1416 年），金纯被提任礼部左侍郎，时隔两月，又晋升为礼部尚书。山东、河南人民为了感谢和纪念金纯，在开封府禹王庙中设置金纯配亭，进行祭祀，山东汶上县人民专门建祠，祭祀宋礼和金纯。

永乐十九年（1421 年），明朝国都由南京迁往北京，明成祖朱棣为了安定民心，稳定局势，选派 26 名官员，分赴全国各地进行巡察，以慰问军民，查处不法官吏。金纯与给事中葛绍祖奉命巡抚四川。他深入百姓中，微服私访，考核审查官吏，惩办贪官污吏，使蜀地得以安定。

永乐二十二年（1424 年）七月，明成祖朱棣病逝。同年八月，太子朱高炽即皇帝位，改年号“洪熙”，先调任金纯为工部尚书，后又改任金纯为刑部尚书。在金纯任刑部尚书期间，他严格执法，认真、公正地掌管刑狱事务，“务宽大以教育为主，慎刑罚以重民命”。同时，严格要求下属官吏，严禁贪赃枉法，不准妄行拷打罪犯，因而在他任职期间，狱中没有一个瘐死（因饥寒或疾病而死）者。

因政绩卓著，明仁宗朱高炽加封金纯为资政大夫、刑部尚书兼太子宾客，同时御制封诰六道，赠封其祖父金成、父亲金文炳为资政大夫、刑部尚书等。明仁宗朱高炽只做了 11 个月的皇帝就病逝了，由太子朱瞻基即皇帝位（宣宗），改年号为“宣德”。宣德三年（1428 年），朝政腐败，金纯忧国忧民，但又无力挽回大局，终于忧伤积劳成疾。明宣宗朱瞻基命御医为其医治，并免其上朝参拜，让金纯一面治病，一面视事。当年夏季，明宣宗命他处理滞囚。从处理滞囚中，金纯更觉朝廷腐败，于是请求辞官，告老还乡。宣德三年（1428 年）八月，金纯回到了生育他的故土——泗州应山集。

一身正气、两袖清风的金纯回到应山集后，仍坚持每日读书不倦，教育子孙，靠变卖田产生活，在家乡整整度过了 12 个年头，于正统五年（1440 年）病逝，明英宗朱祁镇追封他为“山阳伯”。金纯病逝后，田产已经卖尽，子孙们连祭祀他的供资都没有。

金纯为官 30 多年，特别是担任礼部尚书、工部尚书、刑部尚书的 12 年间，一直忠心耿耿、勤于国事、功勋卓著，以忠厚、平和、老成的品性，超然出众的才华、气魄和清正廉洁的作风深受上至达官显贵、下至士民百姓的尊崇。明成祖朱棣在位时，曾多次要封赠金纯子孙官爵，而金纯对皇上的荫恩之意，一直坚持不受，他不愿子孙躺在自己的功劳簿上享受高官厚禄和特权。金纯回乡后，毫不居功自傲，整日与诗书为伴，直到终年，留给子孙的只有一些旧书以及高尚的人品、学风和家风。明正德年间，武宗朱厚照年年遣官到泗州应山集祭祀金纯。嘉靖十年（1531年），泗州知州桂守祥感其六朝三部留清名，为其裔孙赎田400亩，以供祠祀金纯之用，又在泗州城内建造金公祠，祠内立石碑一座，桂守祥亲撰碑文，官民年年祭祀。

金纯逝世已经500多年了，但他那精深高超的学识、无私无畏的品德、清正廉洁的吏风，永远为后人称颂和纪念。现在，在泗洪县龙集镇应山村，金纯墓仍然像一座小山，高高地耸立在成子湖边，成为当地的古迹和一处景观。500多年来，应山集人民世代为他添土扫墓，一直延续至今。

（本文选自《宿迁史话》）

中国南北分界线“秦岭—淮河”线最早由谁提出？

於亮

“秦岭—淮河” 为中国地理南北分界线，这是学术界的普遍认知，但大多数人并不了解这条线是何人在何时首次提出。作为文史爱好者中的“考据派”，笔者打算分享一下自己的“研究成果”。

“秦岭—淮河”线的地理位置

秦岭又名终南山、南山、北岭，东起河南伏牛山，西至甘肃岷江，北临渭河，南界汉水，东西长逾 800 千米，南北宽为 140—200 千米。秦岭在中国中部东西走向，就像一堵“挡风墙”阻止冬季冷空气南下，拦截夏季东南季风的北上。

淮河古称淮水，是中国七大江河之一，位于中国东中部，发源于河南省桐柏县桐柏山太白顶西北侧河谷。淮河干流全长约为 1000 千米，流域面积约为 27 万平方千米，干流流经湖北、河南、安徽、江苏 4 省。

秦岭、淮河连线的纬度在 32° N—34.5° N 之间，经过甘、陕、鄂、豫、皖、苏等省，其南、北在气候、河流、植被、土壤、农业生产等方面，都有显著差异。正因为如此，“秦岭—淮河”线作为中国地理南北分界线被人们所熟知。

“秦岭—淮河 ”线的提出者

2009 年第 10 期《中国国家地理》杂志刊载了单之蔷的《南北分界线上的迷雾》一文，文中关于谁最先提出秦岭—淮河是中国的南北分界线，讲述了作者查找首提者的过程，最后作者依据张相文在1908年出版的《新撰地文学》相关内容，认定张相文首次提出了“秦岭—淮河”线。“秦岭—淮河”为中国南北地理分界线，也被推选为“中国地理百年大发现”之首。

张相文，字蔚西，号沌谷居士，清同治五年腊月廿九（1867年2月3日）出生于江苏淮安府桃源县（今泗阳县），1933年1月16日在北平逝世。他是中国近代著名的地理学家、历史学家，成功推动中国地理学从旧的舆地学向现代地理学转型，被誉为“20世纪中国第一位地理学家”，是中国第一个地理学学术团体中国地学会（中国地理学会的前身）的主要创建者和组织者，也是中国第一本地理学学术期刊《地学杂志》的主要创办者。

张相文

“秦岭—淮河”线的提出过程

张相文的故乡位于老泗阳县城东门外南园（今城厢街道南园社区），毗邻古黄河与京杭大运河，距离淮河流域的洪泽湖仅十余千米，这一地区是中国历史上水患极频繁的区域之一。这让张相文在著作中多次科学提出治理淮河的主张，在对淮河的深入研究过程中，张相文逐渐阐释了“秦岭—淮河”线为中国南北地理分界线。

光绪三十四年三月十六日（1908年4月16日），《新撰地文学》出版，在第五篇第一章“生物之分布”中，张相文从生物分区的角度将中国分为四带，即南带、中带、北带及亚寒带，进一步阐释“秦岭—淮河”线为北带与中带的分界线："中国生物之分布可区为四带……中带：南北二岭之间，东尽淮水以南。动物多家畜，鲜特异者。植物多棉、麻、楮、竹、桐、漆、桑、茶等。北带：南界北岭淮水。北抵阴山长城，动物多驯驴、良马、山羊，西部多麝鹿、犀牛。植物多梨、枳、榆、檀、栗、柿、葡萄等。"

目前，学术界把这一时间认定为"秦岭—淮河"线最早提出的时间。

1924年年初，《佛学地理志》凡上、中、下三卷撰述告竣，书中张相文进一步阐释"秦岭—淮河"线。中卷三河流篇的淮河部分提出"淮河：本部诸水，南清漪而北浑浊，南盈而北易涸，其大殊也。唯淮发源于北岭之支麓。实继北岭正干，而为南北之界限。其水亦清而流缓具有南北两性焉"。

中卷六把中国分成六大部：本部、蒙古、满洲、新疆、西藏、青海。本部，分为北带、中带、南带，其中北带"南凭北岭、淮水"，中带"南北二岭平行横列，为其大界"。

至此，张相文已从区域划分、生物分布、河流盈涸、地质、地貌、土壤、气候等自然地理要素和农业、居民饮食、民俗等人文地理要素等多方面完整表述"秦岭—淮河"线为中国南北地理分界线。

"秦岭—淮河"线提出时间存疑

单之蔷在文章中指出，民国元年，也就是1912年出版的《新体中国地理学》一书，书中"秦岭—淮河"这条线已经出现了。如书中说："本国境内。因山川之形势，政治之区划，可定为本部、东北部、西北部、北部、西部，五大部。"对于本部书中是这样说的："南北二岭，横绝域中，划为三带，黄河、扬子江、珠江三巨川流贯其间。北岭淮河以北为北带，为黄河流域……"然而这本教科书有一说明，说是这本书主要是参考张相文的地理教科书。

我并没有查到《新体中国地理学》一书，但查到了臧励和先生的《新体中国地理》。书中的记载跟单之蔷文章记录的内容大体一致，但是没有查到文章中说的系参考张相文地理教科书而作的说法。让我始料未及的是，臧励和《新体中国地理》一书出版于光绪三十四年正月，即1908年2月，而张相文《新撰地文学》出版于光绪三十四年三月十六日，即1908年4月16日，如果这样的话，最先提出“秦岭—淮河”线的应该是臧励和而不是张相文。

《泗阳张沌谷居士年谱》记载“是年（1901年），又编《初等地理教科书》及《中等本国地理教科书》，为中国有地理教科书之嚆矢，两书流行，达二百余万部，出于意料之外，由是海内谈地理者无不知之。”

在陕西咸阳许建的帮助下，我见到了光绪二十八年（1902年）农历正月出版的《初等地理教科书》和单之蔷未查到的光绪二十七年（1901年）农历四月初版的《中等本国地理教科书》，里面均无关于“秦岭—淮河”线的表述。借助“孔夫子旧书网”平台，我买到了张相文另一本教科书——《蒙学中国地理教科书》，这本书初版于光绪二十九年（1903年）农历八月（也有版本显示为农历二月和农历九月）。让我感到惊喜的是，该书第五章中国本部区域部分载明：“南北二岭，横绝域中，分为三带，北岭淮水以北为北带，其南至南岭为中带，中带之南为南带，因置十八行省，以分辖之，是为中国本部之地。”

这一论述，明确了张相文提出“秦岭—淮河”为中国南北分界线的时间为光绪二十九年（1903年），比《新撰地文学》整整早了5年。许建还帮我查到了张相文光绪三十一年（1905年）农历正月在两广速成师范馆的地理学讲义，表述内容与《蒙学中国地理教科书》一模一样。

据此，笔者确认张相文是目前已知最早提出“秦岭—淮河”线的人，首次提出的时间为清光绪二十九年农历癸卯年（1903年），距今正好两个甲子。

（作者简介：於亮，泗阳县人，业余研究地方史志。）

第八章 文萃拾遗

宿迁与杭州的古今情缘

郭永山

宿迁与杭州，一个在“江之南”，一个在“苏之北”。从江浙行省到长三角一体化，苏浙情谊，跨越千年而不变；从“人间天堂”到“第一江山春好处”，杭宿两地，相隔千里而相守。在地缘上水相连，在交流上心相通，在发展上业相接，宿迁与杭州有着诸多相汇相融的交集，现列举几例。

杭州与宿迁

“浙江”岸上的除秦誓言

秦始皇帝游会稽，渡浙江，梁与籍俱观。籍曰：彼可取而代也。梁掩其口，曰：毋妄言，族矣。——司马迁《史记》

这是司马迁《史记·项羽本纪》中记载有关秦始皇“南巡”时的一个细节。项羽，名籍，字羽，秦末下相（今江苏宿迁）人，楚国名将项燕之孙。公元前 233 年，秦将王翦攻楚，楚国战败，项燕自杀。自此项羽跟随叔父项梁逃亡，寻机报仇，刺杀秦始皇。

秦始皇三十七年（前 210 年），秦始皇出巡，大队人马一路前行，过丹阳后，准备前往会稽祭拜大禹，到钱塘江（即《史记》中时称的“浙江”）时，江上惊涛骇浪，风波险恶，秦始皇只得西行渡江。项羽目睹当时渡江盛况，并随口吐出那句惊天的除秦誓言：“彼可取而代也。”项梁急忙捂住项羽的嘴，说：别胡说，会被诛杀全家的！正是有《史记》中这短短30余字的记述，让宿迁早在2200多年前就与杭州紧紧地联系起来了。

杭州地名的称呼，从秦朝始2000多年间曾多次变化，秦时置县名为钱唐，初属会稽郡，此为今杭州地域上建县之始。以后又先后有泉亭县、余杭县、临江郡、钱唐郡、杭州、余杭郡、西府、临安府、杭州路、杭州府、杭州市等称谓。

宿迁的金龙四大王原型为杭州的谢绪

黄河和大运河流经宿迁，使得境内黄河河神和运河水神信仰极为盛行，在众多水神中，又以金龙四大王最具代表性。金龙四大王的原名为谢绪，南宋诸生，杭州钱塘县北孝女里（今浙江杭州余杭区良渚镇安溪村）人，东晋太傅谢安之后，堂姑母是南宋末年理宗皇后。他性格刚毅正直，痛惜宋朝将亡。金龙者，其隐居、所葬地为金龙山。四大王者，其生时排序第四，故称金龙四大王。其由人到神的经历及显灵事迹，明清官方史料和文人笔记中多有记载。因传其具有护佑漕运、御灾捍患的功能，多显灵于漕运和河工危难之时，故不断得到明清官方的加封。在官方的倡导和推动下，崇祀金龙四大王的庙宇遍布黄河和运河沿岸，明清时期宿迁境内先后建有五座金龙四大王的庙宇。民国《宿迁县志》记载，金龙四大王庙“在城西南，明知县宋伯华建”“又大王庙一在中渡口（原县钢铁厂东河边），一在东关（现东关口北约300米），一在小杨庄（现小杨庄码头）”，此外，皂河龙王庙祭祀的主神也是金龙四大王。五座庙宇中，以城西南的金龙四大王庙和皂河龙王庙最为有名。

杭州半山的“霸王”神原型是宿迁的项羽

杭州城东北部的半山也称皋亭山，是杭州城形成过程中，人类最先繁衍生息的一块高地。当地有一著名历史传说——杭州半山皋亭神，与项羽也密切相关。研究表明，皋亭神的原型即项羽。

半山皋亭神的原型影响力大，唐长庆年间就因久旱不雨，杭州刺史白居易特上山昭告于皋亭神庙，并留下了千古传诵的《祝皋亭神文》。南宋时皋亭神在杭州的行祠就有40多处。《咸淳临安志》记载的皋亭“神姓陈名顼（项）”，这是文献中能查阅到的皋亭神与项羽相关的最早出处。半山还有不少项羽文化元素，最显著的当数“亚父冢”。此志卷八十七载：“亚父（范曾）冢，在皋亭山。亚父陈重生”此后《梦粱录》及各朝地方志、文学作品，均言皋亭神姓“陈”，其名则为“顼”或“项”。当地还出现过“项王庙又名灵惠庙”之说。传说六朝时杭州北侧的湖州，有项羽神或称霸王的干涉阳间的故事。南宋绍兴年间有项羽神获得敕额和封号、于霸王庙祭祀项羽神的记载。

皋亭

理论界普遍认为，皋亭神原型就是史界和民间共同赋予的除暴安民、无所不能的项羽。两千年来民间为何不能直白表达？这又可能与项羽败于政敌后，执政天下的刘邦无情外置项氏后人与崇拜者有关。

大运河南桥头堡与中运河枢纽

杭州与宿迁，一个在江之南，一个在苏之北，虽相隔千里，但因大运河紧密相连、身心相通，情意绵绵。

杭州是京杭大运河的南起点，古运河穿城而过，千年文化蕴藏于此。位于杭州拱墅区的拱宸桥横跨大运河，是大运河南起点的标志。秦始皇统一六国，修筑陵水道，是京杭大运河浙江段的早期雏形。隋炀帝“以洛阳为中心，北通涿郡（北京）、南达余杭（杭州）”的大运河首次全线贯通，主运漕粮的浙江段对历朝中原文化与南方文化的交流，为促进统一的多民族国家的稳定与发展作出了巨大贡献。大运河宿迁段是沿线治河咽喉、漕运转轴。从窑湾古镇向南进入骆马湖，然后从宿迁穿境而过，全长 112 千米。运河流经宿迁，开辟了汴河、黄河故道和中运河三个历史阶段不同的主航道。元明时期疏浚“借河为漕”的运河宿迁段，已如同白居易《长相思》诗中当年所畅想的“汴水流、泗水流”那样快捷流畅。

拱宸桥

从杭州到宿迁，千年遗韵一脉相承，一水相连、人文相亲。运河杭州段是京杭大运河的最南端，杭州拱宸桥作为京杭大运河的终点，千百年来为北方带来了江南鱼米之乡的富庶，融汇了中国南北各地的特色物产、风情民俗等，留下了诸多历史人文景观。宿迁作为大运河的几何中心，运河宿迁段千百年来沟通、融合南北，在这里形成了兼收并蓄、开放包容的宿迁运河精神，连缀成一条熠熠生辉的文化长廊。两地文明发源早，同饮一河水，城水共相映，运河流淌千年不息，孕育了杭州、宿迁两颗明珠。

互为投资热土

为促进两市的共同发展，近年来宿迁与杭州启动了多轮“双城记”系列活动，如 2022 年 8 月 31 日的宿迁（杭州）文化产业推介会暨“双城记”系列活动，2023 年 7 月 9 日宿迁（杭州）投资环境说明会，7 月 27 日参加全省举办的“水韵江苏 浙里启杭”文旅推介活动等，都收获颇丰。仅 2023 年 7 月在杭举办的投资环境说明会就签约项目 24 个，协议总投资 381.2 亿元。

2022 年 8 月 31 日的宿迁（杭州）文化产业推介会暨“双城记”系列活动

创建于 1987 年的杭州娃哈哈集团有限公司，在资产规模、产量、销售收入、利润、利税等指标上连续多年位居中国饮料行业首位。曾任宿迁经济技术开发区招商局局长、管委会副主任的孟献国，成功引进娃哈哈落户宿迁，成为当时宿迁经济开发区建成以来最大投资项目。目前，娃哈哈在宿迁市投资建成13条生产线，累计实现产值150多亿元，累计缴纳税收超过15亿元。

数十万宿商也来到杭州乃至浙江这片热土上兴办实业，从事生产、商贸活动，在浙投资总额已达300亿元，大小企业5万多家，总产值约900亿元。其中，在杭州投资有一定规模的就有4000多家，投资总额达200多亿元。产业遍及房地产、媒体、金融、医药等多个领域。有一定影响力的如苏酒集团、京东集团等企业的分支机构遍布全省。杭州维楷房地产销售营销策划有限公司、杭州兴洋环保科技有限公司等，都是宿迁企业家在杭州投资的大型企业。

“电商之都”与“电商名城”

杭州是中国电商产业的重要发源地，被誉为中国的“电商之都”。2023年3月6日发布的《2022杭州直播电商产业发展白皮书》表明，国内很多头部MCN、直播平台、服务商、配送网络等都纷纷入驻杭州，一个万亿规模的直播电商产业正在杭州市快速成型。从中国化工网的上线，到淘宝网的成立，再到阿里巴巴的上市，杭州成为名副其实的电商产业发展的沃土。过去十年间，杭州市国内网络零售市场交易规模从2012年的902.9亿元增长至2022年137853亿元，实现了跨越式增长，成为国内电商产业发展最快的城市。

宿迁市抢占数字经济风口，近年全力推动电商产业高质量发展，激发电商创新创业活力，着力打造产业繁荣兴旺、多产共融共生、产城互促互进的“电商名城”，先后获批国家级跨境电子商务综合试验区、中国快递示范城市。同时，加快构建电商产业生态系统，不断深化与京东集团的战略合作。从2009年11月京东将集约化客服中心落地宿迁，京东已累计在宿迁投资超200亿元，涵盖电子商务、智慧城市、物流仓储、智能产业等。业内评价：“京东之于宿迁，就像微软之于硅谷、华为之于深圳。”

宿迁直播电商

目前宿迁已经成为名副其实的“电商名城”：2022 年宿迁网络零售额达到 600 亿元，电商产业相关从业人数超过 60 万人，每 9 个人就有 1 个人靠电商吃饭；快递业务量连续 10 年稳居全国前 50 强。在中国国际电子商务中心发布的 2022 年度地级市电子商务营商环境报告中，宿迁位列全国第 18 位。

宿迁已成为电商产业领域“江苏的杭州”。

（作者简介：郭永山，原供职于宿迁市纪委，现任市纪检监察学会常务副会长、市历史文化研究会特聘研究员。出版多部个人文集，主编多部地文史类专著。）

原宿迁县委、县人委两块挂牌背后的故事

陈兆安

陈书樵

我的祖父陈书樵老先生是宿迁老一代著名书法家，在他的书法遗墨里有两幅很珍贵的作品，这便是“中国共产党宿迁县委员会”和“宿迁县人民委员会”两块木制挂牌上的书法拓印稿。这两块牌子堪称当时宿迁县的第一牌，是那个年代宿迁县级别最高、分量最重的牌子。新中国成立后，悬挂在宿迁老城区原中山路西端（今金港花园东门位置附近）的中共宿迁县委和县人委（即现在的人民政府）大门口。

“中国共产党宿迁县委员会”拓印稿

由于这两块木牌是挂在外面的，因此规格较大，高约 2.4 米、宽约 0.6 米，为优质木材制成。“中国共产党宿迁县委员会”牌子为白底红字，“宿迁县人民委员会”牌子为白底黑字。这两块牌子从 20 世纪 50 年代初一直挂到“文化大革命”开始，后被换为“宿迁县革命委员会”。其悬挂时间只有十几个年头，大概只有 60 岁以上的老宿迁人才有印象，大多数宿迁人是没见过这两块牌子的。

那个年代机关单位木牌的书写字体与现在不同，使用的几乎全是毛笔字体。因此，

在落实这两块木牌的书写人时，肯定要寻找当地水平最好的书法家。我的祖父是老宿迁极有名望的书法家之一，那时宿迁城内的机关、学校、商店、桥闸、楼堂馆厅的匾额及园林名胜楹联多出其手，比如东大街上的“阮天成药店”“谦和益药店”“水华轩照相”，城西的“兴国寺”门额等，有“无陈不成款”之誉。故而，书写差事便自然地交给了祖父，他也幸运地成为新中国成立后县委、县人委牌子的第一书写人。

“宿迁县人民委员会”拓印稿

20世纪60年代末，父亲一直在寻找这两块牌子的下落，无意中得知还存放在当时的县革委会后楼一间仓库里，便喜出望外迅速前去寻找，而后带上找来的十六开的毛边纸，每个字用一张蒙上字迹，再用一块白纱布包上蘸有墨汁的棉花，趴在两块木牌上，逐字地细心拓印，整整花费了大半天才拓完，最终将牌子的墨迹完整无缺的留存下来。后来，为了更好地保护这两件拓印作品，父亲专门拿到装裱店进行托裱，这才让这两件拓印作品完好无损地保存到现在。也幸哉当时父亲的及时寻找和拓印，因为后来，这两块木牌最终还是被毁掉了。

仔细观览这两块牌子的拓印稿，不仅是一件规范的政府挂牌，更是一件匠心独具、风格独特、拥有自家风貌的书法精品，可以说祖父将自己所掌握的书法技艺、气韵和个人艺术情感融为一体，恰到好处地凝练在作品里，堪称是老先生的一件精美笔墨和得意之作。

“中国共产党宿迁县委员会”是11个字，“宿迁县人民委员会”是8个字，全是繁体字且均为纵列。举目望去，斗大的字，字迹端庄挺拔，苍劲雄浑，气势俨然，气韵畅达，彰显出祖父荡气传神的书风。祖父的书法拥有颜魏的风格，故颜魏特征兼而有之，既有宽绰饱满的风貌，也有刚健雄强的骨势，可谓颜筋魏骨，浑然天成。这两幅挂牌书法给人字态丰盈、饱满敦厚、笔力雄健、巍然挺拔、气贯长虹的感觉。每一笔画都运用得当，恰到好处，无论是传神的点画、端庄的四框，或是灵动的撇笔、厚重的捺画，无论是方角的骨感或是起笔的藏锋，捺笔的一波三折，或是疏可走马、密不透风的结体，都透露出祖父颜魏书体的浓厚味道和独具风神。比如“中”字的扁口方角、“宿”的宝盖头、“会”的人字头、“共”字的下横末尾重力顿笔等用笔处理都独具匠心，手法迥异，与众不同。

祖父书写的、伫立在马陵公园内的“抗日烈士碑”（碑文由原宿迁老县长叶汉英撰写）堪称是扛鼎之作，其书法雄浑端庄，严谨遒劲，大气磅礴，至今仍保存于园内，也是目前祖父唯一流传在公共场合的墨宝。

祖父是宿迁籍民族英雄、爱国将领杨泗洪将军的外孙，自幼颖悟过人，四岁即从其伯父陈韶华（宿迁著名书法家，字景虞，曾于民国初年获得美洲巴拿马万国博览会书法金奖）学书，继投名师刘玉峰学文，书从颜真卿、二王，后兼及汉隶、秦篆、魏碑等，及至晚年，仍勤临碑帖，持之不辍，聪慧加勤奋。祖父书法，积学奥深，师法高古，广汲博采，融会贯通而又能创自家面目，深受人们喜爱，雅获盛名，世誉之谓“陈体”。

祖父书风的形成除去个人勤奋努力外，还得益于两个方面。一是深厚的传统文化修养。沈鹏先生曾言：诗意在书法艺术中的融化，体现为书法品位的升高，而书法的节律感、与抒情性，对书家纯真的诗情肯定也起着良性循环作用。这二者是相辅相成的，相互滋润，也相互提升。祖父博学能文，喜爱姚姬传笔法，盖生平最崇尚桐城派，诗词风格不落恒溪，咏物抒情，辄出新意，诗作甚多，著有《退庵诗集》，深厚的诗词学养对其“陈体”书风的形成是不可或缺的。二是具备融会贯通能力并形成个性书风。单从书法艺术角度来说，祖父书法风格的最大特点就是将魏碑的笔法有机融入他的楷书和行书，但又不留任何融合的痕迹，这种融合是化合，不是简单的混合，在当时的艺术环境下，能做到这一点是非常可贵的。

祖父生前为省书法家协会会员，历任原宿迁县第二、三、四届政协委员。纵观祖父的作品，墨酣笔畅，端庄遒丽，貌丰骨劲，潇洒飘逸，堪具大家风范。新中国成立后，曾先后入展江苏省第一、二届书法印章展览，并著有《书法浅解》一书，其个人艺术传略亦于1995年载入中国人事出版社出版的《中国当代艺术界名人录》一书。与窦燕客、徐慕农、胡石依一起被誉为“宿迁四书家”，并陈列在宿迁文化名人馆。

如今的党政机关挂牌，已是全部采用统一的宋体字书写，再也看不到过去毛笔书写的书法字体了，这是时代发展进步的趋势和要求。回望祖父当年用毛笔书写的这两块挂牌已是书法艺术发展演变中的一个过去的符号，它留下的深深印痕，将清晰地尘封在历史的册页中。

（作者简介：陈兆安，曾任杨泗洪文化研究会秘书长，江苏省作家协会会员、江苏省书法家协会会员，文学作品散见各级报刊。）

曾经享誉全国的教学经验，竟然诞生于宿迁这所村小学

潘加国

中潼小学虽然地处偏僻的淮北农村，但回顾中潼小学的历史，也曾经有过辉煌。抗日战争时期夏陶然校长在中潼任教，“夏陶然的道路”教学经验曾经享誉全国。

1942 年 3 月 9 日，淮海行署明令各县：“加紧恢复各地小学，发动社会知识青年以及开明士绅协助办学，推进根据地文教工作的开展。”同年，新四军第 4 师 9 旅 25 团侦察员夏陶然，在精兵简政运动中，被安排到当时的泗南县峰山区（后依次改为泗洪县峰山乡、四河乡，今隶属于双沟镇）的中潼小学任校长兼教员。他到了中潼小学任教以后，在没有任何教学经验的情况下“摸着石头过河”，开创了“教育与生产劳动相结合”的教育模式，轰动全国，被当时淮北区党委誉为走群众路线的“夏陶然的道路”。

1942 年冬，夏陶然刚到中潼小学报到的时候，学校只有几间土坯房，位于中潼村村庄中心的南北路西侧（后赵吕操房子的地址）。在夏陶然来中潼小学任教之前，学校前任校长私利心太重，心思也没放在教学上，可以说夏陶然来接的是一个烂摊子。

当时的中潼村总共有一百多户人家，70% 以上都是贫雇农。夏陶然刚到中潼的时候，学生很少。他在《我在中潼村——开展根据地小学教育的回忆录》一文中写道：“开学那天，到校学生有赵从尚、赵仓仑、赵振生、赵吕和、赵正伟、潘茂善、潘成礼、潘合同、赵从杰等二十一名学生。”其中赵仓仑应该是赵含仑。这些学生基本上都是当时家庭条件比较好的农户家的孩子。

为了把学校办好，让贫雇农家的孩子也能读上书，夏陶然刚到中潼

不久就到农户家进行了走访。在走访中他了解到了贫雇农孩子不读书的原因：一是家中没柴烧，孩子需要帮家中拾柴；二是父母忙于生活，需要大孩子带小孩子；三是要放牛和编斗笠增加家庭生活收入。为了能够让更多的贫雇农的孩子也能读上书、识上字，夏陶然校长在摸索中想到了以“教育与生产劳动相结合”的模式来促进贫雇农的孩子读书识字。他后来在回忆录中写道：“我主要先接近拾柴和带孩子的适龄儿童，讲故事给他们听，几天工夫便和他们混熟了，于是我就在地上写字教他们认。比如：‘你们是拾柴组，他们是带孩组，大家都是好朋友’‘拾柴、带孩、读书识字两不误’。等他们认会了，就以沙地作纸，树枝作笔在地上写。会认会写之后再教新课。这样一来，孩子们很高兴，家长也很喜欢，自愿变成拾柴组和带孩组，由他们选出组长，利用中午和下午放学之后，主动到学校来上课。这样学校内外学生发展到五十多人。”

后来，随着季节的变化和家长的要求，学校又先后成立了放牛组、挖菜组、编斗笠组等读书小组。编斗笠小组的学生通过从家自带材料和编制工具，在边学习边生产的情况下，收麦前每个学生能为家里编织近三百张斗笠，从而大大地减轻了家庭负担，也为家中增加了经济收入。而校内的学生也利用课余时间到荒山野岭上拾柴，回来后由学生过秤，并且记上斤数账，出卖后按学生拾柴的斤数给予分成，又解决了学生购买学习用品的困难，家长们也都非常满意。由于学校开展了勤工俭学，中潼小学越办越兴旺，秋后开学到校的学生猛增到了七十多人。后来，为了学校发展需要，上级又给中潼小学派来了两位教师，把学生按语文、数学两科考试成绩分成一、二、三、四、五年级。从此，中潼小学的教育工作有了一个良好的开端和基础。

中潼小学的办学路子得到淮北区党委和政府的重视和好评，《拂晓报》做过报道。1944 年 7 月，淮北区党委副书记刘子久同志在延安中央党校学习期间，写了一封题为《从走夏陶然之路谈起》的信给淮北区党委，肯定了中潼小学的办学经验。这封信在当时还发表在延安的《解放日报》上。“夏陶然的道路”和“南泥湾”相提并论，在全国进行介绍推广。

在夏陶然校长离开中潼小学到了新的工作岗位以后，中潼小学因为各种原因几易校址。1968年前后，学校又一次搬迁，从后庄搬到了前庄。房子是之前土地改革期间征收下来的一户富农家的房子，总共八间。四间门朝南的正屋，靠东侧还有四间门朝西的偏屋。西面是院墙，南面也是一排房子，中间有一个大过道，是后面房子的出入口。东面四间偏房在作为教室之前，曾经是中潼编织厂，集中编制斗笠的场所。编织厂解散以后，就闲置在那里。学校刚从后庄搬迁到这里的时候，教室用的就是这四间偏房。后来又搬到门朝南正房的东面三间，西面一间是村卫生室。从夏陶然校长后来撰写的回忆录中写道："当时我教的是'一个学校一个班'，全校不到三十名学生，文化程度不一致，只好采取复式教学。"这种教学模式既能解决生源少的问题，也能解决师资力量短缺和教学场地不足的问题，在当时比较实用，后来一直被学校沿用。在学校的前面，有一片比较宽阔的场地，之前是干什么用的已经没人记得清楚了，但是后来逐渐成了乡里电影放映队下村放电影的固定场所，空场地的西面是村代店。相比之前，这是学校地理位置相对较好的一个地方。

夏陶然（学生队伍前面）等师生在中潼小学合影

1970年，为了进一步办好教育，政府又出资在村庄西侧新建了前后两排总共十六间的青砖瓦房作为新的教学点。后排是十间的连体房，前排东面三间先是教室，后来改为教师办公室。西面三间是教室，中间有段两间房子的距离是空地，便于前后行走，学校的教学条件得到了有效改善。在建校的同时，还配套建设了男女公厕和篮球场。公厕建在校舍东北角，向南约五十米就是篮球场。由于场地比较宽敞，这里后来就逐渐变成了春节期间农村地方特色文化演出的固定场所。新校园的总面积大约有三四千平方米，据说之前是一片柿子园。印象最深的就是在后排靠东面的两间房子是教师办公室，办公室门前有一棵柿子树。那时学校连个像样的校铃都没有，用一个耕地用的铁犁铧替代，就挂在柿子树上。预备铃、上课铃、下课铃都是老师拿着一根铁棒槌手动去敲响的。

我是 1979 年 9 月入学的，那年我九岁。在中潼小学六年的读书生涯中，有着许多难忘的童年记忆。有二年级时，在班主任赵晓青老师的推荐下，我光荣地成为一名少先队员的激动场景；有三年级的时候，上课期间生病了，赵吕贤老师帮助买药的暖心场景；有课间十分钟，同学们在一起疯闹戏耍的欢乐场景；有五年级拍毕业照，因为有人到学校闹事毕业照没有拍摄成功的遗憾场景；还有星期天和同学一起去学校敲铃玩，被值班老师发现用戒尺惩罚的“悲惨”场景。这些难忘的场景，都深刻地储存在我的记忆深处。

1992 年，在怀洪新河开挖的基础上，中潼村的村集体收入有了一定的积累。为了让中潼村的孩子们能有一个更好的读书环境，1993 年年初，经中潼村村支两委研究，报四河乡政府审批，决定对破旧的老校舍进行重新翻建。改建为前后两排带走廊的大出挑砖瓦房，并且新建了校园围墙，把学校大门留在了学校西侧，中潼小学的教学条件和校园面貌又得到了进一步的改善。

2002 年冬天，在教育改制中撤并关停了部分中小学，逐渐向乡镇所在地的中心校靠拢。当时中潼小学部分校舍由于地基下沉的问题，校舍存在危房现象，且师资力量也相对薄弱，所以在首批学校撤并中就被关停了，所有学生都到附近的潼河小学就读。从此中潼小学成了一座空校，孤独地守在老村庄西侧。

2010 年，为了提升老百姓的居住环境，中潼村率先通过实施土地增减挂钩项目，把中潼小学连同学校北侧东西路以南的村庄全部拆除。同时又在老村庄向北 100 米处，规划新建了新的中潼集中居住区。余下的老村庄也在 2013 年第二次土地增减挂钩项目中全部拆除。从此，老村庄连同中潼小学彻底消失在所有人的视线当中。

中潼小学从抗战时期的衰败，到 1942 年夏陶然校长到中潼小学任教以后，通过独特的教学之路，成了全国教育系统的学习的典范。

中潼小学从诞生到消失，是一部地方村庄教育的发展史。现在，中潼小学虽然消失了，但是关于中潼小学曾经的辉煌和发展的历史，是所有中潼村人民永远无法忘怀的。

（作者简介：潘加国，宿迁市作家协会会员、宿迁市诗词协会会员。）

曹操父亲曹嵩的墓葬在沭阳吗？

江瀚

随着安阳发现曹操墓的消息被媒体披露，这个在三国纷争中称霸显赫的魏武帝，再次引起历史学者的浓厚兴趣。与之相应，曹操的父亲曹嵩，其遇害之地和墓葬何处的争议，也成为研究探讨的焦点。

曹嵩其人与遇害地

曹嵩，字巨高，沛国焦郡（今安徽亳州）人氏。桓帝末年曹嵩官拜司隶校尉。到了灵帝即位，已升任大司农、大鸿胪，先后掌管国家的财政礼仪，位列九卿，位高权重。

曹嵩中年得子，即曹操，也就是后来的魏武帝。十常侍乱政时，曹嵩辞官居于洛阳。洛阳后来成为兵家必争之地，初平四年（193 年），曹嵩携家眷到阴平（今江苏沭阳潼阳镇）避难。但祸起萧墙，护送士兵见财起意，曹嵩及夫人（曹操之母）邹氏、次子曹德（曹操弟弟）、姬妾赵氏皆成刀下亡魂。

罗贯中《三国演义》第十回“勤王室马腾举义，报父仇曹操兴师”也详细地描述了曹嵩之死：“曹操乃遣泰山太守应劭，往琅琊取父曹嵩。曹嵩便与弟曹德及一家老小四十余人，带从者百余人，车百余辆，经往兖州而来，道经徐州，太守亲送出郭，特差都尉张闿，部将兵五百护送，曹嵩率家小行到华、费间，张闿杀尽曹嵩全家，取了财物，放火烧寺，与五百人逃奔淮南去了。”

曹嵩之墓发掘和初步认定之理由

一、1973 年，安徽省亳州市博物馆对城南 10 千米的古墓群进行发掘，从出土的汉代五个葬坑一些零散葬品，认为此墓群应为曹操家族墓地，对发现的曹腾（曹嵩之父）之墓后，初步推测 1 号汉墓主人乃曹操父亲曹嵩。

理由是，亳州董园 1 号汉墓中，发现一副比较完整的银缕玉衣和一只玉鞋，虽无遗骨、棺柩和墓碑（墓志铭）等物来证明墓主人的身份，但从银缕玉衣来推测分析，初步认定 1 号墓就是曹嵩之墓。

银缕玉衣，为东汉时期封建贵族的玉质殓服。玉衣分金缕、银缕和铜缕三等 。玉衣因是裹在死者体外的，故又称玉匣。从 1 号汉墓中出土的银缕玉衣，体长 1.88 米、肩宽 59 厘米、厚 2.5 厘米。因大小不等，形状不同，共有玉片 2462 片。

据《水经注》记载，曹嵩有墓无碑，曹腾（曹嵩之父）有碑无墓 。而今两墓俱在，唯碑无存。银缕玉衣始于东汉桓帝延熹七年（164 年），依此分析，曹嵩官居大司农，大鸿胪，太尉，可着银缕玉衣。

二、2004 年，山东沂南砖埠镇大汪家村西发掘出一处汉墓，从汉墓中发现一墓壁，该墓壁高 1.5 米、宽 0.6 米、厚 0.3 米。墓壁为石刻图，画面是四层楼阁，一层是杂技表演，周边有士兵手持弓箭，部分卫兵沿楼梯上走；二层曹嵩夫妇端坐烛台，各持一印；四层全是士兵。

沂南认为此墓壁石刻图为曹嵩，该墓为曹嵩墓无疑。沂南历史文化研究学者也纷纷撰文表示肯定，画家韩恩胜《山东沂南发现曹操父亲墓》一文在网上传播。因诸葛亮是沂南人，沂南又把曹嵩墓的地点从安徽移到了数百公里之外的沂蒙山区。

沂南认为据《吴书》记载，张闿抵抗不了一百多辆行李车和金银财宝的诱惑，走到华县、费县之间，杀了曹嵩，劫了财物，逃往沂南。

华县位于费县东北部，县城故址在距县城 25 千米的今方城镇古城里村。

清乾嘉时期学者洪亮吉在其著《补三国疆域志》中说：“华县在沂州府费县东北六十里。”

《沂州府志》中记载：“雍正十二年（1734 年），沂州又升为府，费县属沂州府”。

如此说来，曹嵩死亡地应该在沂南境内，依据是罗贯中《三国演义》说：“曹嵩率家小到华、费间……被乱军所杀。”

沂南列举种种说法来印证砖埠镇发掘的汉墓的主人，似乎有了充分的理由和底气，对外宣称沂南发掘出曹嵩墓也就不足为奇了。

明万历二十二年（1594年），沭阳知县徐可达（江西九江人）首修的《沭阳县志》记载：“东汉曹操父曹嵩避难琅琊，别将陶谦守阴平，士卒图财，杀死曹嵩。”

清康熙《沭阳县志》和《沭阳大事记》也证实曹嵩遇害地点在沭阳阴平。

《应劭传》中虽对杀曹嵩的凶手和动机有不同说法，但可以肯定曹嵩是在阴平“被陶谦所派骑士”所杀。

《后汉书·陶谦传》也认定曹嵩是被陶谦驻在阴平县的士卒所杀。

阴平县始为侯国，汉成帝封楚孝王四子，为阴平侯，东汉除侯国，置阴平，建陵两县。三国时魏黄初年间，立东海国，领厚丘、阴平、建陵等11县。

曹嵩墓地辩

安徽亳州凭借从墓地里出土一件银缕玉衣，就认定1号汉墓主人为曹嵩。笔者认为，仅仅凭此分析墓的主人，链接证据不够，墓室中缺少墓志铭等不可忽略的原始资料。墓志铭是放在墓中刻有死者传记的石刻，置葬志是我国古代的一种民俗礼制，在我国现已出土的墓志石刻中，最早起于东汉延平元年（106年）。墓中的墓志铭作为重要的人物身份资料，不可或缺地弥补史书、资料不足，是极具重要研究价值的物证。

亳州董园1号墓除了一件银缕玉衣外，别无其他物品，也未出土墓主人棺柩和遗骨，死者遗骨作为殉葬是必不可少的，那么曹嵩遗骨又在何处？

假想1号汉墓主人是曹嵩无疑，那么阴平被害亲属中，还有曹操母亲邹氏、曹操弟弟曹德、曹嵩姬妾赵氏等一家老小共40余人，如此庞大的家族墓又在何方？

亳州曹氏家族墓群中缺少许多重要人物和物证，仅凭出现一件银缕玉衣确定所谓的曹嵩墓是无法自圆其说的。

银缕玉衣在汉代殉葬历史上，是授予功勋卓著的王侯和皇亲国戚的最高礼仪，《后汉书》记载："诸侯王、列侯，始封贵人，公主薨，皆会赐玉匣，玉匣银缕。"

由此看来，这件银缕玉衣的主人不一定就是曹嵩，曹的家族中能享受到这样荣誉的人物不在少数。

曹嵩死后，曹操闻噩耗悲愤填膺，《应劭传》说，任凭陶谦如何解释，曹操一口咬定是陶谦派人所杀，于初平四年（193年），率兵攻打徐州，声称为父报仇。《后汉书·陶谦传》："攻所属彭城，傅阳、取虑、睢陵、夏丘五城。"

报仇心切的曹操，忙于讨伐陶谦，战时根本无暇顾及为其父母料理后事，也未扶柩回故里安葬，更无史料记载。

阴平时属琅琊，由陶谦管辖守卫，时已对立，曹操欲除之而后快，但敌方的地盘内，岂容他随心所欲，想进入阴平收殓其父母、弟弟一家老小尸骨，谈何容易。

曹嵩夫妇遇害时，正值酷暑夏日，且被杀多达40余人，众多遗体难以保存，更不可能移柩到千里之外的谯郡（亳州）。笔者认为，其遗体应该被就地草草掩埋，并未得到厚葬，这也是至今尚未发现曹嵩之墓的真正原因。

综上所述，依笔者愚见，亳州城南汉墓群中的所谓曹嵩墓不过是衣冠冢，或是曹氏家族后人为纪念而设。认定是曹嵩墓显然是不准确的。

沂南仅凭壁画来认定墓主人，依据是罗贯中《三国演义》一书所描述地点，曹嵩遇害在华县和费县之间，而砖埠镇正好处于两县之间。

但是墓壁并无文字碑刻，壁画中人物是何人无可考证，也无资料记载。作为中国古典文学名著《三国演义》涉及的人物、地点，多有虚构，反映的是作者本人创作思想和观点，不能作为史料和历史事件的依据。沂南仅以是诸葛亮家乡这一点，就把文学作品中人物与汉墓主人巧妙地链接起来，有牵强附会、移花接木之嫌。退一步来讲，沂南汉墓充其量是一座曹嵩冢而已。

曹嵩墓究竟在何处?

笔者大胆认为，真正的曹嵩墓应该就在阴平境内（即今江苏沭阳县潼阳镇）。

阴平境内有铁架岭、臧墩、富墩、尧墩、庙墩、棉墩、夜合墩、长墩等大量古遗址和汉代墓葬。20 世纪 50 年代起，就有宝墩、长墩等古墓群被发掘。1950 年，在黄圩村附近，发掘出一座砖石结构汉墓，分前、中、后三室，墓门为画像石结构。画像内容有车马出行、奇珍异兽、金乌、蟾蜍、生活宴享等，技法为浅浮雕，风格接近河南南阳画像石传统，花纹砖纹饰为各种放射线组合纹。

20 世纪 60 年代，宝墩汉墓小墓群也被农民发现，墓葬有砖板墓及花纹砖墓两种结构，随葬品有铜镜、铁剑、钱币、灰陶罐、瓮等，汉墓保存尚好，未被破坏，专家认为这是一座时代下限不晚于汉代的墓葬。

由于时间久远，两次发掘并没有得到相关部门的重视，也未认真地进行研究分析，结论无从说起，现出土文物藏于何处不得而知。

如果当初我们从“曹嵩阴平遇害”这条历史线索记载寻根究底，或许会有新的发现。

曹操一生提倡“薄葬”，据《三国志·魏书·武帝传》记载，曹操先后发过两道命令“禁厚葬”。其父曹嵩死后，曹操也会遵循“薄葬”观念，或遣人员前往阴平料理后事，或陶谦顾及曹操的面子，代其将曹嵩夫妇葬于阴平。

由于曹操提倡“薄葬”，其父母也不例外，这也许是多年来一直未引起外界注意的原因。

70年代，笔者请教过时任阴平文化站站长秦荣堂（睢宁人，已过世），秦先生认为阴平汉墓中应该有曹嵩一家一席之地。

依笔者之见，曹嵩夫妇一家老小40余人，就葬于阴平境内某座墩中，阴平居苏北平原，地理位置并无山脉或丘陵，故而密布境内的土墩多数为汉代墓葬。目前，虽然我们还没有更多的证据，但曹嵩夫妇遇害阴平这一点毋庸置疑。那么曹嵩墓究竟葬于何处，这个谜如何揭开，历史重新定位也许需要时间，需要历史文化研究学者的进一步研究探讨。

（作者简介：江瀚，沭阳人，宿迁市历史文化研究会理事、宿迁市作协会员。）

上　学

张行

2024年1月，因为工作的原因，我陪上级督导组到泗阳县调研检查工作。去的第一站是坐落在城西的县实验小学，也是我最初的母校。说来惭愧，小学毕业后就再也没进去看看。环顾四周，我敢确认位置还是过去的地方，只是变化太大了，几乎所有的建筑都是新的、整洁的，所有人的脸庞都是笑的、开心的，所有的读书声都是悦耳的、整齐划一的。耳闻目睹这一切，思绪瞬间回到好多年以前。

今日的泗阳县实验小学

5岁那年，父母决定把我和双胞胎哥哥送去上小学，之所以提前入学并非天资聪慧，只是因为家里实在无人照看。母亲不厌其烦地到学校申请。精诚所至，金石为开。学校终于答应收留我们了，但也提了一个要求——教室里还差一张讲台，能不能帮忙解决？能！母亲二话不说，回到家里，把一张带有三个抽屉的桌子贡献出来。学校领导说，桌子大小正好，可就是有点高。没事，我们把桌子腿锯短些！教室在一排平房的最东头，我坐在教室第一排，抬头就能看到讲台，那可是我家的桌子。

那时，我在想，如果学习不好，首先就对不住桌子，它的脚被砍了，那该有多痛啊。

刚开学没几天，一场摧枯拉朽的雷暴雨来了，雨越下越大，雨水甚至漫到教室里了。若不是心疼桌子，我肯定和大家一样，卷起裤脚，踩着啪啪作响的塑料凉鞋，像鱼一样地欢来跑去。我对哥哥说，不能把桌腿给淹了，得找东西把桌子垫高些。那个年代，在校园里若想寻到一块砖头似乎比登天还要难。一筹莫展之际，一位住在校园的同学说，他家里有吃剩下的罐头瓶！利用课间 10 分钟的空隙，我们夹风带雨地找来 4 只空罐头瓶，稳稳地套在桌子的四脚。我撇撇眼，发现桌子好像是穿了水晶鞋，又像是漂浮在河水中的小船，漂漂亮亮又荡荡漾漾。揪着的心，也终于放下了。

大概到了二年级的下学期，学校为每个班级统一配备了讲台，“服役”期满的桌子也终于完璧归赵了。搬桌子回家的那一天，班主任对母亲说，谢谢你！母亲说，千万别这么说，我们要谢谢学校，学校肯收孩子，还教育他们……母亲说的一定是心里话，我也是这么认为的。第一次接受正规学习教育，第一次戴上红领巾、小红花，第一次懂得如何和那么多的陌生人交往……所有这一切，都是在那个不起眼的学校完成的。

学校课堂

车子驶离学校，我转过头，校园的大门越变越小，最后啥也看不见了。我知道，我应该不是单纯地怀念那张充满回忆的桌子，更应该怀念那段至纯至真的日子。

（作者简介：张行，市直机关干部，常思考，勤动笔。）

那一排温暖的牛屋

仲向阳

冬天来临的时候，我们在室内享受着空调带来的春意，甚至还要埋怨空气的干燥。每当我也有这样的不满时，便会想到儿时生产队里那一排牛屋，在那些寒冷的日子里，它曾经给乡亲们带来那么多宝贵的温暖。

20 世纪 60 年代初，我出生在苏北农村。当时，生产队的房子全部是草房，厚厚的土墙，房顶上缮的是麦草，大约有十四五间，向南围成一个半口子；北侧的一排主屋宽大一些，室内是通间，用作牛屋，西侧的边房又矮又小，存放农具、种子，东边的房子是敞开式的，没有门，是牛棚。

牛屋

除了土地，牛是生产队最重要的财富了，耕地、耙地、拉车、打场，这些重活全靠牛。我们队里大约有十一二头牛，以水牛为主，沙牛（也叫黄牛）只有两三头。大伙儿给牛起各种各样的名字，下田时亲切地叫唤，如“花肩”“黑子”“胖墩”“秃尾巴”等。他们说牛通人性，能听懂人说话。生产队的粮食、秸秆不管多么紧张，牛的草料是要保证的，有时候牛吃的豆瓣、高粱、玉米之类的饲料煮熟后比村民家里的饭还香。牛怕冷，冬天必须保暖。冬日来临，没有什么农活了，牛全部被牵到牛屋里，而且要烧草给它们取暖。当北风呼啸特别是大雪纷飞的时候，对于身上棉衣单薄的村民来说，牛屋便变成了最有吸引力的地方。

祖父做过生产队里的饲养员，是喂牛的好手。我记事的时候，祖父已上了年纪，身体不好，每到冬天便咳嗽得厉害，穿着棉袍也还嫌冷，父亲便送他去牛屋烤火。有一年的冬天，祖父靠拐杖走路，是父亲背着他去牛屋，我跟在后面拿着拐杖，尽管牛屋离我家二三百米，但父亲中途还是要将祖父放下歇了几歇。祖父在牛屋，再冷的天气我们也不用担心，吃饭是我们兄弟几人送到牛屋去的。雨雪天气，祖父和许多老人都在牛屋过夜，家里带上被子和席子就行了。

我虽然年岁小，但因为跟着祖父，却是牛屋的“常客”。我发现，越是晚上，牛屋的人越多，越热闹。一堆发红的灰烬的四周围满了人，不时地有人添草，火一阵一阵地烧起来，有时火焰冒得很高，如果烧的是豆草，则会发出噼啪噼啪的响声。牛屋里弥漫着烟尘，人站起来根本受不了，只好蹲下来，尽量低。那些老人好像特别能承受烟的熏烤，他们靠火堆很近，敞开衣襟，享受着火堆发出的一股股热浪。孩子们是不行的，在浓烟的熏呛下，又哭又闹，大人只好早早带着他们回家了。

牛似乎是不怕烟的。它们在牛屋一侧的牛槽旁，除了吃草料、饮水，便卧在地上，不停地反刍，很少发出什么动静。从某种程度上讲，烤火是牛的需要，而享受更多的却是人。

牛屋是故事的天堂。那么多人在一起，往往是一边烤火，一边讲故事。在这里，能听到乡间最幽默、最纯朴的语言。烤火的老人中，有在国民党军队当过兵的，有给地主家做过长工的，有在外逃荒要过饭的，有读过几天私塾的，每人的经历都不一样，年轻时听到看到的事情都不相同，都能讲出一番自己的故事。他们互相之间娓娓道来，津津有味，我们这些孩子实际上是大人们并不在意的旁听者。长者的慈爱有时是呵护，是亲热，有时是逗乐，我们在大人们的怀里窜来窜去，被他们摩挲着、挑逗着。有时，我们则要用点着的草棒给老人们点烟，一个接着一个点，老人们感到一种天伦般的欣慰，我们则从中得到一种受宠的乐趣。

冬天牛屋的夜晚，偶尔会有读书的声音。那读书的人往往是生产队的会计或大队小学的老师，在队里，他们算是读书人了。读的是什么书呢？无非是《水浒传》《三国演义》《岳飞传》《七侠五义》等章回小说。这些书不容易得到，都是从外村借来的，看上去很破旧。读书时，牛屋里只有读书人面前有盏煤油玻璃罩灯，读书人手捧着书离灯很近，吃力地读着，其余的人一边烤火一边仔细地聆听。一个人读累了，再换另一个人继续读。当然，那些生字难懂的字，读书人肯定是不读的，大家也不讲究这个，主要是听情节，听热闹。这种场面，回想起来有些感人，最能反映条件艰苦的情况下人对精神文化的本能需求了。

有时候，夜晚的牛屋也会迎来快乐的高潮，那就是来了说书或者叫讲书的。说来奇怪，那说书的是村里一位姓胡的并不识什么字的农民，被人称作“七鬼子”，头脑相当机灵，聪明的读书人是过目不忘，而他可称得上是过耳不忘。白天在集市的说书场上听了书，晚上回来便能完完全全地讲出来，而且声音洪亮，绘声绘色。一旦晚上牛屋里有说书的，消息会不胫而走，夜幕降临，村庄上一个个黑影往牛屋涌动。说书时，没有任何伴奏的锣鼓类的道具，说书人嗓子一吼，牛屋顿时充满着紧张而神奇的气氛，无人走动，每个角落都不会发出一点声音。火堆不断散发出热，火光映照着一张张满足的幸福的脸庞，仿佛牛屋就是世界上最美好的地方。我与弟弟在牛屋听过多次《杨家将》，杨继业、杨六郎、杨宗保、佘太君、穆桂英、潘仁美，一连串的历史人物，我们都如数家珍。

牛屋里还会发生温馨的事情，那就是洗澡。那时，冬天里到集镇或者县城洗澡是村民们想都不敢想的。往往是春节前，便会悄悄在牛屋里烧水洗澡。用煮牛饲料的大锅烧水，然后将热水放到一口大缸内，大缸每次只能容纳一两人，大家排着队洗，每个人洗澡的时间不能长。在牛屋洗澡是难得的机遇，一般碰不上，因为哪一天烧水洗澡，之前大部分人是不知道的。大概应该是队里的队长或会计他们想起来要洗澡，才能烧水。等到别人知道牛屋烧水洗澡时，跑到牛屋，已经迟了，水缸都抬到其他地方去了，没了任何洗澡的痕迹。我曾经随父亲遇到过几次牛屋洗澡的机会，只见好几个人在等着洗澡，排到我们时，父亲把我们兄弟三人一起放在大缸里洗，水很热，加上大缸离火堆近，一点也不觉得冷。在牛屋洗澡后，心里还会有些优越感，因为别的孩子并没有得到这样的“享受”。

改革开放给农村带来了翻天覆地的变化，牛在家乡早都见不到了，牛屋已成为农村人遥远的记忆。但在我的心中，生产队那一排牛屋一直保持着当年的温度。我经常想，要是没有牛屋，乡亲们怎能抵御得住那段岁月里一载载寒冬？

（作者简介：仲向阳，沭阳人，现为中国书法家协会会员、江苏省作家协会会员、宿迁市二级巡视员、宿迁市书法家协会副主席。）

马棚岛与林宫渡

徐守京

悠悠运河纵贯宿迁大地，从刘老涧船闸沿着大运河北岸向东走，至宿豫区仰化镇的马棚村时，一分为二，成了两道河流，约有三里的路程后，又合为一处，继续东流。中间这块被运河环抱着的狭长形绿洲又像一架修长的钢琴，在来往的航船的滑动下，奏着一曲田园的乐章，这就是远近闻名的马棚岛。

马棚岛现有土地约 700 亩，四面环水，风光旖旎。中间宽两头窄，北高南低，阡陌田畴，错落有致，路边的树林、房舍的竹林、带着芳香的果树，河边的芦苇等给小岛增添了绿色的气韵。水鸟在这里栖息，斑鸠在树上歌唱，野兔在田野里出没，给寂静的小岛增添了脉动。空气新鲜，风光秀美，幽静宜人，如诗如画，好一个现代版的桃花源所在。

中运河宿豫区仰化镇境内的一段，运河与其月河环抱的，是清代中河开凿时形成的马棚岛
（陆启辉　摄）

马棚岛与运河下游约 3 千米的林宫渡口有关，林宫渡口又与仰化镇

的林宫村有关，林宫村又与清朝乾隆皇帝有关。据史料记载，林宫始建于乾隆四十四年（1779年），原是皇家的一座兵营，建在宿迁与泗阳中间的运河北岸林家庄内。兵营内驻有一哨人马，当地百姓称该处为大本营。

“大本营”原建在仰化集。乾隆二十五年（1760年）六月，两江总督尹继善奏言：“恭照圣驾南巡，江水路营盘自江南直隶厂起，至杭州府止，共预备大营十三座。……臣留心查看，内有仰化集旧营，地势低洼，易致积水，且与顺河集太近，今拟改建于迤南十三里之林家庄。”尹继善的奏请得到恩准，“大本营”移建林家庄。又因乾隆南巡要经过这里，督臣奏请于林家庄兵营增添行宫，于是，当地的官员就在林家庄兴建乾隆行宫，原来的林家庄便改名为林宫了。乾隆下江南数次驻跸林家庄行宫，由此林宫声名远播。后来为方便两岸群众来往，在这里建立了渡口，当地人都称之为林宫渡。

因行宫和兵营使用大量的马匹需要放养，故专门安排放养人在上游的运河湾里的滩涂上放养马匹，这里水源充足，林草茂盛，非常适合放养马

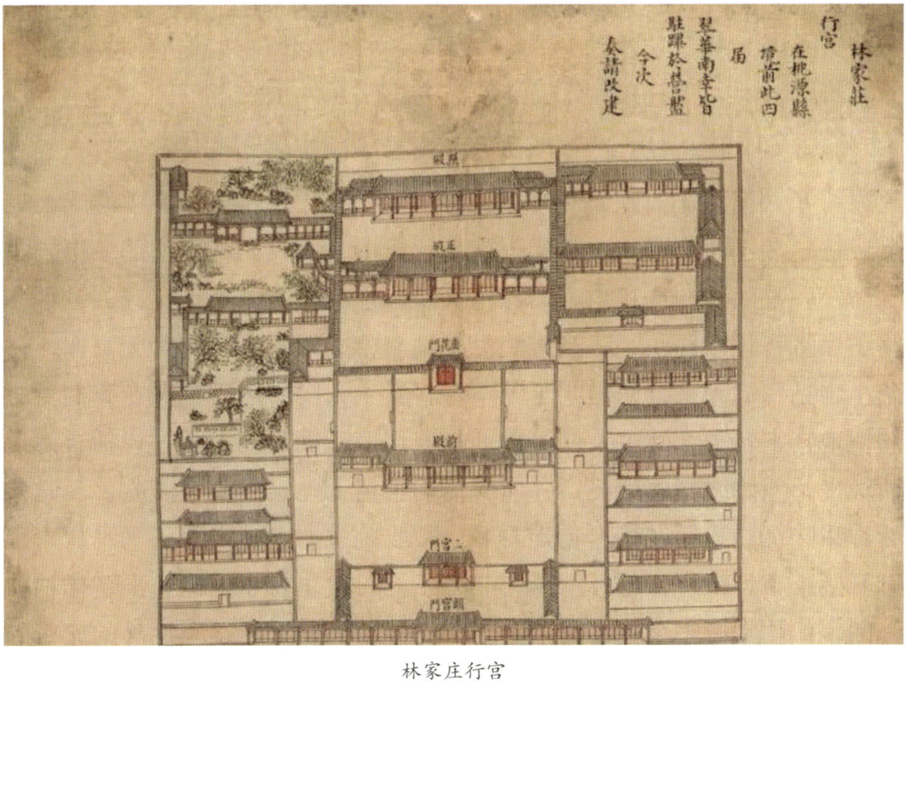

林家庄行宫

匹，为存放马匹，在这里建了很多的马棚，时间长了，人们把这里叫作马棚滩。新中国成立后，马棚滩南面的运河弯度太大，不利行船，为确保行船安全，从马棚滩北面新开一道直行运河，过往的航船从此皆从北河直行通过，从此老河与新河把马棚滩夹在了水中间，马棚滩变成了马棚岛。

马棚岛老照片（图片来源：公众号“宿豫发布”）

原来马棚岛上住着63户人家，250多口人，岛上相对封闭，他们勤劳朴实，淳厚善良，依靠辛勤耕种和河上捕捞自给自足，靠渡船过河，将农产品运到岸上贩卖和购买生活用品，日子安静而富足，过着桃花源般的生活。2015年7月，考虑岛上的年轻人外出打工的多了，剩下一些老人和孩子，生活和接受教育都极为不便，根据政府安排，岛上的人统一搬迁到岸上居住。

在一个麦收的季节，我曾经驾船登岛，偌大的岛上，只有一户刘姓人家留守。据说这刘姓人对马棚岛感情太深，故土难离，要求继续在岛上居住，考虑岛上也需人守望，就被留守下来。我们从南河的一个码头上岛，一眼就看到这户人家的深宅大院，果树环抱，菜地碧绿，一群小鸡正在咯咯找东西吃，一只雄鸡见我到来，立即对着我们仰天高叫，一条小狗见我们到来，先是叫了几声，在女主人喝一声后，又在我们身边热情地转来转去，女主人微笑着迎接我们，可能是岛上无人说话，她说话缓慢，但始终带着微笑，并叫我们摘杏树上熟透的麦黄杏吃，一吃果然香甜味足。我们在岛上走走看看，被收割过的大片麦地一马平川，视野开阔，布谷声声，竹林清幽，一位王姓村民正打水灌溉，准备插秧，一问，他就是原来马棚岛的摆渡人，马棚岛人搬走后，马棚岛的庄稼的管理就落到他身上，因为自幼在这里长大，所以喜欢这片土地。

马棚岛是千里运河上唯一的大岛，地理区位优势特殊，独特的风光、原生态的资源，颇具开发价值。近年来，政府部门积极挖掘马棚岛和附近林宫、复隆等地的历史文化，为打造文化名镇，振兴乡村经济一直努力着。马棚岛的开发未来可期，前景广阔。

马棚岛（图片来源：公众号“宿豫发布”）

（作者简介：徐守京，军转干部，现任宿迁市公安局宿城分局水警大队一级警长。）

身处沭阳千年古村，352 岁仍是盛年

仲启新

初夏的一个双休日，我回沭阳乡下老家，午饭后，几位发小来家里坐坐，聊到 2023 年五一节期间，山荡古栗林景区游人如织，热闹非凡，不少外地游客慕名而来一睹 352 岁古栗树风采。

古栗树王，乐伴童年。儿时，我们打猪草，经常在树下纳凉，玩走羊窝游戏；我们也常常爬树上打栗包，不会爬树的小伙伴就在下面接栗子。我们摘到刺栗包专往他们头上砸，刺得他们头皮发麻，鬼哭狼嚎。发小大旺说："现在不中了，古栗王受保护了，不能攀爬啦。"

2009 年，山荡古栗林被列为江苏省第三次全国文物普查十大新发现

古栗林

之一，现存百年古栗树1600余棵，占地面积近500亩，这片藏在深闺小家碧玉的小树林，现在已经成为生态景区。虽然就在家门口，但日常都没有时间停下来去看看家门口的景致，我也因常年在外工作，景区升级之后还没有真正意义上观光过。所以我提议，正好今天当年的“四大金刚”聚齐了，一起再来个故地重游吧，得到大家的积极响应。

我们一行四人沿着儿时打猪草的线路，爬上叉流河河堆，左拐，透过堆上固堤林的缝隙就能看到河对岸的古栗林景区了。儿时，这河上没有桥，需要乘渡船过河，我们则选择游泳过河。当然，现在没有渡船，也不需要游泳了，新修的虞姬路，在此架桥连通南北，让河南河北的通行时间一下就缩短到步行不到五分钟。

过了桥，就看到了高大气派的山荡村大门楼，穿过大门楼右转，就到了古栗林景区。昔日的小家碧玉经过精心设计和打造，更是脱胎换骨，锦上添花，既保留了古栗林的原貌，又精心设计了林间阡陌、植上花草，安置了休闲椅凳，方便游人徜徉其间，随时坐下小憩，享受着林木荫翳、鸟鸣嘤嘤。古栗林的古、幽、深、绿、果吸引着游人们纷至沓来，放慢脚步，深呼吸、赏佳景、品尝美食，充分感受大自然馈赠的人间美景、美味。真没想到，昔日的乡村僻野，如今已经成为旅游佳地。

古栗林

古栗树王

我呢，直奔林子的东北角，那里有我少年时亲密无间的古栗王，几十年没见了，可安好？待我站在它的树荫下，抬头看到头顶依然浓荫蔽日，我才放下心来，树身似铁，高大劲拔；树冠如盖，树枝横错。在它的身边，还竖起了铭牌：此树又称“翰林树”，享有“山荡古树王”美誉，系康熙十年（1671 年）翰林院侍读学士胡简敬（1631—1695）回乡时所植，目前树高超过 15 米，主干胸围近 3 米，饱经沧桑的老树虽经三百多年岁月洗礼，但在胡简敬后人与乡亲们的精心呵护下，愈发雍容大度、生机盎然，蓬蓬勃勃，郁郁葱葱，冠绝山荡古栗林。

沭阳县地处我国南花北移、北木南迁的优质驯化过渡地带。千年古村落，百年古栗林。近年来山荡村大力发展花木事业，致力于美丽乡村建设，借势打造了包括古栗林生态公园、岔流河风光带在内的众多文旅资源，荣获江苏省水美乡村、江苏省特色田园乡村、江苏省休闲观光农业示范村、江苏省文明村、中国淘宝村等多个称号。

“一门三进士”的文脉佳话也藏在这座古村落里。这里是胡氏文化的发源地，胡氏家族重教兴文、人才辈出，明朝时期的抗葡英雄胡琏，其子胡孝才、其孙胡应嘉，祖孙三代连续考中进士，声名远播。

同为胡氏后人的胡简敬，曾为康熙老师，回乡守孝期间，带回康熙御赐的地柏盆景“卧牛望月”，植于胡家花园中，使胡家花园成为新河“花木之乡”的源起之处。

卧牛望月

今天，我再次走进这里，儿时的一条河流、一片林，如今已经演绎成为一座精美绝伦的生态园林。这一段历史，就是一个故事，积淀深厚、文脉悠长，也凝聚成为我的一抹乡愁。天蓝、水清、花香，让我更爱家乡，勤劳敦厚朴素的家乡人也会一如既往地厚植于此，用勤劳的双手保护好这段历史、这座园林，创造出更加美好光辉灿烂的未来。我们再相约，待到金秋硕果收，来采摘、品尝，唱响一首丰收歌。

（作者简介：仲启新，1972 年出生，大学文化，中共党员。江苏省作协会员、宿迁市摄影家协会会员。）